谋局者

打造从战略到成果的执行企业操盘手

蔡余杰 ◎ 著

> 高明的棋手,落子之前已谋划全局。
> 不谋全局者不足以谋一域,不谋长远者不足以谋一时。

当代世界出版社
THE CONTEMPORARY WORLD PRESS

图书在版编目 (CIP) 数据

谋局者：打造从战略到成果的执行企业操盘手 / 蔡余杰著. -- 北京：当代世界出版社，2017.10

ISBN 978-7-5090-1274-1

Ⅰ. ①谋… Ⅱ. ①蔡… Ⅲ. ①企业经营管理 Ⅳ. ① F272.3

中国版本图书馆 CIP 数据核字（2017）第 230207 号

书　　　名：	谋局者：打造从战略到成果的执行企业操盘手
出版发行：	当代世界出版社
地　　　址：	北京市复兴路 4 号（100860）
网　　　址：	http://www.worldpress.org.cn
编务电话：	（010）83907332
发行电话：	（010）83908409
	（010）83908455
	（010）83908377
	（010）83908423（邮购）
	（010）83908410（传真）
经　　　销：	全国新华书店
印　　　刷：	三河市兴国印务有限公司
开　　　本：	710 毫米 ×1000 毫米　1/16
印　　　张：	16.5
字　　　数：	250 千字
版　　　次：	2018 年 1 月第 1 版
印　　　次：	2018 年 1 月第 1 次
书　　　号：	ISBN 978-7-5090-1274-1
定　　　价：	48.00 元

如发现印装质量问题，请与承印厂联系调换。

版权所有，翻印必究，未经许可，不得转载！

从2006年开始,我一直在做企业操盘手,近十年的实战经验,我被同行及业界认可并被誉为"商业实战鬼才""资源整合怪杰""企业落地实战运营系统奠基人"。如今,当我回过头来看自己这十余年的操盘经历,感慨良多。感慨之余,有一个问题一直困扰着我,那就是操盘理念与企业现实差距很大。

我在操盘企业的过程中深有体会。2006年,我开始做企业操盘手,为企业谋局布阵。为此,我翻阅了很多关于战略、顶层设计的书籍,但等到自己真正运用时,却发现书上说的理论是一回事,现实往往是另外一回事。通俗地说,企业现实问题不能简单地用战略、顶层设计、商业模式等理论来套,很多操盘理论在实践中并不适用或得不到验证。我开始思考:是不是需要有一本跳出纯操盘理论的书,让企业操盘手能真正运用在企业上?

于是,我开始留意管理界一些"接地气"的老师是如何界定企业的问题以及如何解决问题的。我抓住他们的每一个要点,进而研究他们的思维模式。同时,我也关注一些成功的企业操盘手是如何操盘企业、怎样为企业谋局的。渐渐地,我积累了一些"真正解决问题"的操盘心得,跨入了企业操盘手的大门,开始体验到谋局的乐趣。

随着操盘实践的增加,我经常碰到一些问题,并尝试解决这些问题。几年下来，颇有心得，这就是本书的起源。2016年，我着手撰写此书，笔及之处，来源于我在操盘实践中的观察和思考，斟酌许久。我认为我写的这本书完全是一个深度观察，它的视角是现实的、可观察的、可操作的。书中涉及的问题都是企业操盘手面对的现实问题，而非纯理论的遐想。

管理大师彼得·德鲁克曾经说过这样一句话："每隔一段时间就发生一次激烈的变革。短短的数十年里，整个社会——其世界视野、基本价值观、社会和政治的结构、艺术、主要的风格习惯——都发生了变化。我们正处于这样的时代。"我想，企业操盘手也是时候来一次智慧的变革了。

本书深入剖析了企业操盘手操盘企业所需要具备的个人素养、能力和操盘金律，给企业操盘手提供了最具代表性、最具说服力、最有实战性的谋局策略，融深刻的哲理和切实可行的操作方法于一体。企业操盘手可以在畅快淋漓地饱览其他成功企业发展经典实例的同时，让自己的企业精于提升之道，掌握令企业在激烈竞争中生存下来的布局能力。

善于比较的人，能从本书中看到自己与卓越企业操盘手的差距，以及自己的企业与优秀企业的差距；善于思考的人，能借助本书重塑自己企业的战略、发现商业模式有什么不足之处，并构建出适合企业的架构、商业模式；善于学习的人，能从本书中学习成功操盘企业的法则和关于失败征兆的认知。

从某种意义上来说，这并不是一本经营企业的专业书籍，而是一本记载着诸多优秀企业操盘手与成功企业在经营实践中提炼出来的谋局精华和真知的经验手册。身为企业操盘手，你可以不复制他们的经验，但是你必须要学习和研究他们的成功之处。

本书从企业操盘手自身操盘力的修炼入手，着重探讨企业操盘手与老板的双赢之道，以及企业操盘手操盘力的自我修炼和如何成功破局，从而帮助企业操盘手打通谋局思维的"任督二脉"。本书从战略布局和顶层设计两个大方向进行阐述，让企业操盘手跳出企业经营教化思想的束缚，从而更好地操盘企业，构建适合自家企业的战略、商业模式和企业文化，进而帮助企业操盘手打造梦想中最伟大的商业帝国。

操盘力、战略规划、顶层设计，这是企业操盘手谋局涉及的三大核心。掌握了这三大核心，也就等于拥有了披荆斩棘的利器。身为企业操盘手，我们也许有过因为操盘力缺失、战略失误、顶层设计不稳而谋局失误，为了避免发生类似的错误，我们必须用这三大核心来武装自己。

我曾经读到这样一个富有哲理的故事：一位杀手因为忘记带剑而被敌方抓住了。对方对他说："我本打不过你，但你没有剑，现在只能被我杀掉了。"在临死前，这位杀手非常后悔："为什么自己忘了带剑？"

我借用并衍生其寓意，操盘力、战略规划、顶层设计就相当于企业操盘手手中的"剑"，如果没有这把"剑"，你所操盘的企业迟早会被竞争对手超越。

所以，我想对你说：请阅读这本书，这样，"剑"就永远在你手上。

操盘力篇　如何在组织中成就卓越

第1章　何为企业操盘手 2
1.1　了解企业操盘手 3
1.2　企业操盘手的角色之一：所有的老板都是企业操盘手 8
1.3　企业操盘手的角色之二：台前老板 14
1.4　企业操盘手的角色之三：企业的军师 17
1.5　企业操盘手的职业化 20

第2章　企业操盘手与老板的双赢之道 24
2.1　老板为什么需要企业操盘手 25
2.2　找什么样的企业操盘手最靠谱 29
2.3　企业操盘手如何选老板、选企业 33
2.4　老板如何与企业操盘手相处 39
2.5　企业操盘手如何赢得老板的信任 43

第3章　优秀操盘手的7项基本修炼 50
3.1　心态决定成败——优秀操盘手必备的心理素质 51

3.2 强大的感召力——优秀操盘手必备的管理魅力 56
3.3 敏锐的洞察力——优秀操盘手的重要素质 59
3.4 科学的统筹力——优秀操盘手的必备能力 62
3.5 超强的决策力——优秀操盘手的第一智慧 64
3.6 坚决的执行力——优秀操盘手的基本修养 69
3.7 强大的人脉——他山之石，可以攻玉 71

第4章 初来乍到，困顿之局，精彩开局 75
4.1 破局第一步：设计机制引爆团队，推动企业快速发展 76
4.2 破局第二步：企业发展的阶段不同，破局的重点也不同 81
4.3 破局第三步：企业缘何"猝死"——破局需注意事项 88

战略布局篇　战略才是操盘手的头等大事

第5章 高明的棋手，落子之前已谋划全局 94
5.1 战略思考是企业操盘手的首要职责 96
5.2 争强图胜靠运筹，战略制胜定乾坤 102
5.3 不迷茫靠使命，方向感靠愿景，同舟共济靠价值观 108
5.4 没有目标，等于自取灭亡 115

第6章 发展才是硬道理——发展战略 120
6.1 做进世界500强，不如做足500年 121
6.2 人才是企业的发展之本 126
6.3 优胜劣汰，适者生存 133
6.4 智慧研发，企业发展突破之路 139

6.5 冬天也是可爱的，并不是可恨的 145

第 7 章　巧妙借力赢天下——资源整合战略 153
7.1 扩大格局，整合资源，取得 1+1>2 的效果 154
7.2 将优势资源聚焦、聚焦、再聚焦 158
7.3 寻找战略合作伙伴，共举大业 162
7.4 借势、谋势，全方位整合资源，做营销就该这么玩 165
7.5 整合品牌资源，成为资本的宠儿 171

顶层设计篇　站在顶层才能把控全局

第 8 章　商业模式，企业生死存亡、兴衰成败的大事 178
8.1 从摸着石头过河到顶层设计 180
8.2 企业的出路：从顶层重塑商业模式 184
8.3 你不改变规则，规则就来改变你 189
8.4 眼界决定格局，格局决定好的商业模式 193
8.5 平台思维，互联网时代操盘手必会的商业模式 197

第 9 章　基因重塑，打造有温度的企业文化 203
9.1 把员工统摄到文化的大旗下 205
9.2 得人心者得天下，激活团队能量场 209
9.3 只要精神不倒，灵魂不死，企业就能重生 213
9.4 走出企业文化塑造的误区 216
9.5 分股合心，股权激励这样做 221

第 10 章　搭框架——打造组织结构的铁营盘 227

10.1 "互联网+"的扁平化组织结构 229
10.2 云管理，未来企业的组织管理模式 236
10.3 组织设计：基础不牢，地动山摇；基础稳固，坚如磐石 242
10.4 只有变革才能获得新生 249

操盘力篇
如何在组织中成就卓越

第1章
何为企业操盘手

【导读】

会开车的人都知道,我们的车在开一段距离之后,为了让方向准确无误,通常我们会到维修店进行四轮定位。进行四轮定位的好处在于车不会自动偏行、减少油料损耗。

同样,企业操盘手首先要知道什么是企业操盘手,在企业里哪些人可以称得上"企业操盘手"。只有定位好自己的角色,明白自己在企业运营中的职责,才知道该做什么事、如何发挥自己"企业操盘手"的作用,才能真正做好企业操盘手。

如果角色定位不准或不清晰,就容易造成角色错位、越位或不到位、角色迷失等现象,就好比是"种了人家的田,荒了自己的地"。所以,企业操盘手首先要做的就是清晰定位自己的角色。只有角色有了一定之规,才能保证自己操盘企业不偏不倚。

本章,我首先引导你对企业操盘手做一次鸟瞰,告诉大家如何定位操盘手的角色、操盘的职责。

1.1 了解企业操盘手

【操盘力看点】
企业操盘手就是为企业定战略、设计顶层的人。

作为四大名著之一的《三国演义》,讲述了许多传奇故事,在这些故事里,有足智多谋的诸葛亮,有忠义善战的赵子龙,有刘关张桃园三结义的佳话,也有刘备白帝城托孤的悲怆。而我开篇要说的,就是其中的一段传奇——三顾茅庐。

东汉末年,天下大乱,曹操掌握朝纲,孙权拥兵东吴。汉室宗亲刘备从司马徽处得知有位能人名叫诸葛亮,既有学识,又有才干,就和关羽、张飞一起带着礼物去隆中拜访,想请诸葛亮出山辅佐他匡复汉室。但是很不巧,这天诸葛亮不在家,刘备失望而归。

过了几天,刘备和关羽、张飞冒着大雪第二次来到诸葛亮的草庐,没想到诸葛亮又外出了。张飞本就不愿意来,见诸葛亮不在家,就催着要走。刘备留下一封手书,表达了对先生的敬佩,又阐明了想请先生出山挽救天下危局的意思。

又过了一段时间,刘备决定再一次去请诸葛亮。这时,关羽对刘备说:"也许这个诸葛亮只是徒有虚名罢了,未必有真本事,我们还是别去了吧。"张飞说:"大哥,要不我一个人去,如果他不来,我就用绳子把他捆来。"刘备责备张飞莽撞,带着关羽、张飞第三次来到草庐。这一次,诸葛亮正在睡觉,刘备不敢打扰,一直站着等诸葛亮醒来,彼此才坐下来促膝长谈。诸葛亮见刘备志向远大,而且诚恳地请他帮助，就出来全力帮助刘备建立起蜀汉政权。

想必大家一定会好奇，为何我会在书的开头，讲这样一个故事。其实，我的目的很简单，就是要告诉大家：什么是企业操盘手。像诸葛亮这样的谋局者，就扮演了企业操盘手的角色！

"企业操盘手"并不是我们常用的一个名词，最初人们使用这个词，主要指的是企业高管。后来，随着对企业操盘手认识的深入，人们对企业操盘手的价值有了极大的认同，"企业操盘手"这个词便在业界流行起来。在这种情形下，我想我有必要正本清源。

众所周知，企业是有目标的集体。企业为整体目标负责，企业内部各个集体为各自的目标负责。比如，董事会要为企业成败负责，销售部要为销售业绩负责，项目组要为项目成败负责……这一切无可厚非。然而，只要存在集体目标，就必然会产生一些问题：

※ 企业的战略定位谁来设置呢？

※ 企业的发展战略、竞争战略、资源整合战略等等，是企业运作的核心，谁来制定呢？

※ 企业的顶层设计，包括商业模式、组织结构设置、企业文化塑造等，谁来搭建呢？

……

显而易见，这些是实现集体目标必不可少的工作。这些工作由谁来做？相应责任由谁来承担？

答案是企业操盘手。所以，企业操盘手就是为企业定战略、设计顶层的人。那么，在企业里哪些人需要为企业定战略、设计顶层呢？通常情况下，在企业里，有三类人称得上是企业操盘手：老板、核心高管、职业操盘手（见图1-1）。

【操盘参考】

企业操盘手的操盘职责。

知道了哪些人是企业操盘手，接下来，我们来看一下这三类人的操盘职责，希望能帮助你进一步了解企业操盘手。

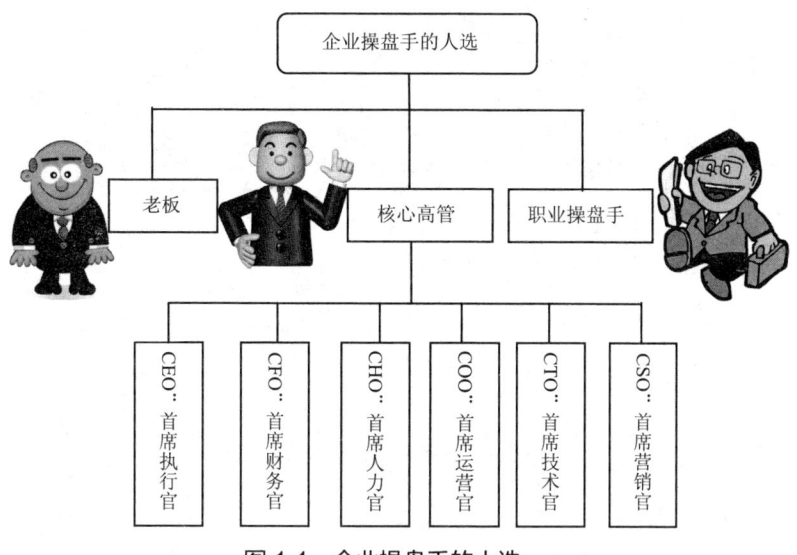

图 1-1　企业操盘手的人选

⊃ 老板

先来说说老板。老板作为企业的第一把手，要参与企业的整体运作，所以老板是企业操盘手第一类人选。老板的主要操盘职责体现在两个方面：一是战略，二是战术。

所谓战略，就是一种计谋，但对于老板操盘企业来说，这种计谋要是大计谋，是对整体性、长期性、基本性问题的计谋；所谓战术，是和战略相辅相成的概念，谁都离不开谁。《孙子兵法》和《三十六计》讲的都是计谋。计谋有大有小，大的计谋是战略，小的计谋是战术。

比如，刘备三顾茅庐拜见诸葛亮，诸葛亮对刘备提出"三分天下"的计谋是战略，而"空城计"、"草船借箭"、"火烧连营"等计谋都是战术。

具体来说，老板的战略和战术有以下三个区别（见图 1-2）。

知道了什么是战略和战术，老板就知道了自己作为企业操盘手的主要职能和职责。身为老板，就是要既懂战略又懂战术，既要做战略家，又要做战术家，否则就不可能成为优秀的老板，也不可能是合格的企业操盘手。

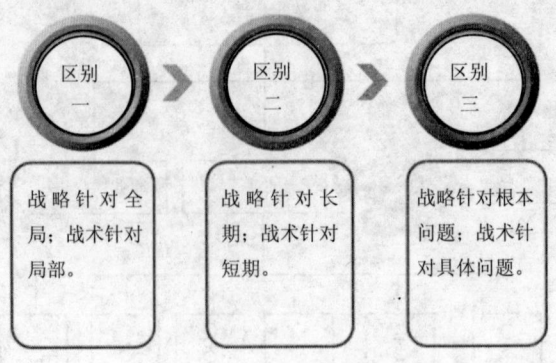

图1-2 战略和战术的三大区别

⮕ 核心高管

通常情况下，企业的高管包括首席执行官（CEO）、首席财务官（CFO）、首席人力官（CHO）、首席运营官（COO）、首席技术官（CTO）、首席营销官（CSO）。这些人都能称为企业操盘手。

首席执行官的操盘职责。首席执行官主要负责企业战略的规划、执行。具体来说，有以下三点：

1）负责制定企业战略规划和战略目标，并搭建一支管理队伍带领公司向既定的战略目标前进。

2）负责其他五名核心高管和骨干人才的培养，构建企业的核心团队和管理体系，让企业能够留住人才。

3）负责战略市场和战略产品的经营，制定企业的发展战略、竞争战略、商业模式等，为企业盈利谋局。

首席财务官的操盘职责。首席财务官主要负责企业钱、税、账等财务安全与利益平衡的管理。具体来说，有以下三点：

1）负责制定企业的财务战略，为公司的其他战略提供支持。

2）负责制定企业的股权激励方案、合伙人、投资、融资等战略。

3）负责对企业的成本进行控制，确保企业的财产安全。

首席人力官的操盘职责。首席人力官主要负责人力资源的工作。具体来说，有以下两点：

1）从战略的高度构建企业的人力资源管理系统，建立科学的考核、激励机制，创建优秀团队，塑造卓越的企业文化，推动组织变革与创新，最终实现组织的持续发展。

2）负责制定企业的人才战略规划，制定企业的各项规章制度等。

首席运营官的操盘职责。首席运营官主要负责企业内部正常运作的管理。具体来说，有以下两点：

1）负责企业的市场运作和管理，参与企业的整体战略规划，健全企业各项规章制度。

2）构建信息管理体系，推进企业财务、人力等战略的执行。

首席技术官的操盘职责。首席技术官主要负责企业产品战略规划、研发战略与标准化建设。具体来说，有以下两点：

1）负责制定企业的产品竞争战略和研发战略，并谋划重大技术决策和技术方案。

2）参与决策企业的商业模式，与用户进行技术交流，制定核心技术人才战略。

首席营销官的操盘职责。首席营销官主要负责企业营销战略规划与目标实施达成。具体来说，有以下两点：

1）负责制定企业的销售战略，并谋划整体营销计划。

2）负责组建高效的营销团队，控制营销成本，促进营销利润最大化。

◆ 职业操盘手

所谓职业操盘手，就是老板聘请过来的专门为企业谋局、布阵的人。这个人既不是核心高管也不是经理人，简单来说，他就是凭谋局吃饭的人。职业操盘手将"为企业谋局"作为长期职业选择，遵守职业道德和操守。因此，职业操盘手的操盘职责，首先应该从"职业"二字开始。

既然是职业，就有职业的标准、规则和要求。具体来说，职业操盘手应该具备以下5个要素：

1）清晰的职业目标——以为企业谋局作为职业目标。

2）良好的职业资质——具有良好的企业战略、顶层设计等方面的职业教育背景或从事企业操盘的职业经历。

3）基本的职业素质——具备企业操盘手的职业素养、能力、心态等。

4）出色的职业能力——具备战略规划、商业模式设计、组织架构搭建、股权激励设计、企业文化塑造等方面的操盘能力。

5）优秀的职业表现——操盘过的企业对其评价良好。

其实，在中国，关于职业企业操盘手的定义和职责，业界至今仍争论不休，现在和将来也未必能有一个各方都认可的统一标准和完美答案。以上也是通过我近十年操盘企业的经历总结出来的，因为我就是一名职业企业操盘手。

1.2 企业操盘手的角色之一：所有的老板都是企业操盘手

【知识看点】

所有的老板都是企业操盘手，这一点，毋庸置疑。

关于马云，网上有很多关于他的说法，有人说他是个狂人，有人说他是个梦想家，有人说他是个智者……各种说法，褒贬不一。而我，今天要赋予他一个全新的说法——企业操盘手，一个卓越的企业操盘手。

纵观马云的创业史，从创业初期的中国黄页，到现在的阿里巴巴、支付宝、淘宝、雅虎、口碑网、阿里软件等等，其中的每一个拿出来都是壮举。毫不夸张地说，在 B2B、B2C、C2C 领域，马云几乎占据了整个江山。

我们先来看看创业初期的马云，他刚开始做的是中国黄页。从这里，我们可以看出，马云具有前瞻性的操盘思维。要知道，当时的中国还没有进入互联网时代，而马云却坚定地瞄准了互联网的商机。虽然马云做中国黄页失败了，但他并没有放弃梦想。

之后，马云开始创建阿里巴巴，他将除自己之外的 17 个员工召集在一起，问他们的去留，结果这 17 个人无一例外地全部选择跟着马云。我们不难看出，马云是一个有魄力的领导者。一个领导者的魄力，决定了一个企业的未来。马云自始至终都非常看重自己的团队，这让他的团队凝聚力很强，这对企业的发展起到了至关重要的作用。

图 1-3　马云及其初创团队

到这里，我们可以看到，马云的阿里巴巴，已经拥有了一个有魄力、有前瞻性操盘思维的领导者，并拥有了一支忠诚、凝聚力强的团队。接下来，马云开始为阿里巴巴谋局。当时，国外的很多商业模式在中国并没有成形，欧美的电子商务以 eBay 的 C2C，亚马逊的 B2C 模式为典型。而马云却把阿里巴巴的商业模式定义为"为中国中小型企业量身打造的 B2B 模式"。

正是马云的 B2B 模式，使得阿里巴巴迅速崛起，并获得孙正义的融资。接下来，马云开始为阿里巴巴设置愿景，他的那句"让天下没有难做的生意"由此传遍全世界，而阿里巴巴也开始成为全世界关注的企业。

纵观马云的谋局手段，就是用一本书去讲也讲不完，而他所做的一切，都是企业操盘手应该做也必须做的。所以，毋庸置疑，马云是一位卓越的企业操盘手。

马云谋局的成功之处,在于他善于审时度势、运筹帷幄。善于谋算者,总能先得天下;不善于谋算者,一定是输家。马云在谋划自己的每一次"大手笔"前,都是步步为营、以变应变,从而制造有利于自己的企业竞争态势。

对于老板的定位,马云曾经在一次演讲中吐露:"作为老板,要善于谋局,用战略家的眼光来分析和思考问题,并把握时机。所以,身为老板的定位就是'谋局者'。"

不管是马云谋划阿里巴巴的过程,还是对老板的定位,我们都可以从中清晰地提炼出企业操盘手的角色——老板。

其实不管是马云、王石、任正非,还是正在发展中的中小企业的老板,在企业的运作过程中,担任的都是企业操盘手的角色。作为老板,是企业的顶层设计师,是企业发展的总谋划师,所以,从某种意义上说,所有的老板都是企业操盘手。

【操盘参考】

老板需要从"见、识、谋、断、行"这五个方面培养自己的操盘力,才能带领企业不断走向成功。

老板的操盘行为决定着企业的成败。老板的操盘行为,是一个不断发现问题、解决问题的过程,从决策方面来说就是"知"与"行"的关系。宋代的大理学家朱熹强调"先知后行",而明代的王阳明则强调"知行合一"。在解决问题的过程中,从逻辑上讲,应该是先知后行,知后能行,最后在行动上要达到"知行合一"。对所有企业经营问题,只有"知"才能"行",如果不"知"那么绝对"行"不了,即使"行"了,也是瞎干、蛮干,瞎指挥,造成的后果会很严重。

朱熹提出"博学之,审问之,谨思之,明辨之,笃行之"的"为学之序",也是老板解决问题的基本程序。台湾交通大学著名的决策学教授毛治国先生把决策分为"见、识、谋、断"四步,这四步其实就是对问题进行"知"的过程,再加上"行",就是老板解决问题的完整过程。也就是说,老板操盘企业应从"见、识、谋、断、行"这五个方面提升操盘力(见图1-4)。

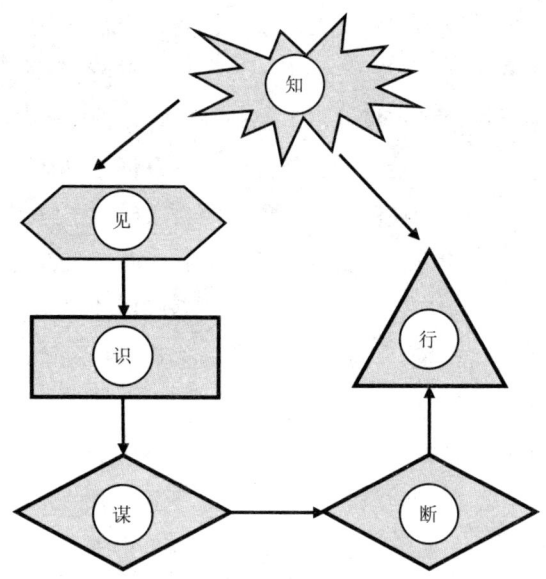

图 1-4　知行合一的操盘力模式

➲ 见：懂得不断去"见"到问题

所谓"见"，是要求老板一方面具备操盘企业专业领域的知识，另一方面要树立强烈的问题意识，要有危机感。在强烈的问题意识下，在给自己定下高远目标的同时，懂得不断去"见"到问题，也就是发现问题。发现问题就是寻找差异，老板要懂得通过寻找与原定目标的差异、与正常水平的差异、与先进水平的差异、与竞争对手的差异、与变化趋势的差异，来帮助自己发现企业运营过程中的各种问题。

强烈的问题意识要求老板一方面要站在未来的角度观察、思考现在的状态，另一方面要时刻关注日常工作中蛛丝马迹的变化，以提前研判、发现企业的问题。对老板来说，就是要实施"走动式管理"。走动式管理是老板通过定期或不定期地到企业的各个现场，例如生产车间、各个部门的办公室、市场经销商处等，观察机器运转、工人操作以及与部门员工互动等获得第一手信息，并从中发现经营管理中的问题。

亲临现场是老板发现问题的最直接的方式，只有亲临现场，才能得到第一手信息，才能真正了解事情的真相。成功的老板都是现场调查的实践者和拥护者。

第 1 章　何为企业操盘手

娃哈哈为什么能够成为中国最大的饮料企业？这跟娃哈哈的当家人宗庆后所坚持的现场调查有直接关系。宗庆后是一个非常强势的领导者，从45岁开始创业直到现在，所有的决策审批基本上都是一支笔，他坚持的是一种高度集权的领导方式，即使是现在娃哈哈的销售额已达几百亿元也基本如此。为什么高度集权的决策模式下娃哈哈还能快速发展？因为宗庆后了解市场，知道市场需要什么。而其背后的原因，是因为宗庆后一年有200多天都在市场跑。宗庆后曾在接受《中国经营报》记者采访时说，他从不做那种程式化的市场调查，而是凭自己的双脚去走访市场，凭自己对市场的感觉进行决策，而且一旦确定就要快速执行。

➲ 识：掌控全局，把握关键

所谓"识"，是要求老板懂得辨识企业的真正问题所在，要掌控全局，把握关键。老板要懂得趋势思考、全局思考和关键思考，就是要达到"掌控全局，把握关键"的目的。老板的"识"是在正确思考的前提下，为企业找到确定的方向和目标以及实施的路径。

著名管理大师彼得·德鲁克指出，管理者首先要"做正确的事"，然后才是"把事做正确"。对拥有自行定义问题权责的决策者，在他自己进行（或要求部属进行）任何谋断之前，都应该先做上述理解问题的检验。唯有这样，他才能确认自己的决策是"为所当为"，也唯有确认为所当为之后，后续的谋断决策工作才有意义，企业才能避免"将相有误，累死三军"的资源浪费。有的老板因为缺乏系统性，在"识"的工作上做得不到位，导致在"断"这个环节上犹豫不决，对"谋"的成果把握不定，变得易变或多变，搞得下属做事情无所适从，除了浪费资源外，还把事情或者企业搞得一团糟。

➲ 谋：为问题找对策

所谓"谋"，从决策角度说就是研究问题、拟订各种可能的备选方案，也就是说"谋"主要进行以下两项工作（见图1-5）

由于"谋"是在为问题找对策，所以对策与问题之间必须具有因果关系——也就是"对策"必须具有"解决问题"的效力。

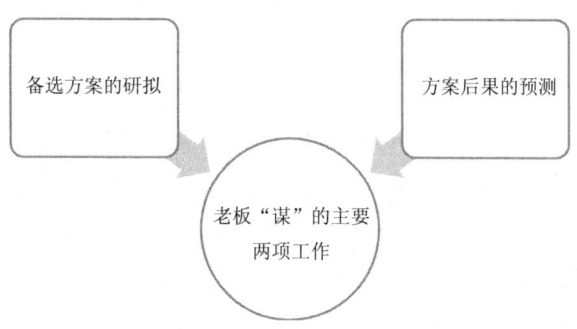

图 1-5 老板"谋"的主要两项工作

要做好这两项工作，老板必须具备相应的专业领域知识。所谓的专业领域知识，就是有关某领域系统演化机理的知识，因此，要确认对策与问题之间是否具有因果关系，老板必须能够预测对策付诸实施之后相关的运作会发生什么变化，包括变化的方向以及变化的幅度。唯有老板能够对备选方案的后果做出专业的预测与判断，才能在后续"断"的阶段，针对各个备选方案进行优劣评估。

"谋"的阶段讲究创意，这一创意通常来自老板对系统变化机理的深刻洞察。重大决策的"谋"也讲究对问题情境的全面预演，也就是充分预测到决策后可能产生的变化。这就好比下棋，棋手不能只考虑眼前的一步，还必须预想接下来可能的发展，甚至往往需要有一套通盘的战术才行。

⊃ 断：有谋即有断

有选择才需要决策，所以最简单的决策是从选择中做出抉择。这种抉择行为就是我们所说的"断"。也就是说，"断"是在备选方案中选出解决问题的最佳对策。有谋即有断，谋与断就像一对兄弟。

所谓"断"是指，当问题解决方案提出后，面对未来的不确定性，老板在决定采取哪一种对策方面的胆识。

⊃ 行：体现了老板的人格魅力

所谓"行"，对老板来说，更多是要求有一种韧性，也就是在确定了方向、方法后的执行落实与坚持。那种不达目的不罢休的毅力，那种能够克服自己情绪冲动的忍耐力和克制力，那种遇到困难和挫折的沉着冷静，那种在收获阶段性成功后的不骄不躁。韧性是老板操盘企业成功的保障，它体现了老板的人格魅力。

总体来说，"见、识、谋、断、行"这五种操盘力，"谋"与"断"的性质只是一种"把事情做好"的技术层次的能力，要真正确保"谋"、"断"的功夫不白做，必须进一步做好它的上游作业——也就是"做正确的事"这一层次的工作，也就是"见"与"识"。作为老板，尤其需要不断地给自己提出各种各样的问题，以推动公司的管理进步与经营发展。这时候，老板运用到的就不再只是"谋"、"断"两种能力，而首先要把"见"、"识"放在主导地位。

老板需要从这五个方面培养自己的操盘力，才能带领企业不断走向成功。

1.3　企业操盘手的角色之二：台前老板

【知识看点】

企业操盘手处于"一人之下、万人之上"的位置。

在一次管理盛宴上，一位企业操盘手给我讲了这样一件事情：企业好不容易花高薪从大企业"挖"来一位财务高管，结果这位财务高管上了三天班就走人了。老板觉得非常奇怪，就托人向这位财务高管打听。原来，上班的第二天，企业操盘手在与这位财务高管聊天时说道："你怎么到我们公司来了？我们公司今年的利润不高，发展前途也堪忧。"结果这位新来的财务高管一听说企业发展不好，马上就不来了。

这位企业操盘手就是把自己错误地定位成了"企业普通的管理者"。公司发展不好，任何人都会抱怨。但作为企业操盘手，是绝对不能在下属面前抱怨的。作为老板的"替身"，操盘手应该明白自己有责任去稳住军心。操盘手对企业的抱怨，可以直接和老板谈，而和下属谈，就是把自己错误地定位成了普通高管，这就是典型的角色错位。

企业操盘手虽然不是真正的老板，但是在许多人看来，操盘手就是老板。因为是操盘手在台前冲锋陷阵,为公司的发展前景布局,引领着企业登上新的台阶。我可以直言不讳地说,企业操盘手处于"一人之下,万人之上"的位置。大部分情况下,企业操盘手的计策左右着老板的决定。

【操盘参考】

企业操盘手作为台前老板,需完成的四大角色转变。

作为老板的企业操盘手,在角色上至少应该完成以下四大转变(见图1-6)。

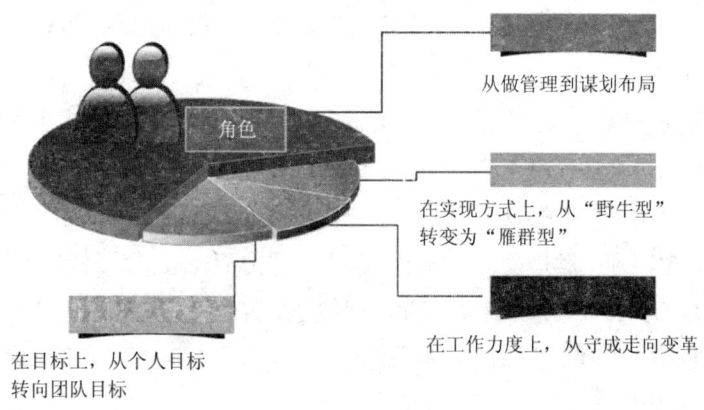

图1-6 从老板到操盘手的转变

➲ 从做管理到谋划布局

在企业里,很多业务问题都是企业操盘手必须解决的,同时,企业操盘手还要面对很多管理问题,所以,我经常看到操盘手陷入谋划与管理的两难境地。

我之前遇到过一位操盘手,他操盘的企业以外包跨国公司的业务为主,效益还不错。我跟这位操盘手一交流,发现他存在很大的问题。每次有业务,他会先把大家召集起来开会,制定业务战略,紧接着就一头扎进工作里,连续加班好几天。有时候下属找他汇报工作进度,或者工作中遇到了问题,他也没精力处理。

如果我们也遇到类似的情况该怎么办?是自己把局布好再说,还是先解决问题?我的答案是:先谋划好企业的战略,把局布好。

谋局者：打造从战略到成果的执行企业操盘手

如果我们担心的是核心高管的忠诚度，怕他们自立门户，那么首先要为企业设置好组织架构和股权激励方式。俗话说"万事以大局为重"，当我们在"谋划布局"和"管理"上出现了冲突，不知道该先做什么时，请务必把谋划布局放在第一位。也就是说，谋好局布好阵，为之后工作开展奠定一个良好的基础，为企业的发展解决后顾之忧。谋划好了局势也是给员工提供一个发展平台，员工有了展示的机会，能在自己的领域大展拳脚，还会"背信弃义"吗？

◎ 在实现方式上，从"野牛型"转变为"雁群型"

在现实中，我经常看到操盘手不喜欢别人挑战自己的权威，这是非常危险的状态。一个"野牛型"的操盘手会把企业渐渐带向衰落，甚至是死亡。何为"野牛型"？野牛群有一个首领，首领往哪儿跑，牛群就往哪儿跑，首领原地不动，牛群也原地不动。

操盘手应该调动大家的积极性，集思广益，头脑风暴，讨论出更多精彩的点子。如果我们过去是"野牛型"操盘手的话，就应该尽快向"雁群型"操盘手转换。什么是"雁群型"操盘手呢？"雁群型"操盘手就像大雁一样，由于大雁在飞行的过程中，领头雁遭受的空气阻力最大，体力消耗最快，假如始终是一只雁领飞，过了不了多久就会掉下来。因此，雁群是交替领飞，发挥集体的力量，这样才能飞得更远。作为企业操盘手，关键不在于自己多么高明、多么正确，而在于发挥团队的作用。

◎ 在工作力度上，从守成走向变革

到底是墨守成规，还是实践创新？企业操盘手们经常徘徊在这两个问题之间，无法抉择。

我的答案是，一定要创新。创新是什么？创新就是在风雨变幻的市场环境中，适应日新月异的产品竞争和升级的售后服务，不断学习，不断前进。墨守成规是无法提高企业竞争力的。在这个信息化的市场环境里，不创新、不进步就意味着被淘汰。

◎ 在目标上，从个人目标转向团队目标

作为企业操盘手，我们要带领整个企业不断进步。我们的目标应该由关注自己转变为关注团队，我们常常思考的不应是个人目标怎么实现，而应是企业目标如何达成,这对于我们来说是个巨大的转变,也是巨大的挑战。因为,当我们是一个人的时候,成功也好,失败也罢,都是自己承担,不会波及旁人。但是,当我们操盘一家企业时,肩上的担子就沉重多了。我们要顾及企业里每个人的感受,根据每个人的专长,最大限度地激发他们的潜能,另外,还要提升团队的凝聚力,让大家对集体的目标有认同感,心甘情愿并愉快地完成工作。

1.4　企业操盘手的角色之三:企业的军师

【操盘力看点】
企业操盘手的五大核心能力:谋局、布局、做局、控局、破局。

拉姆·查兰,这个名字对于大多数人来说可能比较陌生,但他却是全世界的企业都想要的"军师",被老板称为"终极智囊"。在过去的50年里,拉姆·查兰操盘了数十家世界500强企业,比如通用电气、福特汽车、英特尔、花旗集团、杜邦公司等等。

为什么企业会有"军师"?拉姆·查兰又是如何定位自己"军师"这个角色的?我们一起来看看他传奇的人生。

拉姆·查兰最初在悉尼的一家小企业里做文员,工作之余,他研究了该企业的财务报表,发现企业正在借钱支付股息,他敏锐地意识到,这样的做法是错的,于是向老板说出了自己的想法,并得到了老板的认可,从而为企业避免了债务风险。自此,他的军师生涯开始了。

后来,他成为通用电气的军师,并连续为通用电气公司服务了46年。他是杰克·韦尔奇最推崇的军师,杰克·韦尔奇曾这样评价拉姆·查兰:"他有一种罕见的能力,能够从无意义的事情当中提炼出意义,并且以平静有效的方式传递给他人。"

拉姆·查兰的谋略智慧,体现在他的洞察力和提炼成功因子上。他总是能将企业复杂的商业问题化繁为简,提炼出适合企业的一套成功因子。他提炼的成功因子，造就了通用、福特、花旗、杜邦等公司如今的辉煌。时至今日，还有企业沿用他当时所提炼出来的成功因子。

如今，拉姆·查兰已经79岁高龄，马上将迈入耄耋之年，但他却依然奔波于世界各地的企业，似乎没有停下来的意思。

军师，从古至今，都是智慧的化身。三国时期，诸葛亮羽扇纶巾，谈笑间樯橹灰飞烟灭，汉室崛起。历史上许多金戈铁马的战场，都离不开军师的谋划布局，许多成功帝王的背后，都有军师的辅佐。

跟帝王打天下一样，一个企业要想立足并崛起，需要一个帮助企业决胜千里的诸葛孔明，一个像拉姆·查兰一样让企业快速发展的"终极智囊"，这个人就是企业的操盘手。所以，对于企业操盘手的第三个角色定位就是企业的军师。

符合企业军师这个角色定位的，至少要拥有以下五大核心能力（见图1-7）。

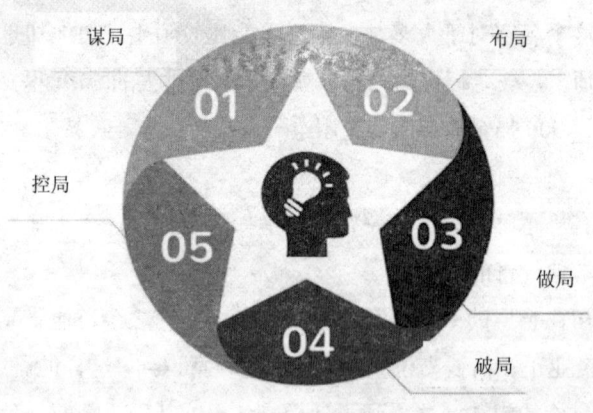

图1-7 操盘手的五大核心能力

所谓谋局，就是在行动之前先谋划；所谓布局就是根据谋划来设计阵势；所谓做局，就是把"套"下足，让猎物钻进来就别想出去；所谓破局，就是针对竞争对手的招数来制定攻破招数；所谓控局，就是调控对策，掌控全局。

【实操参考】

企业操盘手要顺势而为、把握事、势、时。

虽然谋局、布局、做局、破局、控局是企业操盘手的核心能力，但并不是每一个企业操盘手都具有这五种能力。要拥有这五大核心能力，企业操盘手需要顺势而为，把握事、势、时。什么是顺势而为，把握事、势、时呢？具体来说，包括以下四个方面：

⊃ **一是识时：识时务者为俊杰**

自古以来能认清时势潮流，并顺势而为的人才能成为英雄豪杰，这是一个人的大智慧。企业操盘手必定是一个有大智慧的谋局者，要能看清事物发展的趋势，总结过去的得失，把握好当前的方向，预测未来的发展趋势。

我记得孙中山先生曾说过这样一句话："世界潮流，浩浩荡荡，顺之者昌，逆之者亡。"作为中国新民主主义革命的先驱，孙中山先生顺应世界潮流，为推翻封建帝制，为中华民族崛起而革命，被尊称为"国父"。而袁世凯却逆潮流而动，妄图复辟称帝，这种倒行逆施的行为是注定要失败的。

越是领袖人物，就越要认清局势，冷静判断。一位企业操盘手与一般管理者的区别不在于能力、专业和勤奋，而在于他的高度，他能否把握形势，顺应潮流。

⊃ **二是顺势：把握未来趋势，顺势而为**

重物从高处落下，能形成比它本身重量大得多的撞击力，这是因为在重物下落的过程中产生了巨大的重力势能。一家企业能在行业内所向披靡，也是因为它顺应了行业发展趋势，产生了巨大的势能。

企业操盘手要能把握未来趋势，并顺势而为，具体来说就是要制定企业战略，以长远的眼光预测行业发展趋势，并顺应趋势为企业定下合适的发展战略。

⊃ **三是用势：谋局的最高境界是布下一个"场"**

企业操盘手操盘企业最好的境界就是造一个"势"，而谋局的最高境界是布下一个"场"。这就好比阿里巴巴的马云，因为具有前瞻性的眼光，抓住了电子商务的趋势，成为电商行业的绝对领袖。阿里巴巴可以说每一步都走在行业的前列，这就是用势所带来的成功。

- **四是造势：制造一个"能量场"，形成聚集的效应**

当市场一片风平浪静，没有波澜时，企业操盘手要能造势。造势的作用在于烘托氛围，制造一个"能量场"，形成聚集的效应，然后企业就可以顺势而上。

在这方面，我个人认为做得最好的要数王老吉，虽然我知道王老吉的操盘手是谁，但我由衷地佩服他为企业制造的"怕上火，喝王老吉"的势。这个"势"很好地将"清火"和王老吉的形象紧密结合，在消费者脑中不断加深印象，最后行成了强大的购买力。

总而言之，我要讲的企业操盘手，不是亘古就有、遗世独立的物种。应该说，在中国，正确评价一个企业操盘手的条件还不成熟，企业操盘手的操守和业绩尚缺乏完备的评价、监督和任用系统，但是，这不能成为正在成长中的企业操盘手不历练自己的借口。相反，所有企业操盘手都应该按照卓越的企业操盘手的标准来严格要求自己。

1.5　企业操盘手的职业化

【策略看点】
职业企业操盘手，要把职业追求当成自己人生的最终追求。

职业操盘手首先在于"职业"二字。职业企业操盘手与老板、核心高管最大的区别在于：老板、核心高管将操盘企业当成一种通用力，而职业企业操盘手则将操盘企业当成一项事业、一个平台。或者用一个形象的比喻来说就是，老板、核心高管是操盘企业的"游击队队长"，而职业企业操盘手则是"正规军军长"。老板、核心高管是"业余选手"，职业企业操盘手则是"职业选手"。

什么是"职业化"？简而言之，就是固定的职业操守和职业行为以及职业习惯，"职业化"是一个优秀的企业操盘手必须具备的品质，在专业素养、行为习惯和职业技能方面，企业操盘手必须要满足企业发展的需要。

"职业化"的意义在于，它是国际化的职场准则，是企业操盘手迈入行业要遵守的第一规则。并且，操盘手在处理与社会、老板、企业、同事、顾客、合作伙伴、竞争对手等各方面的利益关系时，必须要以"职业化"为底线。一个操盘手要想在操盘生涯中走得更远，获得更多成就，就必须要懂得这些"游戏规则"。

因此，要想成为一名优秀的企业操盘手，就要追求"职业化"，不断提升自己的价值，实现自己的价值。那么问题来了，企业操盘手要如何实现"职业化"呢？这就要求操盘手们在技能、学识、思维、观点、态度、行为等各个方面不断提升自己，尽自己最大的力量，为企业谋划布局，做到在对的时间、对的地点做对的事，达到"随心所欲而不逾矩"的职业境界。

【实操参考】

职业企业操盘手的职业化修炼。

职业企业操盘手，与其他所有的职业一样，都会经历一个职业化的成长过程。正因为企业操盘手的行为决定着企业的成败，所以企业操盘手的职业化显得更为重要和关键。我在研究国内外一百多位成功与失败的职业企业操盘手后，发现企业操盘手要做好职业化的修炼至少应该从以下四个方面着手（见图1-8）。

图1-8 企业操盘手职业化修炼的四个方面

◯ 自远

企业操盘手要实现职业化的成长，首先要做到"自远"，也就是说，企业操盘手要懂得自己给自己订立高远的目标。因为作为职业企业操盘手，没有人会强迫你一定要达到什么样的高度，这全凭自己的信念。而从企业竞争角度而言，如果我们操盘的企业没有宏伟的目标，每天总是走一步看一步，那么注定成为落后者。因此企业操盘手必须不断给自己提出更高的目标，并带领全体员工积极地朝更高的目标努力，只有这样，企业才会不断取得进步。拿破仑说："不想当元帅的士兵不是好士兵。"我们也可以说，没有目标，不想发展的企业操盘手不是优秀的企业操盘手。

◯ 自省

企业操盘手要实现职业化修炼还要做到"自省"，也就是能够主动自我反省。无论企业规模是大是小，企业操盘手永远都处于"一人之下万人之上"的金字塔尖上，很大程度上缺乏约束和批评。如果企业操盘手能够像唐太宗一样懂得纳谏，那么企业就会出现像魏征一样敢于进谏的员工。通常情况下，员工不大会主动向企业操盘手进谏，因此更多时候需要企业操盘手自我反省，不断反思自己在企业操盘中的得与失。海尔的张瑞敏常常把"战战兢兢，如履薄冰"挂在嘴边，这就是一种反省的思维。而微软的盖茨曾对他的员工说："微软离破产永远只有18天。"这也是一种反省的精神。

◯ 自变

企业操盘手能自省还不够，还要能"自变"，也就是能够不断打破自己的成功经验，根据内外部环境变化进行自我变革，包括思维的转换与突破、行为的调整等。自我变革的过程实际上也是自我否定的过程，这需要"化蛹成蝶"的自我蜕变勇气。

不能进行自我变革的企业操盘手最终会跟不上时代的步伐，无法完成企业操盘手职业化修炼的进阶。美的集团何享健就是一个非常善于进行自我变革的优秀企业操盘手。他除了不断进行自我反省外，还能根据企业环境的变化适时提出变革的要求，例如2012年他主动卸任美的集团董事局主席一职，这就是他勇于自我变革的具体体现。

⊃ 自长

企业操盘手还要懂得自我成长，企业操盘手的自我成长实际上是一个不断自我学习和提升的过程。凡是能够自觉进行自我学习的企业操盘手，都会把自己的企业带向更高的发展水平。而不善于学习，特别是不愿意学习的企业操盘手，则通常无法持续地操盘企业前进。

浙江万向集团的鲁冠球被誉为中国老板中的"常青树"、能说会写的"农民理论家"。他只读到初中，这一切都来自他刻苦的学习。鲁冠球一般不陪客户吃饭，不在外过夜，他每天晚上从7点到12点看书看报、看电视新闻，即便外出开会也坚持这一习惯。只有初中文化的鲁冠球已有几十篇文章在《求是》《人民日报》《光明日报》《经济日报》等重要报刊发表。

企业操盘手实现自我成长，一定要懂得"在工作中学习，在学习中工作"，唯有如此才会给企业带来持久的发展。

第 2 章
企业操盘手与老板的双赢之道

【导读】

身为企业操盘手,与老板的关系非常重要。在我看来,老板与企业操盘手的关系和夫妻关系有异曲同工之处。刚开始在一起时,"卿卿我我",看到的都是对方的优点,矛盾和缺点都被忽略了。随着时间的推移,当操盘手真正开始为企业谋划布局时,各种矛盾随之产生并爆发。

这时,老板与企业操盘手经常会因"责、权、利、能"等问题发生矛盾,很多企业操盘手开始思考如何与老板双赢。这时,操盘手要懂得一些与老板和谐共生的相处之道。

我根据自己十余年操盘企业时与老板相处的经验,希望本章能告诉企业操盘手如何选择老板和企业、如何赢得老板的信任;告诉老板企业为何需要企业操盘手、如何选好企业操盘手……

2.1 老板为什么需要企业操盘手

【操盘力看点】
请操盘手来就是为企业未来的发展谋划布局，让企业变得更好。

有一年，我去参加一个企业操盘手论坛。会议间隙，一位企业的老板——他自己也是操盘手——向我大吐苦水："蔡老师，我现在感觉特别痛苦。本来，我的企业做得还不错，为了更上一层楼，就从外面高薪'挖'来一位操盘手。我的初衷是请一位操盘手，虽然要支付近100万元的年薪，但企业可以做得更好，也是非常值得的。

"没想到他来了之后，仅仅一年时间就把我的企业折腾得乌烟瘴气的。现在他拍拍屁股走了，我还得收拾烂摊子。不但企业的现金流出现了问题，而且士气也受到了很大影响，特别是高管，对他非常不服气。他们说'企业现在被那个人搞得乱七八糟，他还拿了100万年薪走人了。我们每天兢兢业业，只能拿30万。这太不公平了！'"

这位老板的遭遇并不罕见。还有不少老板，特别是中小企业的老板也有过类似的遭遇。如何才能避免这样的情况发生呢？要我说，关键在于老板必须搞清楚一点：你为什么需要企业操盘手？

诚然，很多老板会说，是为了让企业变得更好（见图2-1）。这是老板需要企业操盘手的出发点。那么，操盘手如何做才能让企业变得更好呢？这就涉及老板聘请操盘手的标准了。

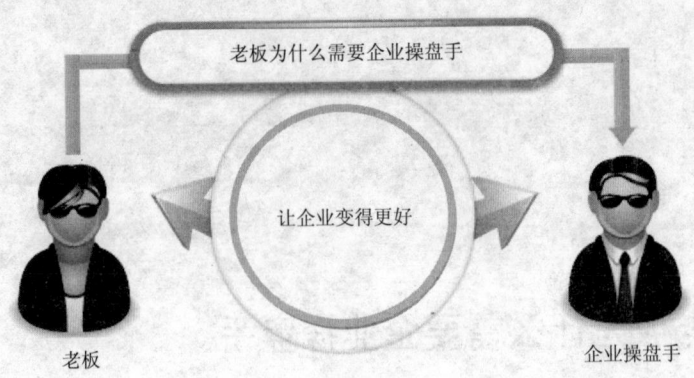

图 2-1 老板为什么需要企业操盘手

在具体的经营活动中,每家企业都有自己的特性。老板聘请的企业操盘手能和企业的需要一致吗?很难!即便是同一行业,大企业的成功操盘手到小企业也不一定能谋局成功。老板请这样的操盘手过来,是一种什么心态呢?企业做到一定程度,遇到瓶颈了,想要请一个能干的操盘手过来,让企业再上一个台阶,同时老板自己也可以轻松一点,大概都如此。

不过,这只是老板的美好愿望。实际效果完全取决于操盘手的布局能力。那么这样被聘用的操盘手又会是什么心态呢?他从一家实力雄厚的大企业,来到了一家规模不大的小企业,很容易有居高临下的感觉。甚至有些操盘手会把自己当成新公司的"救世主",觉得同事们什么都不懂,只有自己可以解决一切问题。更需要注意的是,他可能会在新公司照搬自己在大企业工作时的那套布局战略。

这时候,麻烦就来了。企业里的其他人员,从高管到普通员工,使用的都是自有的战略,于是,冲突出现了。企业其他高管会告诉操盘手:"企业的实际情况不是这样的。"操盘手则会说:"你们不懂,还是按我说的来。"几个回合之后,企业运行就出现问题了。

不久之后,老板从相关汇报中知道了这个结果,也知道了双方的分歧。双方都希望得到老板的支持。这时候,老板会支持谁呢?很多时候,会支持操盘手。为什么?老板之所以请他来,就是想要改变企业,当然要支持他。可是,半年或一年之后,如果业绩没有如老板所愿突飞猛进,老板就会逐渐倾向于支持企业原来的高管了。此时,痛苦就产生了。

当然，我举这个例子的目的，并不是告诉各位老板不要请操盘手，请还是要请，但是要搞清楚两个问题。

第一，请操盘手的决策点在哪里？第二，老板最重要的工作是什么？老板最重要的能力是决策能力，请操盘手来是为企业未来的发展谋划布局，因此老板既然请操盘手来，就要给他一定的决策权。

【实操参考】

一个符合企业需要的企业操盘手是成熟的、肯"下场干"的人。

那么，什么样的企业操盘手才是适合企业的呢？一个符合企业需要的操盘手有两个显著的特征（见图2-2）。

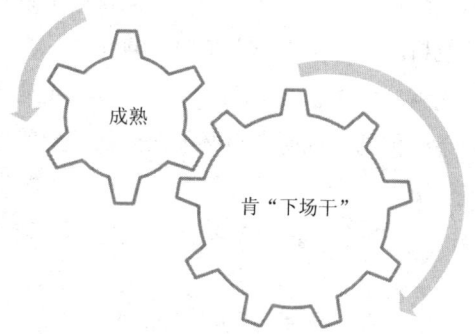

图2-2　符合企业需要的操盘手有两个显著的特征

其中，成熟是老板衡量操盘手最基本的标准，如果这位操盘手比较成熟，就不会像上面例子里提及的操盘手那样，以拯救企业为己任，而是要先了解情况。

肯"下场干"是衡量操盘手是否符合企业需要的另一个重要标准。世界一流企业的操盘手都愿意"下场干"。我先后在十余家企业做操盘手，我到一家企业的第一件事，不是躲在办公室里描绘宏伟的战略蓝图，而是直接跑到经销商那里去，跟经销商说："我来为您免费打工三个星期，好不好？"三个星期之后，我对企业的情况有了基本的了解，这时谋划出来的"局"或布下的"阵"就非常符合企业的实际情况了。

为什么要"下场干"？愿意"下场干"，才能将自己过去的成功经验与这家企业的现实情况结合起来，才能在原有谋局成功的基础上进行有效的提升。

"打工皇帝"唐骏在加入盛大时，讲了一句非常有名的话："下场去了解盛大、学习盛大、融入盛大！"很多操盘手一到新的岗位，就觉得别人那套不对，全部都要换，这是不成熟的表现。

既然企业操盘手要成熟和"下场干"，那么老板要不要做同样的工作？当然要！很多老板创业阶段非常勤奋，很快就把企业做到了几亿的规模。巨大的成绩让他出现了误判。在他看来，企业终于到了可以松一口气的时候了，于是想让企业操盘手来操盘企业，自己可以去钓钓鱼，游山玩水，放松一下。

事实上，企业发展到一定规模之时也是企业生死攸关的时刻。盲目乐观、盲目放松，只会给企业带来危险！我的一位朋友就曾有过企业发展到一定程度自己可以好好歇歇的想法，他请好了操盘手，为自己安排好了行程，但当他意识到自己和企业可能面临的危机之后，马上取消了原来的安排。

那么，是不是老板就应该事事亲力亲为，不应该让企业操盘手帮助自己呢？当然不是。操盘手要请，但请的同时老板必须把握好四个前提（见图2-3）。

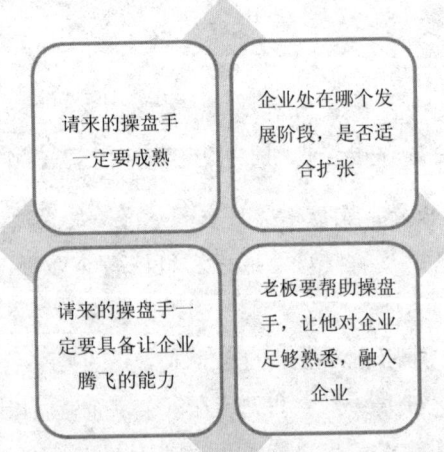

图2-3　聘请操盘手的四个前提

做到以上四点的老板才能称得上是一位成熟的老板。如果随便请一位操盘手过来，老板既不自己"下场干"，也不去帮他，那么企业被操盘手"玩死"的概率很大。

2.2 找什么样的企业操盘手最靠谱

【操盘力看点】
老板选择企业操盘手时要慎之又慎。

"千军易得，一将难求。"企业操盘手对企业及其重要，而适合企业和老板的操盘手往往可遇而不可求。

在我操盘企业的过程中，越发感觉到操盘手对于企业的重要性。操盘手作为企业的战略军师，每一个谋划都可能影响企业的命运，稍有不慎，就会"全军覆没"，所以很多老板在选择操盘手时慎之又慎，很难做出决策。

【实操参考】
老板选择企业操盘手时缘分很重要，是否有操盘经验也很重要。

那么，老板究竟如何选企业操盘手呢？

要选择合适的企业操盘手，老板首先必须知道企业操盘手在哪里，去哪里挑选值得信赖的企业操盘手。我根据自己的经验和实践，总结出三个挑选企业操盘手的点（见图2-4）。

- "缘分"很重要

俗话说，人和人相遇，靠的是缘分。我认为，老板之所以能遇见值得自己信赖、合适企业发展的操盘手，最重要的也是靠缘分。对此，你可能会说：选择操盘手怎么还要靠"缘分"呢？这不是玄学吗？其实，这种说法是有一定道理的。

图 2-4 老板如何挑选企业操盘手

"缘分"、"运气"等词汇是我们通俗的说法。"缘分"通常表示一件事发生的概率不高,需要运气,而老板找到合适的操盘手也是小概率事件,操盘手能把企业做大做强的更是凤毛麟角。所以,当老板因为"缘分"遇见了好的操盘手,就要相互包容,彼此珍惜,珍惜这相遇的"缘分"。

● 重视两关:选择操盘手的两条路径(见图2-5)

操盘手从哪里来?这个问题让老板们头痛不已,因为他们不知道自己所需要的操盘手在哪里,更不知道如何吸引优秀的操盘手到企业来。

图 2-5 选择操盘手的两条路径

在现实中，大企业因为"家大业大"、具有影响力，更容易吸引到优秀的操盘手，而发展中的中小企业却因为知名度不够，或者所在区域位置偏僻而缺乏吸引力，很难吸引到优秀的操盘手。

说到选择操盘手，很多老板都想挖掘海外优秀人才。然而，经验丰富的老板都知道，海外人才虽然知识水平高，战略理论强，但缺乏布局的经验，并对国内企业的发展情况及国内的经济形势不太了解，很难对症下药。

中小企业能否吸引到优秀操盘手，关键点在于企业的愿景、晋升机制和老板的"个人魅力"。因此，一般中小企业的老板选择操盘手时，会通过以下两条路径选择：

⊃ **钱重要吗？**

在选择企业操盘手时还有个问题让老板感到困惑，那就是对于看重钱的候选操盘手老板到底该不该选？其实这个问题，我也没有确切的答案。老板既不能因为候选操盘手注重物质利益就完全否定他，也不能因为候选操盘手主动放弃谈钱就选择他。我认为企业操盘手看不看重钱与能力高低没有太大关系。

事实上，老板可从其他方面对候选操盘手进行考察。比如，你可以向他周围的人了解，他是否是一个见利忘义的人。如果是的，我劝你还是果断放弃。

根据我在实践中总结的经验：不管企业操盘手谈不谈钱，老板一定要主动和他们讲清楚钱的规则。

如何在几个候选人中选出最适合企业发展的操盘手呢？对老板来说，这是十分纠结的一件事。只是根据与其几次短暂的接触就要做出判断，确实比较难。俗话说："知人知面不知心。"即使是相处多年的夫妻，一旦反目，也往往认为"自己这么多年，一直看错了人"。

一般来说，受过良好教育、拥有漂亮履历且适度包装过的操盘手最能使人眼前一亮，颇具"迷惑性"。他们出口便是外企如何，美企如何，给人感觉经验丰富且见解独特，也确实很能"唬人"。

但检验真理的唯一标准是实践。企业操盘是个实践过程，最直接、最有效的检验不是依靠理论的科学性和逻辑的严谨性，而是实践成果。

那么，老板到底应该如何挑选最靠谱的企业操盘手呢？为此，我专门向一些成功的企业家取经，总结出以下四条行之有效的经验（见图2-6）。

图2-6 选择操盘手的四大技巧

➲ 是否有操盘经验

一个人的能力，体现在他过往的成功案例上，实战成果能证明此人能否胜任操盘手的工作。老板在选择操盘手时，对操盘手成功经验的考察，实际上是在控制风险。因此，在确定人选之前，要先弄清楚企业需要操盘手的主要目的是什么，需要什么样的能力。明确目的之后，应首选具有类似成功经验的人，将风险最小化。

如何定义成功经验？在实践中，我们做广义的理解。比如，老板要想推动企业转型，操盘手的人选必须具有与此相关的经历，比如把业务从小做到大，或者把传统企业转向互联网等等。

➲ 是否曾经成功过

对于中小企业，老板通常会在企业内部挑选操盘手，这时应该选择"曾经成功过"的人，也就是在其他岗位上做得相当不错的人。

"曾经成功过"能从侧面反映一个人的能力。能在其他岗位"成功"，说明此人具备做事情的能力，相对而言比较成熟，知道妥协和包容，不抱怨、不推脱，把事情往好的方面推进。相比较能力没有得到证明的人，选择"曾经成功过"的人任职，是在降低风险。

➲ 慎选新人

在实践中，选择一位没有任何操盘经验和没有成功过的操盘手是具有很大风险的，老板如果不是看人特别准的话，就应当尽量避免。很多优秀企业在业务发展过程中，如果没有合适的操盘手谋划布局，宁愿放慢脚步。如果老板自己对转型、变革缺乏足够的了解，此时贸然选择新人操盘企业，有可能会给企业带来致命的创伤。

当然，我总结的这三条皆为经验之谈，并不绝对，只是一种风险概率。

⇒ **慎选任职时间短的**

虽然我说一个人的简历并不能体现一个人能力的大小，但有些信息仍然具有参考价值，比如企业操盘手在公司的任职时间。一个操盘手在一家企业未能操盘两个完整的自然年（或企业的财政年），老板在选择时，应该谨慎。

在我做操盘手时，我一旦决定加盟一家企业，那么我肯定会至少坚守3年，干出一些亮点和成绩再考虑离开，否则就一个月都不待。操盘手加盟企业，不能以"混日子"的心态得过且过，必须实现绩效目标，为企业创造价值。如果操盘手觉得加盟的企业并不适合自己的发展，最好当断则断，立刻走人。如果选择继续留下，则必须具有坚韧精神，做出亮点和成绩，为自己的职业生涯增色。

总之，对于老板来说选择合适的操盘手是复杂而困难的。前面所述皆为我根据自己的观察和实践总结而来，很可能挂一漏万，但这些经验的操作性比较强，并且得到一定的验证，希望可以对老板们有所帮助。

2.3　企业操盘手如何选老板、选企业

【**操盘力看点**】
企业操盘手选择一个好平台，才能大展拳脚，成就一番事业。

每一个企业操盘手都想让自己操盘的企业成为行业的佼佼者，在企业实现自己的价值，让老板认可自己的成绩，但是，操盘手想要实现这个美好的梦想，一定要慧眼识珠。

商场如战场，只有少数中小企业能够发展为大企业。据我统计，我国中小企业的平均寿命不足三年，足见企业发展的艰难。能够发展起来的企业不多，能够做大做强的企业更是凤毛麟角。

俗话说巧妇难为无米之炊，作为企业的操盘手，一定要选择一家有潜力的企

业,否则,操盘手就如搁浅的蛟龙,本领再大也没有发挥的余地。选择一个好平台,操盘手才能大展拳脚,成就一番事业。

【实操参考】

企业操盘手选择老板时要看核心团队和知识水平,选择企业时要看准三点。

那么,操盘手如何选择好的平台呢?其实对操盘手来说,好的平台就是好的老板和好的企业。我通过近距离观察和实践,总结了一些不适合选择的老板和企业的特征,供操盘手选择平台时参考。

▶ 选择老板,看核心团队和知识水平

企业操盘手在选择老板时,可以重点观察老板是否符合两个要求,如果他不符合这两个要求,那么我建议你不要选择他(见图2-7)。

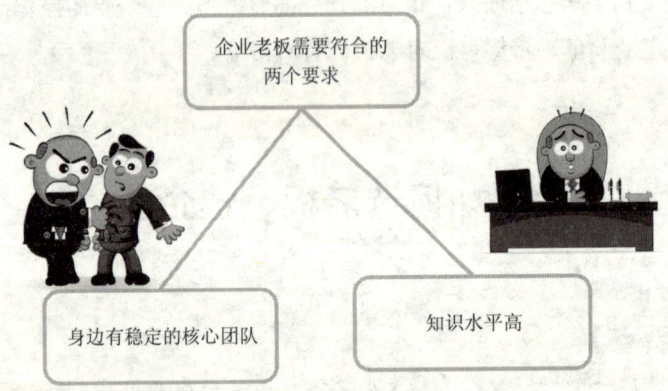

图2-7 企业老板需要符合的两个要求

老板身边有没有核心团队,能反映出老板是否具有感召力,也能体现一个老板的综合素质。

领导的个人品质对团队有重要的影响。每个团队领导都必须具备高尚的个人品质,而且在带领团队的过程中必须坚持这种品质。高尚的品质在实践中可能有不同的表现形式,但其本质是不变的。

如果一个老板没有高尚的品质,那么他就很难组织出一个有力量的团队,跟随他的大多是被利益所驱使的"乌合之众"。操盘手在选择老板时可以通过观察老板如何处理团队矛盾，判断其是否诚信、正直。

在我们与老板们单独沟通时，是很难判断出这位老板的个人品质的。俗话说"王婆卖瓜，自卖自夸"，很多老板为了吸引好的企业操盘手，会大谈自己的抱负和对行业的研究及理解，言语厚道真诚，让我们感觉操盘他的企业不费吹灰之力就能"完美收官"。但是，在深入了解企业领导团队之后，我们就会发现他的身边没有核心团队。

当我刚开始接触这类老板时，会好奇：为什么这么好的老板会没有核心团队呢？而老板总会抱怨自己遇不到优秀的操盘手，说自己吃过很多亏，上过很多当，操盘手"辜负"了他的信任。

后来，随着与这类老板的深入接触，我发现，他之所以没有核心团队，很大一部分原因在于他自己，我最初的好印象可能都是表象。

几年前，我接触过这样一位老板，他在20世纪90年代就通过贸易赚到了第一桶金，之后一直在外贸行业发展。十年后，他转战房地产行业。创业的二十多年来，他企业的操盘手如走马灯，他也一直没有核心团队。同他初步交流时，他给我的印象很好，我觉得他很厚道，所以才总是被人算计。

可是，随着了解的深入，我发现他身上存在很多问题，比如沉不住气，总是一拍脑袋就做出决策，之后又反悔，朝令夕改。对人也是如此，热得快冷得也快。

通过观察，我发现他是一个格局不大、不够冷静的人，很难成大器。他的企业这些年也一直在原地踏步，没有什么起色。再看与他同期创业的企业，都已经发展壮大了。

像这样创业多年也没有组建好核心团队的老板，他的企业几乎不可能做大做强。操盘手在这样的平台上是不可能谋好局的，因为你改变不了他的格局。也许你为他的企业谋下一盘好棋，但是在关键时刻他却"丢车保卒"了。

总结起来，这类老板有几个共同特点（见图2-8）。

知识水平不高。对于老板的知识水平，很多操盘手可能会有异议。的确，现在确实有很多老板没有很高的学历和知识水平，但是依然把企业做得很出色。可是尽管如此，也并不能说明老板的知识水平不重要。一个人的成功包括很多因素，有时候，见识、胆识、敏锐的触觉、广阔的视野，在这个机遇大于一切的时代更为重要。

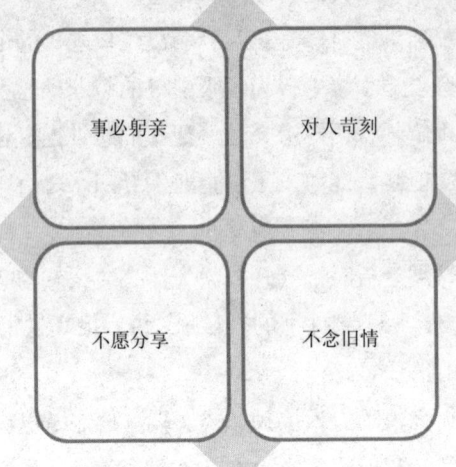

图2-8　没有组建好核心团队的老板的四个特点

但是,我为什么要说老板的知识水平高低对操盘手选择平台十分重要呢?这是因为一个人的知识水平与他接受新事物和改变自我的能力是密切相关的。知识水平不高的人很多不明事理,而且容易"认死理",不容易改变。操盘手在和知识水平高的老板沟通时更有效率,工作上磨合得也更快。

老板的知识水平是操盘手选择平台的一个参考标准,但不是决定因素。因为确实有少数知识水平不高的老板能成功经营企业,但操盘手要选择这样的老板还是有一定风险的。我们提出这一条并不是基于偏见,而是提出这种可能性。

○ 选择企业,看这三点就够了

企业操盘手在选择企业时,有三个核心点要注意(见图2-9)。

创业多年,销售收入没有破亿的企业。如果一个企业在一个行业内发展了十年以上,而销售收入还没有过亿,这说明这家企业在这个领域内是没有前途的,或者在选择业务领域时出现了问题。

创业多年,销售规模没有大突破的企业,再优秀的操盘手也无法扭转乾坤。因为操盘手也需要肥沃的"土壤"才能"耕种"和"收获",而这样的企业就犹如一块"盐碱地",不适合操盘手生存和发展。

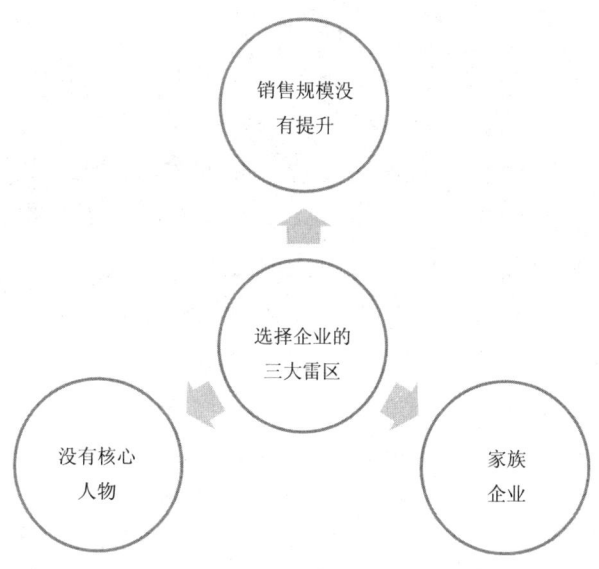

图 2-9　操盘手选择企业的三大雷区

另外,如果这家企业之前外聘的高管很少有做到 3 年以上的,那么操盘手就有必要怀疑一下该企业是否有发展潜力了。一两名高管离职可能是高管个人的问题,如果所有任职该企业的高管都选择离开,那一定是企业本身有问题。

家族企业。家族企业的生态相当复杂,操盘手很难在其中生存。企业中的家族成员,对企业来说有利有弊,对操盘手来说要慎重考虑。

在创业初期,企业能否存活都是个未知数,因此付不出很好的薪酬,也就很难吸引到优秀的人才。由于企业处于初创阶段,制度不完善,对员工的可靠性和忠诚度有很高要求,这时,很多老板会选择家庭成员作为员工。因为这个阶段当企业遇到困难时,最有可能坚守下来的就是家庭成员。所以说,家族企业有它的历史原因和现实条件,我们不能简单地说家族企业好或者不好。

只是,操盘手在选择这样的企业时要慎重考虑,要看看老板是如何对待不能胜任工作的家族成员的。当企业逐渐扩大经营规模和业务范围时,对无法胜任工作的家庭成员,老板应该让他退出企业,对能力出众的家庭成员,老板也应该考虑让他有单独的一片天地。

没有核心人物的企业。成功的创业团队有一个共同点,那就是都拥有一个核心人物,这个核心人物极有威望,受到团队其他人的尊重,能把所有成员凝聚在一起。

核心人物一定要具有作为一名优秀领导者的潜质，但是并不是每一个有潜力的人都能成为团队的核心人物。一个人能否成就事业，就要看他能否建立一个团队，并让团队认可自己的品质和能力，成为团队的核心人物。

没有核心人物的团队如同一盘散沙，会因为长期的内部斗争而产生"内耗"，很难形成战斗力（见图2-10）。一个有战斗力的团队必然要有一个核心人物，这个核心人物有绝对的权威，但又能够平等地对待团队成员。如果一个团队中间，所有人都实力相当，大家谁都不服谁，"一山不容二虎"，麻烦也就接踵而至了。"山有二虎"的情况可以出现在创业初期，因为这个时候"谁是核心"这个问题还没有那么重要，一旦企业走过创业初期，进入发展期，这个问题就会变得很重要。

没有核心人物的团队就如同一盘散沙，会因为长期的内部斗争而产生"内耗"，很难形成战斗力。

图 2-10 成功的团队都有核心人物

"谁是核心"这个问题的背后是权力斗争，权力斗争中必然有人会离开，最后大家会相互妥协，形成一个相对稳定的有核心的结构。在任何人建立的组织里都会发生这种情况，这是一个普遍规律。

企业是否已经形成领导核心，是操盘手选择平台时必须要考量的，操盘手加入没有领导核心的企业，会面临较大的风险。

在深圳有一家企业发展势头很好，业务扩张很快，需要大量的优秀人才加入，老板求贤若渴，希望有一位操盘手能帮助企业谋划布局，可是几乎所有的操盘手在了解企业后都没有选择该企业，为什么呢？

原来该企业的高管和股东之前经常出现意见相左的情况，高层的意见不一致，使下面的人无所适从。这家企业的股东都是创立公司的元老，他们各自所持的股份差异不大，股东们能力也很强，所以谁都不服谁。没有谁能成为权威的核心人物，企业也没有核心团队。这样的情况使企业内部环境复杂，大多数操盘手很难适应这种环境，因为每布一局，都无法执行，工作中的大量精力都花在协调上下级关系，小心翼翼地处理人际关系上了。

这种情况属于深层次的问题，从表面上很难看出。操盘手只能通过接触股东和高管，才能了解这一状况。

上面谈到的这些值得注意的特征和雷区，并不是绝对的，而是具有相当的概率。所以我们不应该生搬硬套，而是要结合实际情况去观察、分析和思考后做出谨慎的决策。如果我们选择的企业不幸有雷区，也只能说明我们目前面临一些风险，并不代表我们的选择是完全错误的。此时，作为操盘手的我们就要提醒老板们检视自身，进行改善了。

2.4 老板如何与企业操盘手相处

【操盘力看点】
老板与企业操盘手的相处非常重要。

前年，在一次活动中，我认识了一位老板。熟悉后，他向我抱怨说："三年前，我请了一位企业操盘手，在头两年里，操盘手确实把企业的战略和顶层设计做得非常好，让企业的利润整整翻了10倍，作为老板，我是非常感谢他的。但是我觉得他是一个很奇怪的人，他每次布下的局从不与我沟通。我尝试与他沟通数次，都以失败告终。

"去年，他为公司谋划了新的战略——扩大规模。在布这个局时他依然没有与我进行任何沟通，所有的事情他都一手掌控。到了中段时，他说需要我的帮忙，我就这样一头雾水地按照他的计划继续做下去。结果由于盲目地扩张和囤货，企业的资金链出现了问题，我和他商量，试图解决企业目前的困境，他说不需要。几个月过后，员工的工资都成了问题。

"我其实挺信任他的，但我确实不知道该与他如何相处。"

听完这位老板的抱怨，我表示我也没有行之有效的方法可以指导他与操盘手相处，但我把操盘企业时各位老板与我的相处之道进行了总结，向他指出以下三点（见图2-11）。

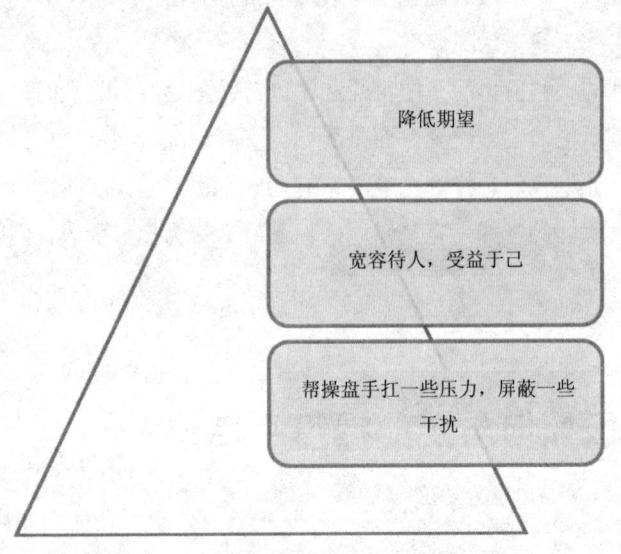

图2-11　老板和操盘手相处的三大诀窍

【实操参考】

老板与企业操盘手相处的三大诀窍。

⇨ **降低期望**

在企业发展过程中，往往上演着这样的剧情：创业之初，老板凭借一人之力独当一面，带着一帮兄弟奋力拼搏，很快在市场上站稳脚跟，实现从生存期到成长期的跨越。然而，随着企业的发展，各种问题日益凸显：规模增长逐渐缓慢、利润开始下降、内部管理矛盾频出、产品质量投诉不断、各个部门之间相互指责、创业激情消磨殆尽，公司陷入一片混乱之中。

作为老板，心中自然无比沉重，一起创业拼搏的兄弟，虽然仍旧忠诚，但已无法承担企业发展的重任。此时，企业操盘手的引入似乎是救命稻草，老板希望其加入能给企业带来变化，冲破企业成长的瓶颈。

一边是求贤若渴的老板，急需操盘手给企业带来立竿见影的变化；一边是满腹经纶的操盘手，期待有适合的平台大展身手。老板和操盘手似乎找到了契合点，双方一拍即合。

然而现实往往是另外一番情景——希望越大，失望也越大。

老板经常有这样的感觉，操盘手拥有良好的教育背景，丰富的从业经验，有的甚至来自标杆企业，对于企业运作深谙于心，按理应该能为企业带来巨大的变化，但实际却并不是那么回事。

而操盘手在加盟企业时，也往往是满怀激情而来，心灰意冷而去，认为老板并不是自己想象的那样有想法、思路清晰且有事业心的人。

为何短期的相处会让双方的认识有这么大的反差？

我认为在一开始，双方的认识就有偏差，只不过未能表现出来。针对这种现象，双方各执一词，站在各自的角度，皆有道理，但就其本质来说：老板需要调整自己的预期，不能把经理人当成"天兵天将"，认为他能力挽狂澜，迅速给企业带来"翻天覆地"的变化。

我认识的一家房地产公司的老板，他为了让企业实现转型，通过朋友介绍，认识了一位知名房地产企业的操盘手X先生。X先生毕业于国外著名高校的建筑专业，曾于20世纪80年代留学日本，回国后在香港一家知名房地产企业做操盘手，业绩非常好，在圈中口碑甚佳。

这位老板在和X先生的几次接触中，认为X先生既有理念又有操作方法，为人正直，尤其是在面对分歧时，不随意迎合老板，坚持表达自己的见解。通过大约一年的接触，老板越发肯定X先生就是自己想要的人，于是不惜重金把X先生挖过来，让他做自己的幕后军师——企业操盘手。但结果并非像我们想象的那样，大概一年多时间，X先生就黯然离开。

后来，我曾私下与这位老板沟通此事，该老板认为X先生格局不够大，一年多没能给企业带来任何变化。

我也私下向X先生了解情况，X先生认为这家企业管理太差，核心高管毫无专业性可言，公司资金非常紧张，老板善变，沉不住气。

其实，老板在与企业操盘手相处时，要明白操盘手不是"天兵天将"，企业的改变也不是一蹴而就的。作为企业操盘手，也有各自的优缺点。老板应慧眼识人，物尽其用，识别出操盘手的长短板，才能为企业带来更好的发展。

➲ 宽容待人，受益于己

当拿着高薪，顶着"军师"头衔的操盘手进入企业时，势必会引起震动，因为大家都拭目以待操盘手如何为企业谋局，老板也想看看操盘手到底有什么出众的能力。老板有这样的想法是人之常情，但这种想法在企业操盘手看来，会演变成一种"看客心理"，似乎老板只想袖手旁观，看操盘手一个人表演。这是违背老板需要操盘手的初衷的，操盘手操盘企业讲究的是团队协作，每个人都有自己的角色，共同配合才能把"戏"演好，而不是光靠操盘手"唱独角戏"。

操盘手既然加入了企业，就是企业的一份子，老板要有宽容的心态和胸襟。"金无足赤，人无完人"，操盘手有自己的个性特点，能力上有长板也有短板。老板不应该把目光全部放在其短板上，或者用自己的主观标准去衡量别人。在现实中，我经常看到很多老板对和自己共同创业的元老，或者企业培养的人才很宽容，对操盘手却很严苛。

比如，我认识的一位老板是技术出身，喜欢盯着操盘手的缺点不放，平时说话也很直接，不懂得给操盘手留情面，这类老板认为自己的性格就是"直率"。但很多操盘手忍受不了这种"直率"，这种"直率"还叫作"情商低"。这类老板不仅与操盘手相处不好，也很难带好队伍，队伍的凝聚力很低。

在我操盘的企业中，有一些老板非常宽容，他们能为我创造条件，让我最大限度地发挥我的价值。他们知道一个显而易见的道理：老板和操盘手需要有一个全面的重新认识的过程。他们能看到我的短板，更知道如何发挥我的长处。总之，老板应该成为操盘手的有力后盾，支持操盘手，帮助他顺利地融入企业。

◐ 帮操盘手扛一些压力，屏蔽一些干扰

操盘手刚刚加盟企业时，面临着各方压力。此时，工作受阻往往不是因为能力问题，而是因为承受的压力太大。懂得相处之道的老板，会帮助操盘手顶住来自董事会、大股东、其他高管等各方面的压力，让操盘手集中精力谋局。如果老板没有在中间起到缓冲作用，就会使操盘手行事过于拘谨，不求有功但求无过，放不开手脚，甚至可能会在各方压力下无所适从，阵脚大乱。

我经常在各种庆功会上听到老板对操盘手说："当初我力排众议，支持你的决策，和你一起顶住了巨大的压力，我始终信任你的决策是正确的，现在你终于用业绩证明了我的眼光！"

老板应帮操盘手扛住一些压力，屏蔽一些干扰，让操盘手放手去做，即便出现问题也和操盘手一起承担，这是老板对操盘手的最大支持和帮助。

2.5 企业操盘手如何赢得老板的信任

【操盘力看点】
操盘手和老板之间的不信任，其本质在于他们的思维不同。

企业操盘手决定着企业的命运，是企业在商海中的舵手，但试问有多少老板愿意将这舵盘全权交出呢？

我经常听到操盘手抱怨老板对他们的不信任，谋划的局要么需要老板重新核定，要么被直接推翻，操盘手中没有单独的处置权力，这样的操盘手谈何操作整个企业的生死？无独有偶，老板们对企业操盘手也有着各种不满：给了决策权，却不为企业着想，缺乏责任心；凡事都需要自己亲力亲为，根本没给自己减轻压力……

双方持着这种印象，那么合力共创企业的美好明天也就无从说起了，造成这种现象的原因是什么呢？作为企业操盘手，如何赢得老板的信任，做到名副其实，需要我们去究其缘由，并对症下药。

企业操盘手要想赢得老板的信任，首先必须弄明白老板为何不信任自己。根据我的经验和观察，我认为导致老板不信任操盘手的原因主要有以下两点（见图2-12）。

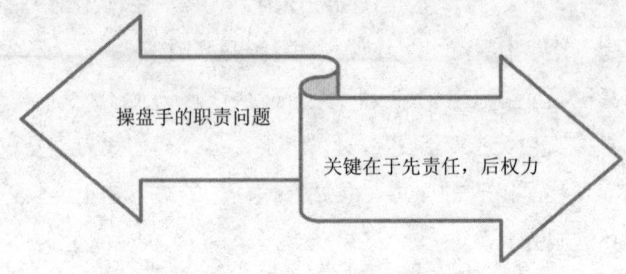

图2-12 老板不信任操盘手的原因

○ 操盘手的职责问题

操盘手操盘一个企业，便背负一份职责。这份职责的背后，实际是责任、权力、利益、能力等。只有将所有的都付诸实际，才能有我们所追求的名副其实。

操盘手在操盘企业的过程中，首先要承担起的就是责任，所谓"在其位，谋其政"，即说明责任的重要性。面对企业，我们所做的任何一个决策都是责任心的体现，而决策，来自于权力。通常人们认为权责相当，但在实际生活中并不尽然，大多数情况下是"责任大，权力小"，也有一些情况是"权力大，责任小"。另外，权力的实际体现是一个渐近的过程。它需要通过机制来争取，且具有明显的滞后性。比如，有的机制需要依靠责任和业绩来争取权力，而有的机制则需要依靠关系争取权力。

责任和权力均得以落实，随之而来的才是利益。这其中，又牵扯能力的大小。能力很大程度上是一个定值，需要在实践中不断提升。大多数时候，利益的兑现需要我们奋力干出成绩，也就是说需要付出更多的努力。这个过程涉及诚信因而存在一定的风险，但不妨碍它存在的合理性。

责任、权力、利益和能力在时间上并不存在一致性。权力和利益都必须经过考验才能获得，这是作为操盘手所面对的最大的挑战，因而也成为抱怨最多的内容。而要想得到老板的信任，职位背后的这些内容需要我们用实践来证明。

⊃ 关键在于先责任，后权力

操盘手在企业中从名不符实转变为名副其实的关键在于信任，而信任需要我们用行动来争取。

操盘手在进入一家企业之后，所思考的是自己身处这一职位时，老板是否给予了足够的权力。认为没有权力，就很难开展工作，也很难承担责任，因为责任大，权力大。

而老板们则认为，一名操盘手能有多大权，在于他能承担多大的责任、有多大的能力。在不了解其潜能的前提下，只能给予基本保障。换句话说，只有操盘手干出业绩，得到老板认同之后，才能有所回报。

操盘手和老板之间的不信任，其本质在于他们的思维不同。因此，要想获得老板的信任，操盘手需要改变自身观念，必须在权力资源有限的前提下，先把责任承担起来。尽自己最大的努力，为企业创造最大收益，在逐步获取老板信任的同时，争取权力，继而发挥更大的作用。操盘手贡献越大，地位越高，利益收获也就越大，由此进入一个良性循环。

【实操参考】

企业操盘手要赢得老板的信任，诚信正直的品德是前提，能力是绝对条件。

在现实中，老板会通过各种途径对操盘手进行考察，诸如工作业绩、战略布局、危机处理等等，甚至会通过出差近距离的接触观察其品行。在这些考察中，操盘手诚信正直的品德是获得老板信任的前提，主要体现在以下几点（见图2-13）。

⊃ 首先要做到以诚待人

在我接触的所有操盘手中，当我问到"你认为赢得老板信任最重要的一点是什么"时，他们一致认为，在老板面前最好的策略就是——诚实。

不管是面对老板，还是面对同事、下属，都应当以诚相待，出言谨慎，根据自身了解的情况，做出相应决策，不轻易承诺，以免使自己处于被动局面。

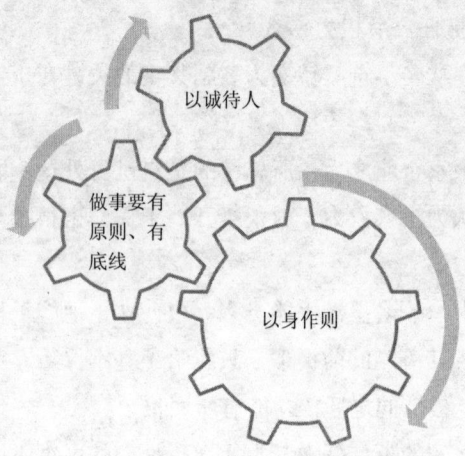

图 2-13　操盘手的品行是赢得老板信任的前提条件

我曾遇到这样一位操盘手,在没有分析市场和内部资源状况的前提下,随意描绘企业计划,对企业员工轻易许诺。结果年底业绩与他所设定的目标相差甚远,承诺无法兑现,使得自己在员工心中的可信度直线下降,同时也失去了老板的信任。

因此,不要随意忽悠,企业的发展光靠一张嘴说,现实会狠狠抽你一个大嘴巴。尽心尽力为老板着想,以诚相待,才是获取信任的前提。

⊃ **其次,做事要有原则、守住底线**

坚持原则可以体现出这个人正直与否,老板十分看重这一点。在处理问题时,能否做到对事不对人;在完成任务时,方式的改变不能超越底线等等。

在非常时期,能容人之短用人之长也是正直的体现。

格兰特是美国南北战争时期有名的统帅,但他因为喜欢喝酒常遭人非议。当时,北方军在道义、人力和物力占优势的情况下,接连被南方军打败,在形势上十分被动。林肯对此深入分析后,认为是原先的统帅个性不突出,虽然稳健,但是不能出奇制胜。林肯想到了格兰特,提议任命他为新统帅,结果遭到绝大多数人反对,他们担心格兰特喝酒贻误军情。林肯听了大家的意见,明确表示:"我们现在需要的是能带兵打胜仗的人。我知道格兰特喜欢喝酒,战争胜利后,我送几马车酒给他喝。"事实证明,格兰特没有让林肯失望,最终扭转了战局。

良好的职业素养能使企业操盘手在任何情况下都严格要求自己，做事有原则会给老板可靠的感觉，这不仅能消除他人的猜忌，更体现了操盘手的专业程度。

⊃ 再者，要以身作则

作为企业的操盘手，是整个企业的掌舵者，如若在执行决策时不能以身作则，整个企业的风气将随之瓦解。

我在操盘一家企业时，上任一个月，发现员工迟到的现象比较严重，虽然公司对此制定了较重的罚款制度，但效果并不明显，员工们士气低迷，怨声载道。面对此种情形，我每天提前15分钟到岗，在公司门口"恭迎大家"，不到一个星期，问题迎刃而解。除了出差、特殊情况以外我从来风雨无阻，最终将公司的"迟到问题"彻彻底底地解决了，员工们也都自觉养成了早到的习惯。

人的行为无时无刻不在展示着他的修养，很多知名企业的文化都强调从小事做起，从岗位做起，从自身做起，这都是对人品德的要求。

作为企业操盘手，在布局时要沉稳以待，不慌张、不盲从，做事有板有眼，这样的人才能得到老板的青睐。对于那些在职场中耍"小聪明"的人，我要说：聪明反被聪明误，那只会加深老板对你的不信任，而不会让你得到提拔重用。

要想获取信任，除了拥有可靠的品质，能力也是不可或缺的条件。而能力是通过操盘手的工作业绩来体现的，那么，操盘手如何提高工作业绩呢？在这里，我给出以下两个建议（见图2-14）。

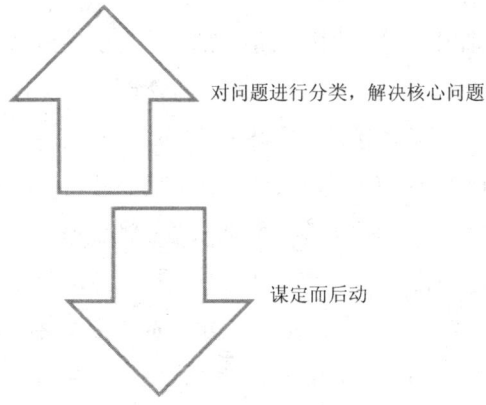

图2-14 操盘手的能力是赢得老板信任的绝对条件

⊃ 对问题进行分类，解决核心问题

操盘手在为企业谋划布局的过程中，会遇到许多急需解决的问题，而这些问题往往超出下属的能力、职权、责任范围，是下属不能、不愿和不敢解决的问题，比如现有制度和流程阻碍问题的解决、与其他部门配合不协调、需要操盘手决策、下属不愿承担责任等等。

面对这些繁多且紧急的问题，操盘手常常被弄得手忙脚乱，但其实，只要深入分析，发掘问题的规律，问题便能迎刃而解。我通过考察发现，我们在工作中遇到的问题都是有规律可循的，要对繁多的问题进行分类，使其具体化和结构化，抓住核心问题，并优先解决。

比如说，面对员工执行不力的问题，其部分原因是责任不清晰，交叉岗位衔接不到位。

弄清楚问题产生的原因及规律，针对问题本身对症下药，是高效解决问题的不二法则，慌不择路只会导致问题更加严重。

⊃ 谋定而后动

操盘手进入企业后要采取措施提升企业的业绩，给企业带来新气象，一般来说，两三个月内必须采取措施。老板期待出现新气象的时间期限大概是3～6个月，否则老板就会怀疑操盘手的能力，甚至可能通过非正式渠道传出对操盘手的不满。

但即便如此，操盘手也不能操之过急，不要为了迎合老板对自己的期待而贸然行动，更不能无规划地走一步看一步。

我曾经在一家电器生产企业做操盘手。那时，行业内另一家企业市场占有率在60％以上，生产规模大、成本低，生产线比较新，采取的是低价策略。我所在的企业竞争力太弱，战略改革迫在眉睫。

我用两个月的时间走访市场、深度调研，结合企业内部的情况，分析问题的根源，在全面了解之后提出解决方案：短期从质量和市场入手，提升产品质量，扩大市场占有率；长期则需要投资新的生产线，扩大生产规模。在实施步骤上，通过短期措施见效，获得董事会认可，继而争取董事会投资，扩充产能。

从内部管理来说，企业需要严格把控产品质量，增强市场竞争力。我仔细分析质量投诉问题后，发现这些问题主要集中在几条生产线和几款产品上，而且公司缺乏合格的质量管理人才，针对此现象我很快制定出具体的解决办法，果断从韩国同类产品公司引进几位质量管理专业人才，通过完善质量管理体系，达到把控产品质量的目的。

　　从外部市场来说，我决定扩大市场路线，优化传统市场结构，借助集团公司强大的销售网络，从相对比较容易的市场方向突破。

　　在我的战略布局之下，公司产品的销售额有了很大提高，市场份额明显增加，短期目标很快得以实现。紧接着，我带领核心团队实施长期计划，并向董事会汇报了扩产计划，现有市场的积极反馈带给董事会信心，董事会最终认可了我的谋划方案，开始扩大生产规模。经过几年的努力拼搏，我所在的企业市场占有率快速提高，整个市场格局从"一枝独秀"变成了"双寡头"。

　　我的例子充分说明，只有切实了解市场情况之后，谋定而后动，才能出彩地完成任务，获得老板的认可，继而争取更大的支持，获得更多的权力。

第3章
优秀操盘手的7项基本修炼

【导读】

杰克·韦尔奇说过这样一句话:"一头狮子带领一群绵羊,可以打败一只绵羊带领的一群狮子。"企业操盘手是企业的智慧大脑,一家企业是发展壮大还是走向灭亡,很大程度上取决于企业操盘手的谋划手段。

一名合格的企业操盘手,必定是一个优秀的领导者,他是一个企业的大脑,是企业发展的谋划者,是重大决定的布局者。要成为这样的操盘手,他要具备良好的心态、巨大的感召力、超强的决策力、敏锐的洞察力、科学的统筹力、灵活的应变力、超强的执行力。操盘手只有修炼好这些基本的素质、修养和能力,才能成为合格,乃至优秀、卓越的企业操盘手。

所以,本章不是在写操盘理念,而是在记录诸多优秀企业操盘手在操盘实践中提炼出来的谋局策略和真知。善于模仿的企业操盘手,能从本章中学到优秀企业操盘手的核心技能,看到自己在操盘企业过程中出现的亮点和失误;善于比较的企业操盘手,能从本章中看到自己离合格、乃至优秀企业操盘手的距离;善于学习的企业操盘手,能从本章中提升自己的素质、修养和能力。

3.1 心态决定成败——优秀操盘手必备的心理素质

【修炼看点】
良好的心态是操盘手必备的素质。

在生活中，我经常听到朋友、同事或员工抱怨不知道如何才能取得成功。而我每次去参加企业操盘手的论坛、讲座时，也能见到许多操盘手在问类似的问题："操盘企业成功的关键是什么？"其实，我也一直在思考这个问题：对于操盘手来说，到底什么是成功的关键？直到几年前，我无意在网上看到一个实验，才有所顿悟。

实验是这样的：著名心理学家弗洛姆把他的学生带到一间黑屋子里，让他们从一条木板上走过。当他们全部走过去后，弗洛姆把屋子里的灯打开了。学生们这才发现刚才走的木板下面是一个很深的水池，而池里有一条很大的鳄鱼。这时弗洛姆让学生们再重新走一遍，竟然没有一个人敢走……

其实，桥本身并不难走，但当学生们知道池里有鳄鱼时却不敢再走，这是因为他们的心态发生了变化。由此可见，能否成功过桥的关键就在于心态。

对此，拿破仑·希尔说过一句脍炙人口的话："成功人士与失败人士的差别在于，成功人士习惯用良好的心态面对人生，而失败人士则用消极的心态面对人生。"

如果我们把操盘企业的过程看作是过桥的过程，那么能否到达成功的彼岸其关键就在于我们的心态。

良好的心态对于操盘手来说是十分重要的。操盘手只有处变不惊、敢于决断、勇于挑战,才能在谋局时做到运筹帷幄,决胜于千里之外,反之,如果操盘手患得患失、犹豫不决、畏首畏尾,只会错失良机,导致失败。所以,良好的心态是操盘手必备的心理素质。

【操盘参考】
企业操盘手要处变不惊、敢于决断、敢于冒险。

那么,身为企业操盘手,我们应该具备哪些良好的心态呢?根据我的经历和向其他操盘手做的调查结果显示,要想谋局成功,至少应该具备以下三个心态(见图3-1)。

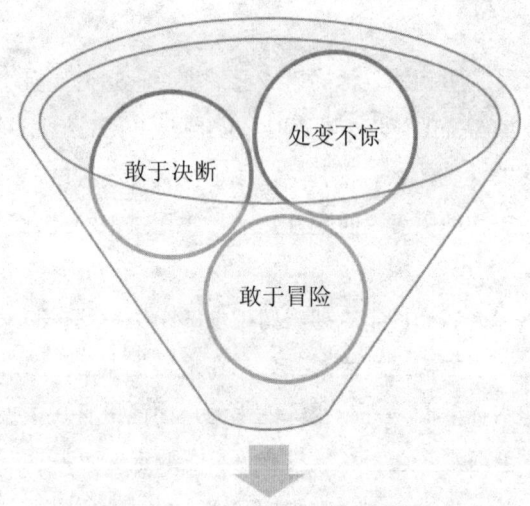

图3-1 优秀操盘手必备的三种心态

◆ 处变不惊——每临大事有静气,时刻保持头脑清醒

操盘手作为企业的谋局者,经常要面对重大的变故或处理非常紧急的事情,这时操盘手能否保持镇静、处变不惊就显得非常重要。冷静是一种非常重要的个人素养,遇事处变不惊的人能在关键时刻做出理智的决策,这是成功的关键。在

这方面，我自认为很有发言权。

几年前，我在操盘一家科技企业的时候，企业由于产品出现了严重的质量问题，在社会上造成极大的负面影响。一时间，企业的产品全部被退了回来，大客户也损失了不少。以老板为首的人主张降低供货价格把大客户吸引回来，只有我独坐不语。这时老板刚好要出去接个电话，我追了出去，冷静地向老板说出了降价将带来的致命打击——如果降价的话，我们的产品以后即使质量再好，也无法再提高到有竞争力的价格，更重要的是，会失去消费者对我们的信任。老板听了我的话决定不降价，按照我的计策——先把有质量问题的产品召回，接着加大对产品质量的监督，开新闻发布会，向消费者道歉并做出承诺。对于大客户，针对有问题的产品，我们原价召回……

冷静不仅是操盘手良好的心理素质，更是一种处世的智慧。大事当前，临危不乱，自然能够找到破解之法，化解危机。心思浮躁，遇事慌乱的人，不但不能解决问题，反而会误事。作为操盘手，我们在遇到危机或挫折时，不要慌乱也不要哀叹，要勇敢地面对眼前的困境，冷静地寻找解决方案。

我曾经在一本书上读到一句话，认为对企业操盘手谋局非常有用。这句话是这样说的："恃勇者乱，乱必亡；恃才者凌，凌必伤；恃壮者纵，纵必夭；恃势者骄，骄必戕。"这句话的意思是，自恃勇敢的人一定会胆大妄为，妄为导致灭亡；自恃有才华的人一定会盛气凌人，凌驾他人之上必定伤及自身；自恃强壮的人一定会放纵自己，放纵导致夭折；自恃有势力的人一定会骄横，过于骄横会失去性命。

人在愤怒的时候，判断力会下降。这就是为什么人在冲动时做出的决定，总是事后后悔的原因所在。所以，处变不惊、保持镇静、冷静处理问题是操盘企业成功的关键。一个优秀的企业操盘手在关键时刻一定要从容不迫，相信自己一定能扭转惊险的局面。天有不测风云，面对商场的突发事件和风险，我们一定要千锤百炼自己的心理素质。

> **敢于决断——好谋无决全局败，果断出商机**

一个好的操盘手之所以能造就卓越的功绩，和他果断的处事风格是分不开的。抓住机遇，才能创造成功。而对于优柔寡断的操盘手，正如歌德说的那样："长久迟疑不决的人，常常找不到最好的答案。"

大概在 2007 年左右，我在一家中小企业做操盘手。有一天，一个认识但不怎么熟悉的同行业的人找到我，说要和我的企业合作。其实我很中意这家企业，因为其有着良好的资源和体系，如果进行战略合作的话，对我当时的企业有很大的帮助。但出于谨慎，我仍然回答说："让我考虑一下吧！"

我本着运筹帷幄的精神，将与该企业进行战略合作的利与弊分别罗列下来，发现利弊是均等的，我不知道该如何抉择，陷入纠结的苦恼中。

后来，我终于得出了结论——在某件事情无法抉择的时候，应该选择尝试自己从未尝试过的。不合作的处境我很了解，而合作后的企业会是什么样呢？我还不知道，我觉得应该答应那个人的请求。于是，我找到那个人说："我考虑清楚了，我决定和你们进行战略合作！"

对方却回答："你来晚了，我们现在已经和别的企业合作了！"

我没有想到自己的谨慎思考、细致分析，竟然是错失良机，后悔万分。所以，在此我想把一句话送给所有的操盘手：如果将我们操盘企业的过程一分为二，前半段谋局的哲学应该是"不犹豫"；后半段谋局的哲学应该是"不后悔"。

俗话说"当断不断，必受其乱"大抵就是这个道理。就像下棋，一着不慎，满盘皆输。我当初如果当机立断，就能帮助企业获得良好的发展机会，而我的犹豫使企业失去了这个良好的机会，我自己也留下了无尽的遗憾。

一个优柔寡断的操盘手，会错失很多良机，甚至可能会给企业带来灾难性的后果。所以，敢于决断也是操盘手必备的心理素质之一，是否有决断力是能否成功操盘企业的关键，是操盘手不可或缺的能力。

⇒ 敢于冒险——优秀的操盘手都是聪明的"赌徒"

风险与机遇是并存的，任何探索和创新都意味着风险，但创新却是企业生存发展的第一动力。勇气放在愚者身上是鲁莽，而放在智者身上却是锐意进取。操盘手作为企业的谋局者，如果没有冒险精神，就很难打开局面。尤其是当企业陷入困境时，唯有不惧风险，直面挑战，才能化险为夷。

其实许多企业操盘手心里都明白：成功和失败只在一线之间，是成功还是失败全看我们是否有决心有勇气奋斗到底。无限风光在险峰，风险越大，收益越大。要获得最大的收益，就要承担最大的风险。可是，很多企业操盘手不愿意冒险，因为他们害怕承担冒险的成本，担心企业难以承担冒险失败的损失，所以一心只想降低风险，这样的心态对于操盘手是致命的。一个企业要在竞争激烈的市场环境里生存，犹如逆水行舟，不进则退。降低风险，原地踏步等于慢性自杀，企业要生存要发展就必须敢于冒险。

许多成功的企业操盘手把冒险当成事业成功的必要条件，冒险就是抓住机遇。成功往往属于那些敢于冒险的人。

其实，操盘企业、为企业谋局，从某种意义上来说就是一种"赌博"行为，本身就是充满风险的，但是这种"赌博"是经过对各种信息的分析和研究后才进行的。在开发新产品、制定发展战略的过程中，操盘手如果过于谨小慎微会制约企业的发展，此时，操盘手要充分发挥冒险精神、善于冒险、敢于冒险，把企业带入新的发展境界。

在商业发展历史上，有很多著名的案例都在告诉我们：打开新局面需要冒险。比如，福特开发T型车、马云的操盘手曾鸣开发互联网的时候，都是冒着巨大的风险。后世的人们说他们聪明睿智，把握了时代的脉搏，但在当时他们的做法就是一场"豪赌"。

敢于冒险是优秀操盘手的本色，优秀的操盘手都是聪明的赌徒。这种"赌"并不是盲目的冒险，而是经过全面分析和准确判断之后的博弈，成功的操盘手有自己独到的眼光和冒险的精神。

如果你有孤注一掷的勇气，冒险之前问一问自己："我输得起吗？"如果你的回答是肯定的，那么你大可放手一试，因为你有承担失败的勇气和实力。如果最坏的结果是你不能承受的，那么你的冒险就是鲁莽的行为，你很可能会一败涂地，甚至失去东山再起的机会。

3.2 强大的感召力——优秀操盘手必备的管理魅力

【修炼看点】
一个操盘手是否具有感召力，决定了这个操盘手的谋局是否能成功。

作为企业操盘手，我们都知道自己的使命是为企业谋划布局，但要谋划好阵势，布下有利企业的局，还要靠企业团队的合作。说得直白点，我们要管理好企业中的各个团队。如何管理呢？古人云："桃李不言，下自成蹊。"当所有人都信服你的时候，管好团队易如反掌。

如何让员工服从我们的指令？如何让员工对我们心服口服？虽然我们手中有权，但是一味地依靠权力解决问题是万万行不通的。想要修炼成为优秀的企业操盘手，"感召力"是第一要素，一个充满感召力的企业操盘手，员工怎么会不信服呢？

感召力，简单来说就是感化和召唤的力量。感召力是一个企业操盘手必须具备的领导魅力，也是领导力的最高境界。感召力是员工对企业操盘手的赞赏、尊重和信任，也是操盘手高尚品格的体现。感召力是客观评价，也是一种心理现象。感召力还体现了企业操盘手对员工的影响力、吸引力和向心力。

感召力和金钱、权利没有任何利害关系，它能有效地改变员工的心理状态和行为模式，让操盘手的思想渗透团队，从而使整个团队的目标高度统一。

一个操盘手是否具有感召力，决定了这个操盘手的谋局是否能成功。被誉为现代管理学之父的彼德·德鲁克曾说："管理者的惟一定义是其后面有追随者。一些人是思想家，一些人是预言家，这些人都很重要，而且也很急需，但是，没有追随者，就不会有管理者。"从某种意义上来说，感召员工，是一个企业操盘手最重要的能力。操盘手的感召力越强，被吸引的员工就越多。

感召力的影响力远远大于职务权力的影响力，操盘手想要挖掘员工的巨大潜力、达成企业的目标，感召力是关键。因为，感召力的产生是发自内心的，员工是完全自愿的，这不仅仅是一个上行下效的问题，更是榜样的力量。

我们常常觉得，只要有了职位、权力，不就等于拥有了感召力吗？领导下达的命令，员工能不听吗？事实上这种想法大错特错。回望历史，有些君主虽然拥有至高无上的权力，但依然得不到民众的臣服。民众揭竿而起，推翻政权，这样的人大有人在，以史为鉴可以明得失，没有感召力的权力，和"拿着鸡毛当令箭"有什么区别呢？恐怕身在其位，也只会如坐针毡吧！

想要带人，先要带心。纵观那些成功的企业操盘手，其感召力一定不小，否则很难在企业里赢得员工的信任。一个员工愿意为团队付出，愿意为企业卖命，大部分是因为他们有一个有感召力的领导人。

在我操盘企业的时候，曾经有一名管理人员对我说："我和你在一起一分钟，就能感受到你浑身散发出来的光和热，我之所以工作努力，是因为你身上有一股强大的力量深深地吸引了我。"虽然这名员工的话有拍马屁之嫌，但却多少反映了身为操盘手拥有感召力的作用。一名优秀的操盘手，地位和权力都是次要的，最重要的是能否拥有强大的感召力，让员工心甘情愿地追随。

【操盘参考】
企业操盘手提高感召力的三个技巧。

当然，如果作为操盘手的我们现在还缺乏感召力，也不要着急，因为感召力是可以后天慢慢培养的。有位心理学家说："每一个人都有一方有魅力的沃土，等待着你去开垦。"假如我们想成为一名优秀的企业操盘手，第一件事就是要尽快提高自己的感召力。

看了这么多，你是否在思考如何提高感召力呢？我们可以从以下几个方面入手（见图3-2）。

➲ 与员工进行情感交流

从心理学的角度来看，人的行为不仅受理智的控制，还受情感的支配。操盘手要有效行使自己的权力，关键就看能不能与员工进行正常的情感交流，形成团队合力。企业操盘手和员工的距离越近，员工就越信服操盘手，操盘手的感召力就越强。反之，操盘手独断专权，丝毫不考虑员工的感受，感召力自然也就不存在了。

图 3-2　企业操盘手提高感召力的三个技巧

○ 要学富五车，与时俱进

培根说："知识就是力量。"丰厚的知识储备让企业操盘手在管理企业时游刃有余，在带领企业前进时运筹帷幄、胸有成竹。员工对操盘手的信任度，在某种程度上也取决于知识水平。因此，操盘手可以不全能，但是一定要学富五车，与时俱进，这样才能在企业发展道路上做一个明白的领路人。

○ 要有浩然正气，以德服人

古人云："爱人者，人恒爱之；敬人者，人恒敬之。"高尚的品格也是一个企业操盘手需要具备的品质。假如一个操盘手不懂得尊重员工、体谅员工，表里不一，老板把企业交到这样的人手里，岂不是自掘坟墓？企业操盘手要有浩然正气，以德服人，这里的"德"就是指"品格高尚"。操盘手良好的情操能潜移默化地影响员工，让企业充满正能量。

能力各异的员工就像是一盘散沙，而操盘手的感召力就像是水泥，能让散沙成为一团坚实的混凝土，为企业构建美好的蓝图。优秀的操盘手们，让自己拥有强大的感召力吧，这样你就能聚沙成塔，让企业的明天更加灿烂！

3.3 敏锐的洞察力——优秀操盘手的重要素质

【修炼看点】
洞察力是企业操盘手必须具备的重要素质，往往体现在战略思维方面。

在洞察力方面，我最敬佩的是苹果公司的史蒂夫·乔布斯。乔布斯还在上大学时就敏锐地意识到，个人电脑将会改变世界，于是他毅然放弃学业，创办了曾是全球第二大的电脑巨头——苹果公司，开创全球个人电脑时代。

在创业初期，乔布期作为企业操盘手，因与董事会对公司发展前景的看法不同，被迫离开了苹果。但离开苹果公司并不意味着他放弃自己的梦想，凭着对IT行业敏锐的洞察力，他创造了一系列全新的电脑技术平台和商业模式，并在十年后成功地挽救濒临破产的苹果公司。如今的苹果已经是一个时代的代表，乔布斯或许不是最成功的企业家，但他一定是最具洞察力的企业操盘手之一。是他的敏锐创造了苹果，挽救了苹果，并让苹果一直走在潮流的前端。

正是因为是有敏锐的洞察力，肯·奥尔森创办了数据设备公司，生产比IBM公司便宜得多的计算机；梅里特·谢尔建造了小而新的"购物区"，使那些因为郊外大型购物中心而黯然失色的小专卖店得以兴旺发展；奥斯卡影帝罗伯特·德尼罗把布鲁克林海军造船厂变成东海岸成功的电影制片厂。

所谓洞察力，是指人的感觉灵敏、眼光锐利、反应迅捷，能够在复杂状况下清晰地看到事物的本质。很多时候，洞察某一事物就是一瞬间的茅塞顿开，所有的迷雾就此消散，真相清楚地摆在面前。这一过程并不像寻找某样东西，而更像是让脑中预先形成的概念更加完善。

作为一名操盘手，洞察力是我们必须具备的重要素质，往往体现在战略思维方面。也就是说，我们能够敏锐地捕捉到对利润增长有意义的变革及征兆，针对现象提出应对的战略，这样我们就能为企业布下一盘好棋。

操盘手的洞察力取决于在操盘企业过程中所培养的逻辑分析、知识技能、行业熟悉程度等能力的高低。反过来说，在这些因素中，有时也因某一种能力相对比较强而产生与之相关的特有的洞察力。逻辑性强的操盘手可能更善于理清各种事物间的复杂关系；知识技能强的操盘手则可以在技术层次上把握走向；对行业熟悉的操盘手则善于从市场发展的角度看待问题。

我说操盘手需要有敏锐的洞察力以便在适当的时机作出决策，但并非说可以不经考察便匆忙下结论，或者对一些不足为奇的小事做出过激的反应，更不是仅凭自己的想象捕风捉影，无中生有。我们需要观察市场的一举一动，通过分析、查询，有依据地做出合理的反应。

在我操盘企业的过程中，我发现洞察力起着十分关键的作用，它贯穿于操盘活动的各个方面。比如，当我们为企业作战略和顶层设计时，洞察力可以帮助我们观察业界的发展方向、寻找企业的竞争突破点、创造高效的核心团队、确定企业产品的发展方向和服务范围等。针对企业发展所做的每一个布局和谋划，都是对操盘手洞察力的考验。如果我们不具备这项能力，就无法带领企业在激烈的市场竞争中把握时机，形成有效的发展战略，也无法洞悉企业发展中存在的问题，就更别说让企业发展了。

【操盘参考】

洞悉本质，通过掌握第一手资料，更好地为企业谋划布局，推动企业不断发展。

那么，优秀操盘手敏锐的洞察力是天生就具备的吗？在面对同样的情况、处理同样的问题时，优秀操盘手往往能未雨绸缪，见机行事，果断决策，防患于未然，而有的人却见事迟、行动慢，处处被动，贻误商机。难道是优秀操盘手天赋高于后者吗？这样的人或许有，但实属凤毛麟角，更多的人是通过后天培养来获得敏锐的洞察力。

下面的几点建议，也许可以帮助操盘手培养洞察力（见图3-3）。

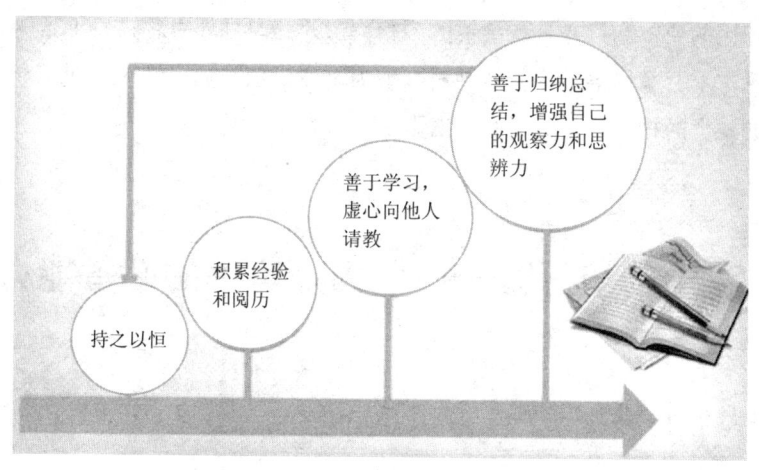

图 3-3 操盘手培养洞察力的方法

⮕ 积累经验和阅历

操盘手是否拥有敏锐的洞察力，与我们的经验和阅历息息相关。洞察力需要我们在实践中，不断地总结归纳，而不是闭门造车，纸上谈兵。仅凭自己的知识和头脑，是不能提高洞察力的。

⮕ 善于学习，虚心向他人请教

所谓"三人行，必有我师焉"，每个操盘手都有自己对市场独到的见解，尤其是那些经过长期实践、对市场有较深认识的同仁，更是我们虚心请教的对象，间接经验的积累对自身洞察力的提高也是十分有利的。

⮕ 善于归纳总结，增强自己的观察力和思辨力

不放过生活中的任何学习机会，包括看电视、读报纸、网络学习以及其他业务交流和专业知识学习，善于将零碎信息归纳总结，并将信息结构化，这些都能很好地提高我们的洞察力。

⮕ 持之以恒

贵在坚持，洞察力的培养不是一朝一夕就可以取得成效的，尤其是在遇到困难和挫折时，坚持尤为重要。保持旺盛的精力，不断总结经验教训，假以时日，洞察力会不断提高。

最后，我想说的是，作为一名合格的操盘手，洞察力是不可或缺的一种能力，是确保我们操盘企业成功的先决条件之一，更是复杂的现代社会活动对操盘手提

出的最起码的要求。只有具备敏锐的洞察力，才能对外界事物进行细致深入的了解，洞悉本质，掌握第一手资料，更好地为企业谋划布局，推动企业不断发展。而自身洞察力的提高，需要我们付出更多的努力才能实现。

3.4　科学的统筹力——优秀操盘手的必备能力

【修炼参考】
企业操盘手的眼光要看到"整个森林"。

作为企业操盘手，除了必须具备洞察力之外，科学的统筹力也是不可或缺的。

在为企业谋划布局时，我们需要解决企业发展过程中出现的诸多问题，一个问题的背后，总有一堆问题随之而来。如若没有很好的统筹力，在解决问题这场战役中，必然会以失败告终。

科学的统筹力，对操盘手有较高的要求。我们在处理问题的时候，不仅要找出主要矛盾集中解决，也不能忽略任何一个小细节，办事要讲究细致周到——也就是我们常说的"大处着眼，小处着手"。这是一名合格的操盘手应有的统筹素质，也是操盘手有效领导核心团队、形成高效工作局面的必然要求。

在企业操盘手的圈子里，有这样一句格言"眼光要看到整个森林"，说的是操盘手要有大局意识。在现实中，我经常看到操盘手确实重视了森林但却忽视了树木。看到了大问题的所在，却不能很好地兼顾细节。试问：没有树木，何谈森林？因此，操盘手在解决每一项复杂的问题时，一定要从细节开始，这也有利于把时间恰当地分配到每一个问题上，并集中精力，聚焦问题，各个击破，最终解决所有问题。

【操盘参考】

修炼统筹力的三个核心。

那么，我们应该如何培养周密、细致的统筹能力呢？结合我多年的操盘手经验，我总结出以下几种办法，希望能够帮到你（见图3-4）。

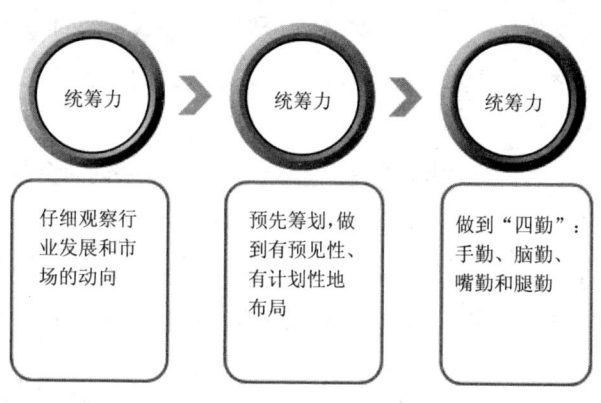

图3-4 操盘手修炼统筹力的三个核心

◯ **仔细观察行业发展和市场的动向**

我们在工作过程中，要通过观察行业发展和市场动向，提高统筹力，密切关注行业动态，细致入微地了解企业的各种情况，遇到问题时，要做到不仅同步甚至是超前制定措施，缓解危机。

除此之外，我们还要注意观察生活，了解社会，对市场有一个通透的把握。这样，我们就能够做到提前预见事物的发展脉络，未雨绸缪，有效地规避风险。

◯ **预先筹划，做到有预见性、有计划性地布局**

古人云："先谋后事者昌，先事后谋者亡。"也就是说，凡事如若能在实施之前布下一盘好棋，做起事来才会有章可循，有条不紊，这就要求我们必须有预见性、有计划性地布局。只有做到了预先筹划，才能够充分预估各种可能发生的危机，提前做好应急预案。这样，当危机真的到来时，才能够胸有成竹，临危不乱，使后续工作有条不紊地进行下去。我们在事情发展的进程中总会遇到各种各样的问题，这就需要我们在问题来临时迅速出击，将先前谋划好的战略与对策火速投入实战，使问题迎刃而解。所以，预先运筹和设计方案的能力是操盘手必备的素质。

➲ 做到"四勤"

我所说的"四勤"是指手勤、脑勤、嘴勤和腿勤。

手勤就是要随时随地地做好工作预案和资料收集，做到有备无患。

脑勤就是要多思考、多动脑，将企业发展中可能遇见的问题尽量都想到，并不断地探索解决之道。当然，还包括处理突发事件时的灵活迅速，保证思想意识先到位。

嘴勤就是要主动向有经验的同事、老板或其他操盘手询问企业各方面的情况，特别是遇到问题时，要多沟通协调，保证信息畅通。

腿勤则是操盘手要坚持实践出真知，尽量到基层中了解事情的真实情况，了解事物发展的过程，从而使自己的布局更接地气，真正做到细致周详，符合企业发展的战略。

"四勤"是操盘手的必备素质，能够帮助操盘手更多地了解情况，掌握企业发展的信息，以便在布局时有的放矢。同时，它还会促使操盘手改变工作作风，营造积极向上的工作氛围，形成良好的企业文化。

3.5 超强的决策力——优秀操盘手的第一智慧

【修炼看点】

超强的决策力是企业操盘手最有力的武器。

美国著名学者赫伯·西蒙曾经说过这样一句话："决策是管理的心脏。"这句话充分说明了决策力对一个企业操盘手的重要性。古语有云："将之道，谋为首。"我的理解是，想成为一名合格的企业操盘手，首先得有谋略。通俗地说，就是身为操盘手，要有超强的决策力。

在我们操盘企业的过程中，决策力贯穿其中，是我们操盘企业的核心能力，是我们必须具备的第一智慧。关于决策力的重要性，我曾经看过这样一份统计报告：企业多一个劳动力，就能多1.5倍的经济效益，多一个技术人员，就能多2.5倍的经济效益，而多一个高层决策者，则能多6倍的经济效益。

几年前，我在一家科技企业做操盘手，该企业主要生产数码产品。当时，我发现年轻人喜欢边运动边听音乐，便萌发了生产一种可以放在口袋里听音乐的数码产品的想法。在没有做任何市场调查，或者民意测验的情况下，我大胆做出决策，为企业制定了产品开发战略。事实证明我的决策是正确的，新产品一经开发出来，就成为当时的"爆款"，销售额占到了企业总销售额的一半。

后来，当我回忆这番经历时，觉得当时的成功应归功于我超强的决策力。如果当时我优柔寡断，没有及时做出决策，那么企业就会失去这个抢占市场的机会。

所以，身为操盘手，超强的决策力是最有力的武器。于操盘手而言，这种能力就是要能看到别人看不到的市场，获得别人获得不了的盈利，并且通过自己的决策，把这些想法转化为现实。也就是说，能否通过自身的决策使企业连续盈利，是我们能否成功的关键所在。

诚然，并不是每一个操盘手都能拥有超强的决策力，这需要操盘手具备优良的决策基因。什么是决策基因呢？根据我的经历，我认为优良的决策基因至少包括四个方面：知识储备、长期的操盘经验、分析问题的逻辑思维、与他人的信息沟通（见图3-5）。

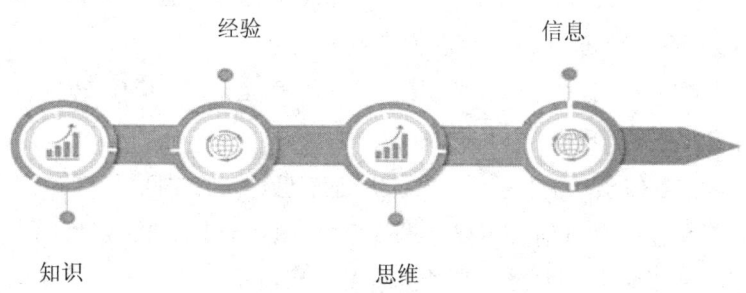

图3-5　操盘手优秀的决策基因

决策基因的四个部分相互影响，共同发挥作用，脱离了任何一个环节，决策都不可能正确。脱离了知识，很难做出高层次、复杂的决策方案；脱离了经验，做出的决策很可能跟不上社会发展的节奏；脱离了思维，很难让决策具有完整性；脱离了信息，很难让决策符合实际情况。

"决策基因"是企业操盘手宝贵的资产，知识就像是递延资产，需要不断地更新；经验就像是固定资产，可以让自己不断升值，并长期发挥作用；思维是无形资产，把其他三个因素紧紧地融合在一起；信息则是流动资金，信息量越大，决策就越正确，越有影响力。

【操盘参考】
企业操盘手在做决策前要掌握全面信息，从全局利益出发做出决策。

那么，在实际操盘过程中，我们怎样才能拥有决策力呢？换句话说，我们应该如何保证自己的决策是正确的呢？下面，是我做决策时用的技巧，希望对你有所帮助。

⊃ 决策前要掌握全面信息

现代决策理论的首创者——西蒙认为："决策过程中至关重要的因素是信息，信息是合理决策的生命线。"对于他的这一理论，我深有同感。在我做决策时，信息量越大，我做出的决策就越正确，企业承担的风险就越小。

所以，信息量的多少决定着操盘手决策的正确度。那么，我们应该如何收集信息呢？以我多年的经验，任务信息和背景信息很重要。这两种信息虽然都影响决策，但操盘手要分辨自己真正需要的是哪种信息。

我们来了解一下任务信息。所谓任务信息，就是指在完成任务时需要掌握的信息，有三种主要表现形式（见图3-6）。

首先是背景信息，企业宗旨、相关产业信息、高管之间讨论的战略信息等都属于背景信息，背景信息可以帮助操盘手判断自己的决策是否和大环境相符，是否有利于企业的发展。背景信息对于操盘手从全局出发看待问题起着举足轻重的作用。如果没有背景信息，操盘手做出的决策就会脱离实际，成为空谈。

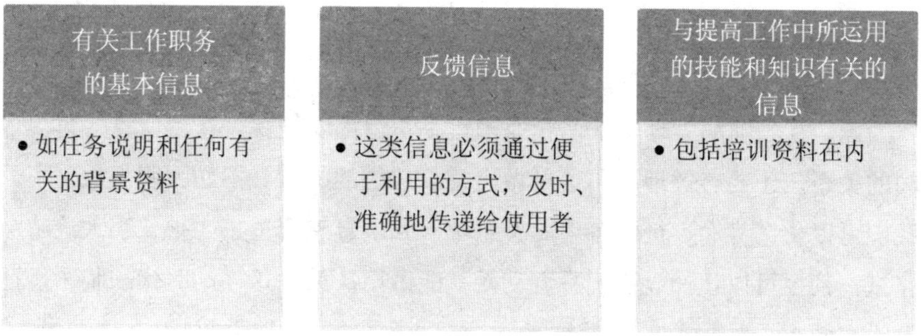

有关工作职务的基本信息	反馈信息	与提高工作中所运用的技能和知识有关的信息
• 如任务说明和任何有关的背景资料	• 这类信息必须通过便于利用的方式，及时、准确地传递给使用者	• 包括培训资料在内

图3-6　企业操盘手在做决策前要掌握任务信息

如今的市场是一个信息的市场，正是这些五花八门的信息让市场更丰富、更精彩。然而，这也是个瞬息万变的市场，复杂的市场环境，真假难辨的信息经常让企业操盘手进入两难的境地，甚至是多难的境地。

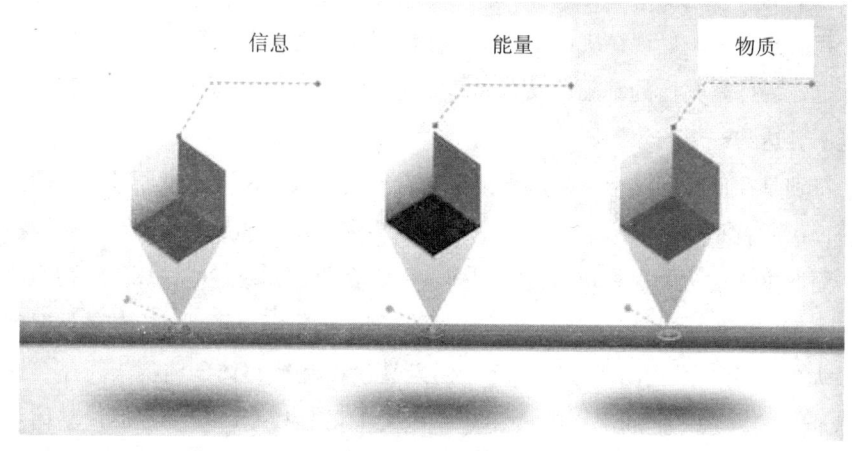

图3-7　信息和能量、物质并列为当代三大资源

信息和能量、物质并列为当代三大资源（见图3-7），和其他两种资源一样，信息的获得必然要付出代价，假如某种信息带来的价值还弥补不了获得信息的成本，那这条信息就是失败的信息。

综合以上两个方面，不管是因为大量的无效信息加大了决策的难度，还是高昂的信息成本让决策变得举步维艰，都让企业操盘手面临着巨大的挑战。目前，有很多企业投入巨额资金对企业进行信息化改造，期望为操盘手提供更多有价值的信息，结果却适得其反，大量的无用信息反而增加了企业的运营成本。

因此，在当前的大环境下，企业操盘手不仅需要把握好获得信息与付出成本之间的关系，还要有效地利用信息做出符合期望的决策。不妨大胆想象一下，假如我们可以化繁为简，把断舍离的思想融入到信息整合里去，把长篇大论浓缩成一张纸，甚至可以让操盘手们看着动漫就能做出决策，这样的时代来临了，还怕决策没有效率吗？

◐ 做决策要从全局利益出发

企业操盘手在决策的过程中，要始终统揽全局，把握好企业发展的大方向，从整体出发看问题，不要只局限于细枝末节，更不能把问题孤立出来。假如操盘手意识不到问题的严重性，就犯了形而上学的错误，从而影响企业的整体发展，减缓企业的腾飞速度。

我虽然强调全局观在决策中的重要性，但并不意味着就可以完全忽略局部。实际上，局部是整体的基础，没有局部，何来整体？忽视局部的作用，整体的发展也不会达到理想的效果。

特别是在某些问题上，局部直接影响着整体的效果。"木桶原理"相信大家都懂，讲的就是局部的影响力。一个木桶能装多少水，和最长的那块木板没有关系，而取决于最短的那一块木板。同样，一家企业整体效益的好坏，往往由"短板"决定，比如供应链、资金链、销售渠道等。解决了"短板"，整体情况就会有很大的转变。因此，在决策过程中，操盘手在坚持整体的前提下，还要适当考虑局部的因素，把局部影响放到整体里去考量和权衡，使局部促进整体效益提升。

同时，要特别提醒大家的是，切不可急功近利，看到一点点局部的蝇头小利就心花怒放。一个优秀的操盘手应当具备全局观念，看清利弊，在决策时要使用"显微镜"，远离"放大镜"。

3.6 坚决的执行力——优秀操盘手的基本修养

【修炼看点】
决策始于行动，没有行动，决策就没有任何意义。

在我多年的操盘生涯中，需要我做出决策的问题，大多数情况都处于必须做决策和可以不做决策之间。简单来说，就是有的问题虽然不能自行消失，但是也不会像滚雪球那样越来越严重。对于这种问题，通常只需要做出一些小小的改进就行了，不用什么大动作。当然，如果有解决的办法，能够解决问题更好。

在这种情况下，我通常会先衡量一下后果，是采取行动的后果严重，还是任其发展的后果严重？在这个问题上，虽然没有绝对正确的公式套用，但是有这样两条原则可以帮我走出困境（见图3-8）。

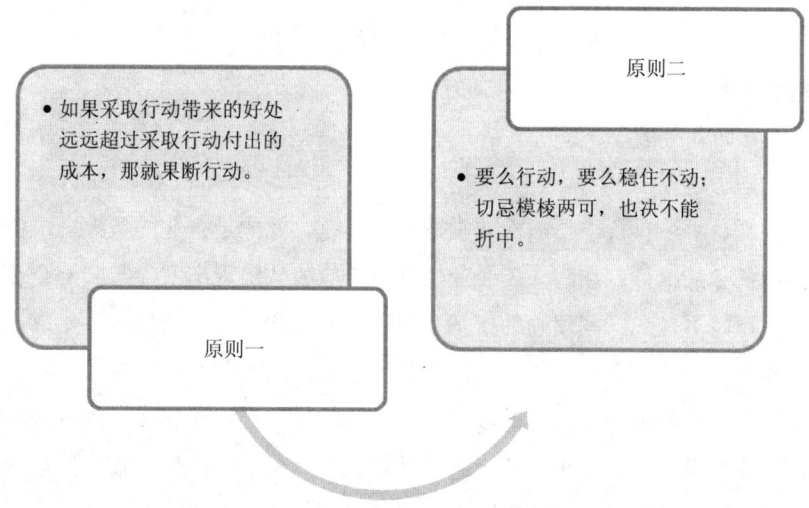

图3-8　衡量是否采取行动的原则

这就好比一个病人在做手术，如果医生只摘除一半坏死的器官，病人的病情并不会好转，说不定还会恶化。因此，医生要么将坏死的器官全部摘除，要么不要给病人做手术，在生死攸关的大事上，是绝对不能折中的。

对于一个合格的企业操盘手来说也是一样，要么采取行动立即解决问题，要么按兵不动，静观其变。假如行动到一半，半途而废，既没办法解决问题，又回不到最初的境况，此时的情况也许会更糟糕。

经过对决策要求的思考，对不同选择的讨论以及对最后的得失做出权衡之后，再做决策就容易多了。到了这一步，所有的事情都水到渠成，该怎样行动一目了然。

我不能说药都是苦的，但良药确实苦口。同理，我们不能说所有的决策都让人很不愉快，但是最有效的决策，往往是让人产生厌恶感。

有件事是我们一定不能做的，那就是向外来的压力低头，更不能妥协说："那我们再考虑考虑。"如果这样说了，问题就更解决不了了。面对"再考虑考虑"的呼声，我通常是这样说的："是不是考虑考虑就能找出更行之有效的办法？就算找出了办法，那个时候还是解决问题的最佳时机吗？"如果答案是否定的，那么就不要再犹豫了，不能因为自己的懦弱而浪费别人的时间。

【操盘参考】
操盘手要成为指挥官。

企业操盘手在执行中扮演着非常重要的角色，就像是企业的指挥官，负责监督和控制任务的执行。作为一名企业操盘手，应该从宏观出发，掌握好企业发展的大方向，而不是在一些琐碎的事情上浪费时间。我们首先要把自己变成一个执行者，才能提高整个企业的执行力，才能让企业在竞争中大获全胜。

我操盘过十余家企业，我的成功就在于我的执行力。我曾经操盘过一家电子企业，该企业以生产打印机为主。我从开始操盘该企业时，就站在企业运营的角度推出了打印解决方案，三年后我在数十个不同行业提出"随需应变"商用打印方案。可以说，企业的发展战略完全体现了我的执行力。

首先，我在打印领域布下完善的产品线，可以保障为用户提供各种解决方案。

因此，企业的执行战略是围绕客户整合资源，而不是按照产品或者地域分布来划分资源。

同时，我通过了解客户需求和打印业务流程，对现有产品进行了变革和再设计，在产品、客户和技术研发等各因素之间实现决策的平衡。这使得企业在发现客户价值，继而分析技术和财务的因素后，直接进入执行阶段。

其次，我花了很多时间解决企业各部门之间沟通合作的问题，为此，我在企业内部实行统一的跨部门管理。这些跨部门的管理机构对于内部沟通和协调起到了重要的推动作用，并保障了公司的执行力。

在组织架构以及人事激励等方面，我提倡让员工的能力得到最大限度的发挥；在信息沟通方面，则致力于整体价值链的沟通，我认为这样可以使公司的运营更高效。同时，我还非常关注竞争对手的动态，当竞争对手推出集中式的商用打印解决方案时，我立即开始研究分布式办公环境中以低成本实现打印的解决方案。我还专门成立了技术和服务部门，对全球策略进行统一部署，5个月后，这个计划产生了良好的执行效果。

我通过一系列坚决的执行，使企业在打印技术方面具有了绝对领先的地位，成为专业的打印问题解决商和打印技术提供商。企业操盘手的执行风格对整个企业的执行力有很大的影响，只有操盘手的执行力提升了，整个企业的执行力才能有所提高，从而使企业在市场竞争中占据有利地位。

3.7 强大的人脉——他山之石，可以攻玉

【修炼看点】
找到你的商业贵人。

马云之所以能成为创业传奇，和一个人有着密不可分的关系，这个人就是孙正义。甚至有人说，没有孙正义就没有马云和阿里巴巴，虽然这样的说法有点夸张，但由此也能看到孙正义对马云的重要性。

谋局者：打造从战略到成果的执行企业操盘手

孙正义是软银公司创始人，是当今数字化信息革命里程碑式的人物，他被称为"日本的比尔·盖茨"。他在不到二十年的时间里，创造了一个无人能敌的网络产业帝国。在全球互联网界，孙正义可以说是"大神"级的人物，他以一己之力在日本掀起互联网风暴，并剑走偏锋地选择投资雅虎，在43岁时成为亚洲首富。在我国，阿里巴巴、当当网、携程网、盛大、网易等门户网站几乎都有孙正义的投资。

2000年10月，马云收到了摩根史丹利亚洲公司资深分析师古塔的一封电子邮件，邮件里说："有个人你一定要见一面，他日后对你一定有帮助，地点在北京富华大厦。"古塔邮件里提到的这个神秘人就是孙正义。

在这次会见中，不仅有来自软银、摩根史丹利和国内众多互联网企业的CEO，还有很多中小企业的代表，有人为融资而来，有人为投资而来。因为前来面谈融资事宜的企业太多了，孙正义只给每个代表20分钟的时间阐述自己的观点。

看到这样的情形，马云对这次会面的兴趣一下子淡了不少，但是当投影仪里放出阿里巴巴网站的页面后，马云还是走上讲台，耐心地讲述了阿里巴巴的情况。6分钟以后，马云被打断了。

孙正义很感兴趣地问马云："你要多少钱？"

马云很耿直地回答："我不要钱。"

孙正义听了马云的话感到很诧异，说："你不要钱？今天为什么来？"

马云回答："不是我要来的，是一个朋友让我来找你的。"

尽管在这次会面之前，马云已经有了500万美元的投资，但在互联网"疯投"的时代，这点钱无疑是杯水车薪。无数的互联网公司拼命向孙正义展示自己的魅力，就是为了获得投资，只有马云是个例外。但或许是马云无所谓的态度，歪打正着地刺激了孙正义，他决定投资阿里巴巴，还邀请马云去日本和他详谈。

2000年底，经过多次和马云的接触以及对阿里巴巴的深入调查，孙正义决定向阿里巴巴投资2000万美元。在那时，2000万美元是个非常大的数字，这条新闻在当时的互联网界迅速"炸"开，人们都说马云这次是走了"狗屎运"。2001年1月，软银与阿里巴巴正式签约，达成投资意向。从此，阿里巴巴开始了全球发展战略。

由此可见，孙正义的确是马云创业路上的贵人。马云曾说："我很荣幸有缘与孙正义先生握手。若是没有这次握手，阿里巴巴和淘宝网的事业不会像今天这样顺利展开，尤其是在我收购雅虎中国的行动中。"

什么是贵人？在操盘手的人脉资源中，只要是对我们有帮助的人，都是我们的贵人。

图3-9　马云和孙正义正式签约，达成投资意向

在我做操盘手的这么多年里，结交了很多行业里的前辈，我虚心向他们求教，仔细聆听他们的教诲，我把这些重要的人脉资源储备起来，以便在关键时刻帮助自己走出困境。

【操盘参考】

企业操盘手有良好的人脉资源，谋局时就能事半功倍。

古人云："近朱者赤，近墨者黑。"我们多结交强者，耳濡目染，自己也会变得优秀。把自己和强者对比一下，就能发现差距在哪里，他们是我们学习的榜样，他们的成功激励着我们奋斗。所谓贵人，都有着丰富的资源及人脉，如果我们能和他们保持融洽的关系，无疑是为自己的事业插上了翅膀。在关键时刻，他们能助我们一臂之力，帮我们摆脱困境。

然而在现实中，这些贵人都有自己固定的社交圈，一般人很难融入到这个圈子里。而且，刚做操盘手的人大多是无名之辈，想进入这个圈子就更难了。虽说如此，但事在人为，什么事情都不是绝对的。

俗话说："一个篱笆三个桩，一个好汉三个帮。"如果操盘手在谋局的过程中能有良好的人脉资源，那么布下的局就能事半功倍。有良好的人脉资源做后盾，在操盘企业的时候，就多一个人为我们指点迷津，帮助我们下好"谋局企业"的这盘棋。

第4章
初来乍到，困顿之局，精彩开局

【导读】

企业操盘手的开局非常重要，所谓开局，就是操盘手走的"第一步棋"。很多操盘手不太注重开局术，面对企业的困顿之局急于表现，结果导致接下来的布局完全起不到任何作用。如果开局到位，就不会在中盘布局时遭遇瓶颈，就不会在收局时受控制。企业操盘手该如何破局，这是本章要讲的重点内容。

4.1 破局第一步:设计机制引爆团队,推动企业快速发展

【破局看点】
良好的机制不仅能推动企业快速发展,更是企业操盘手破局的第一步。

当我们修炼成一名合格的,乃至优秀的企业操盘手后,接下来要做的就是破局。所谓破局,就是当我们面对未来的大局势和企业的新常态时,如何以最快的速度解决企业的燃眉之急,打开局面,为接下来的谋局做好准备。

那么,对于企业操盘手来说,破局的关键在哪里?说到这里,我想问问大家,什么才是企业发展的核心力量和动力之源?想必大部分操盘手会回答"团队"。是的,就是团队。既然团队是企业发展的核心力量,那么身为操盘手,破局的关键就应该是激励团队,让他们按照我们的意愿自愿自发、高效工作,推动企业快速发展。如何在实现企业既定目标的同时实现员工的自我价值?我的回答是:用机制去引爆团队。

多年前,我曾经在一家电子企业做操盘手。这是一家生产手机零配件的企业,企业的工厂每天生产各大手机品牌的零部件,然后再把这些零部件拿到富士康这样的大企业组装成手机。由于原料、运输成本不断上涨,企业的生产成本不断攀升。因此,降低成本成为企业急需解决的问题。

如何做才能降低成本呢?因为原料、运输成本都属于不可控因素,所以提高配件利用率就成为很现实的选择。经过一段时间的调研,我发现企业的零部件利

用率很低，核心原因在于工人的用心程度不够。为什么会这样呢？原来，工人每天都做同样的工作，领取固定工资，因此工作积极性不高，更不用说想办法提高零部件利用率了。

对此，我重新设计了企业的激励机制：将工人原来每月固定的 2500 元工资作为基数，如果能想办法提高零部件利用率即可拿到相应的提成。激励机制一变，工人的积极性立即得到了提高，他们主动想各种办法来提升零部件的利用率。以前把零件做完，就在一边消磨时间……在原来的机制下，大家不仅丧失了工作的积极性，而且很多时候原材料使用不充分，导致了很多浪费。现在，工人们会想尽办法提升零部件利用率。

三个月之后，我让人专门进行统计，发现与之前相比，现在企业的零部件利用率提高了 50%，生产成本降低了 30%，而多支付给工人的提成却只增加了 10%。

通过我的破局过程，我得出一个显而易见的结论——良好的机制不仅能推动企业快速发展，更是企业操盘手破局的第一步。

【操盘参考】
企业操盘手设计企业机制的三个核心。

既然破局的第一步是设计良好的机制，那么我们该如何设计良好的机制呢？通过实践与研究，我认为以下三点非常重要（见图 4-1）。

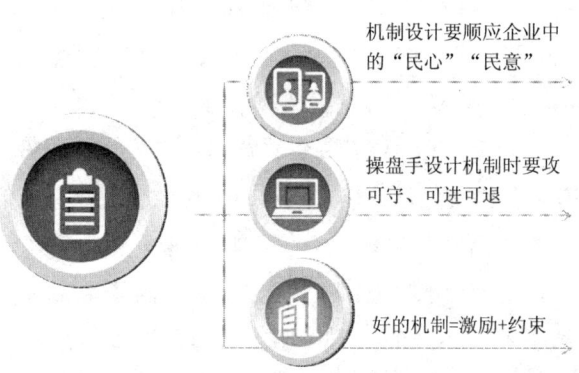

图 4-1　企业操盘手设计企业机制的三个核心要点

⊃ 机制设计要顺应企业中的"民心""民意"

企业操盘手设计机制的核心着眼点在于顺应人的需求，在于在现有机制框架下让员工实现自我价值。如果机制的设计能够顺应企业中的"民心""民意"，那么员工就能自动自发地帮助企业实现既定目标；反之，员工就会失去工作的积极性，企业发展就会遇到阻碍。

平时，我总看到一些企业操盘手抱怨自己的员工，觉得他们不努力、不勤奋，更不知道感恩。殊不知，企业本身的机制就存在很大的问题。现实情况是，如果我们将员工定位为打工者，那么员工就会有打工者的思维和心态；如果我们将员工定位为企业的主人，那么员工就会视自己为企业的主人翁，从而自愿自发地去努力实现企业的既定目标。

我认识的一位操盘手张总就曾为此苦恼，他想不明白，为什么自己一手培养起来的核心高管——企业的营销总监李总会离职。李总的离职让公司的营销业绩大幅下滑。难道李总对自己辛苦数年打造的公司没有一点儿感情？这让张总痛苦不堪。

据张总介绍，李总是公司创建时的元老级员工。公司只有两三个人时，李总就加入了公司，并负责销售工作。经过四五年的努力拼搏，他为公司在市场上"开疆拓土"，并打造了一支规模上百人的营销队伍。张总自认为没有亏待李总，不仅让他坐上了营销老总的位置，还把他的薪酬从年薪不足一万元提升到现在的年薪30万元。此外，李总还可以享受专门的团队业绩奖励。

"蔡总，这样难道还不行吗？"张总向我提出了心中的疑问。我并没有回答这个问题，而是问了张总一个问题："那你有没有给李总股份呢？""没有！"张总回答得非常痛快。其实，这就是问题所在了。

作为公司的元老级员工和核心高管，竟然没有公司的股份。李总的离职再正常不过了。因为在这家公司，李总虽然是公司的核心高管，但在公司内部的定位仍然只是个打工者。如果说李总以前只是业务能力突出，那么经过四五年的努力之后，他已经掌握了创业的一整套成功因子，又有很好的人脉和资源的积累，却享受不到相应的待遇，那么他为什么不能离职，寻找更好的选择呢？

由此可见，对于企业的核心高管，单纯的薪酬激励很多时候并不能收到很好的效果。这时，操盘手就需要实行新的激励机制，比如股权激励，对核心人才进行利益捆绑。这样，优秀的人才就会成为企业的股东，成为企业的半个老板。即便他们有离职的想法，也会考虑成本，不会轻易离开。

⮕ **操盘手设计机制时要可攻可守、可进可退**

一般来说，企业的机制包括以下三个方面（见图4-2）。

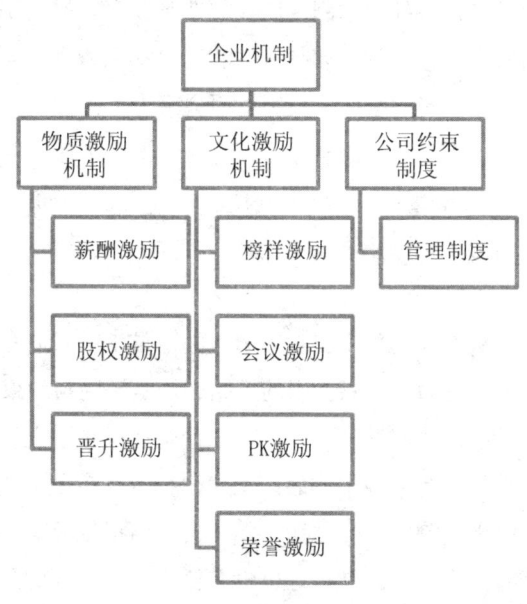

图4-2 企业机制的内容

操盘手在设计机制时，既要考虑中短期，又要考虑长远；既要有战略上的规划，又要有战术上的考量。例如，我们为一位核心高管设计相应机制时，既需要考虑给予他多少工资、奖金、提成以及股份来激励他，又需要考虑设计怎样的规章制度来约束他的不良行为等。

而要实现企业机制的成功设计，就需要操盘手具有系统性思维。什么是系统性思维呢？系统性思维就是操盘手在设计企业机制时，必须全方位、多角度地进行长远考虑，做到可攻可守、可进可退。也就是说，企业机制应是多种机制的组合，这样可以发挥其自身的优势，弥补单一机制带来的不足，进而实现老板的解放、企业的"自转"。

⊃ 好的机制 = 激励 + 约束

由于企业的机制设计要顺应员工的需求，所以操盘手在设计机制的时候需要从人性的角度来思考。关于人性，自古以来就有两种说法：一种是以孟子为首的"性善论"，一种是以荀子为首的"性恶论"。到底人性是本善还是本恶呢？

如果人性本善，那么各种规章制度就显得非常多余，操盘手就没有必要设计各种条条框框来约束员工的行为；如果人性本恶，那么激励体制也不会起什么作用，发再多的工资、给再多的股份，员工也不会努力工作。

那么到底该如何来界定人性呢？人都有实现自我价值的需求，都喜欢从自己的角度出发考虑问题。因此，人性本私，既有善的一面，又有恶的一面。而企业经营实质上就是通过引导员工的私，来激发其善的一面，抑制其恶的一面。

好的激励机制是从人性的角度出发，通过满足员工的私心私欲，激发员工的动力，抑制员工的不良行为。所以，好的机制必须是激励与约束共存。

只要稍微留意一下，我们就会发现，有不少企业操盘手在设计企业机制的时候，没有同时考虑激励与约束两个方面。比如，企业发布了一些规定，规定的内容就是员工违反企业规章制度要受处罚，扣工资、通报批评等都是家常便饭，却从不表扬做得出色的优秀员工。做得好也没有任何奖励，因此员工工作的积极性不高，抱怨却不少。

时间一长，整个企业都丧失了发展的动力和活力，员工每天想的就是什么时候离职去其他单位多挣钱。

作为企业操盘手，要始终抱这样一种心态——没有不好的员工，只有不好的机制。机制对了，即使不合格的员工也能发挥出自身的潜能，实现自我价值。

4.2 破局第二步：企业发展的阶段不同，破局的重点也不同

【破局看点】
在企业发展的不同阶段，企业操盘手的破局重点也不同。

我在操盘企业的过程中，遇到最多的问题就是企业做到一定阶段后就停滞不前，甚至倒退，这是为什么呢？为什么企业不能如我们所愿做大做强呢？为什么我们为企业谋的局一点儿也派不上用场呢？

起初我也不知道是什么原因，经过多方面的实践和研究，我发现，导致这一现象产生的最大原因，就是处于不同阶段的企业有着不同的特点。如果我们不能针对企业的发展变化，对其进行相应的布局，企业就可能永远做不大。我们的水平如何，决定了我们能够操盘多大规模的企业。因此，我们要想成功地破局，把企业做大，就需要不断提升自我。

身为企业操盘手，我们都想成为诸葛亮式的谋局者。可要成为这样卓越的谋局者，我们首先要明白自己经营了一家什么样的企业，我们的企业处在什么样的发展阶段。在企业发展的不同阶段，我们的破局重点会有很大的差别。

比如，个体阶段的操盘手（这个阶段的老板就是操盘手）最关注的是销售，因为生存是压倒一切的根本。当企业进入公司化阶段，人员管理、激励机制就被提上议事日程；当企业进入集团、资产化阶段，社会责任就变得越来越重要。

在操盘企业的过程中，我发现以往的企业能级划分多以规模大小为依据，虽然这个标准比较简单，而且容易理解，但是过于笼统，不利于进行标准化和量化的操作。现在，在此基础上，我将企业发展能级进行了细化，把企业划分为四个能级（见图4-3）。

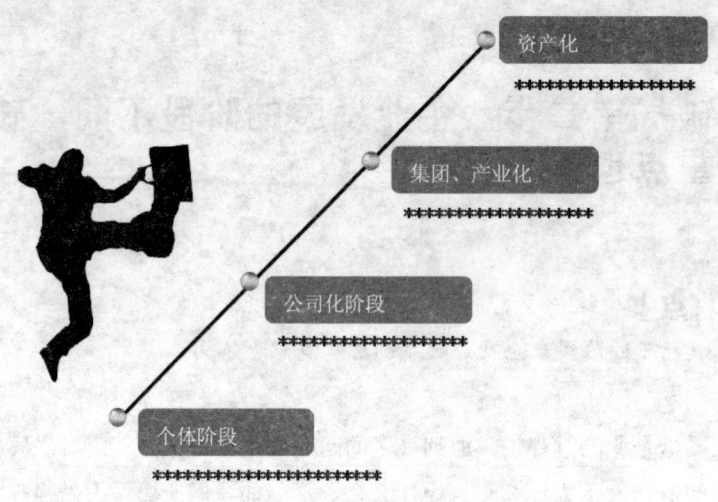

图 4-3　企业发展的四个阶段

下面,我将结合企业发展的四个阶段,告诉大家如何破局。

【操盘参考】

企业操盘手在企业发展的四个阶段的破局思路。

➲ 个体阶段:销售为主的初步谋局

当企业处于个体阶段时,在大家眼中是小企业,年产值大概在 200～2000 万元。个体阶段的企业人员不多,大多数情况下是老板带着几个管理者就把企业给做起来了,这时,老板就是操盘手。另外,每位管理人员下面又有几位工作人员。我们把"管理人员+工作人员"的团队看成一个生意单元。个体阶段的企业如果规模稍大一些,可能会有两到三个生意单元,其组织架构如下图(见图 4-4)。

企业发展到个体阶段已经具备了管理的基本雏形,一个经理带领的销售团队已经基本形成一个生意单元。企业需要发展,操盘手需要不断复制这种生意单元。

个体阶段的企业人数开始增加,即使规模比较小,也有十人左右。这一阶段操盘手操盘企业的破局重点有两个:一是销售,二是初步的谋局。

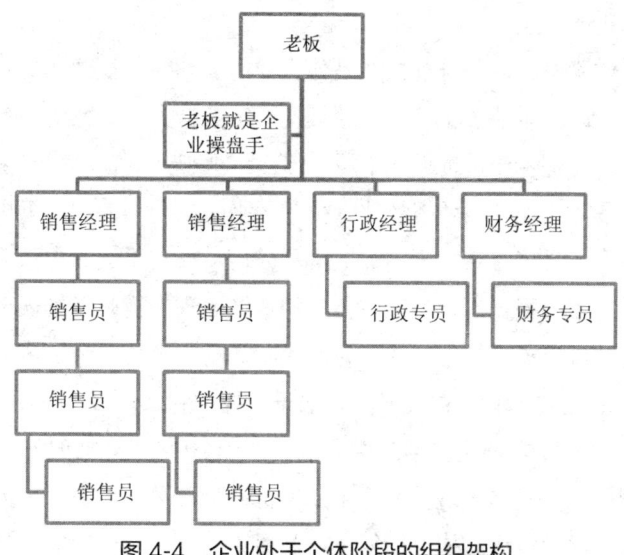

图 4-4　企业处于个体阶段的组织架构

这个阶段的企业已经将经营发展路径摸清了，成功因子基本上已经形成了。操盘手一出手就会有回款，企业经营下去就有很好的结果。此时，操盘手从不懂谋局到逐渐入门转变，企业的发展也看到了希望。

更重要的是，操盘手需要找一个高水平的管理人才，协助自己处理公司中各种杂乱的事情。操盘手对于这位核心高管的选择是非常重要的，我根据自己的经验和研究，总结出操盘手选择核心高管的四大条件：

第一，做事要认真负责；

第二，条理性好，有一定的管理能力；

第三，勤奋上进；

第四，受过良好的教育。

如果操盘手能够请来这样一位人才，就可以放心将企业各部门的业务交给他，自己则继续谋划企业的布局。此外，在寻找管理人才时，还需要注意——如果我们是做销售出身，就要聘请一位做服务、生产或研发出身的；如果我们是做生产或服务出身，就要聘请一位做销售出身的。这叫作"先找互补，再找替补"。

也有人曾经问我："蔡老师，我本身就是做销售出身的，为什么还要请一位销售管理人才呢？"我非常严肃地回答："除非你下定决心，自己一辈子都要以销售为生，否则就一定要培养人才。"只有培养人才，个体阶段的企业才能成长裂变为一家真正的企业。

那么,个体阶段企业的管理模式是什么样的呢?除了权威式的管理,还需要参与式的管理,因为企业员工已经开始具备一定的能力了。操盘手不必再像之前那样事必躬亲,而是主要负责抓几个核心客户。至于其他客户,则逐步下放。

在个体阶段,企业的绩效考核非常简单,平时以业绩表现计算提成。由于企业员工人数不多,员工是否能干,业务水平如何,操盘手会看得清清楚楚。到了年底,操盘手只需要根据经营状况与员工的业绩表现、行政考勤表现,给员工派发红包或奖励就可以了,管理方式较为灵活。

⊃ **公司化:思维超前,眼光长远,敢于舍权和利**

进入公司化阶段,企业的年产值大概在2~20亿元。此时,每个部门都相当于一个小型公司,具体表现为:每个部门都有部门总监,总监下面设经理、主管等管理岗位,部门组织结构更加复杂(见图4-5)。

公司化阶段,企业可能不止一种核心业务,而是有多种核心业务,而且核心业务之间也互有关联,统一于企业平台。此时,企业操盘手在企业中发挥着巨大的作用,这就要求操盘手的思维必须超前,眼光必须长远,敢于舍权和利,让核心高管发挥应有的作用。

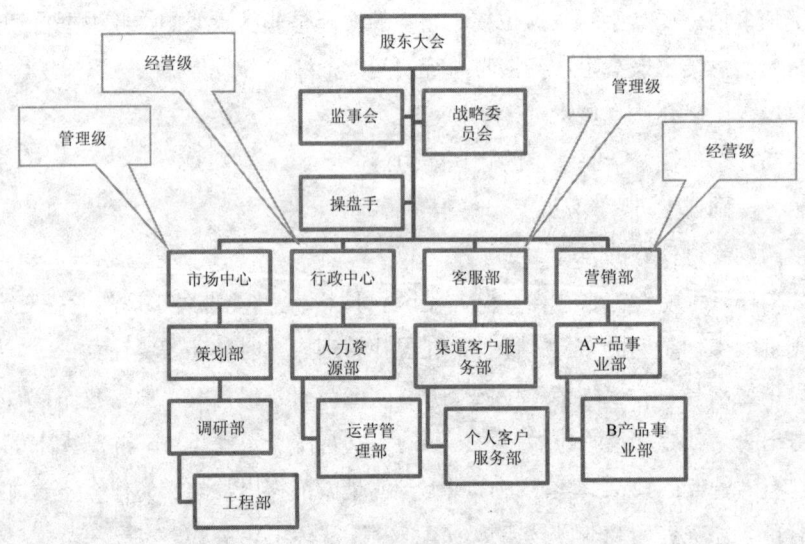

图4-5 企业处于公司化阶段的组织架构

另外，操盘手还必须清楚公司化阶段的破局重点。此时，企业的破局重点主要包括以下三个方面：

第一，建立总部的复制中心，实现基本生意单元的复制。一家企业做到公司化阶段，大概需要多少个生意单元呢？5~20个。如果完成了这个数目还想复制，应该怎么办呢？下面我举个例子来说明。

我曾在深圳操盘一家科技企业，这家企业有15个部门。如果想让业绩成倍增长，就要快速复制企业。如何才能快速复制企业呢？在深圳一家一家复制下去？这当然可行，只是速度会很慢。于是，我开始为在广州开分公司而谋局，跨区域发展。

去广州开分公司的话，我需要在原来的员工当中，找出一批核心高管，让他们带领新人，复制出一批和深圳一样的团队，然后把这个团队拉到广州去。确定好了复制的核心人物，复制团队又该怎么选择呢？是选择新人还是选择老人呢？这就涉及公司化阶段工作重点的第二个方面了。

第二，做团队能级的提升，培养优秀的管理人才。进入公司化阶段，企业管理越来越专业，企业操盘手需要引入一些专业的职业经理人，帮助规范企业管理。当然，企业也要从内部提拔人才，充实管理队伍。

公司化阶段，企业发展比较稳定，薪酬也往往比同行稍高一些。这时，目标管理在企业发展中的重要性就充分体现出来了。一般来说，操盘手手上只要掌握两个数字——目标销售额和财务预算，就可以知道第二年的目标利润了。因为目标利润恰好是前两者的差。

目前，一些大企业的操盘手最看重的就是达成目标和不超过预算，并以准确达标为成功的标准。要在这样的企业做好操盘手，就要对明年做多少营业额、赚多少钱做到心中有数。越是大型企业，就越要根据这些做计划、调整，因为越是大型企业，就越有求稳心理。

第三，企业操盘手需要提升三大能力。进入公司化阶段之后，企业操盘手需要提升自身的三大能力，即战略能力、治理能力、兼并收购能力（见图4-6）。

企业操盘手为什么要提升战略能力？因为企业之间的竞争已经发展为跨区域的竞争，操盘手需要谋的局不再局限于一个地方。这时候，市场就不再是问题的核心了，它的重要性被战略取代了。操盘手需要有俯视全局的眼光，必须谋划长远，不仅要考虑本年度的经营状况，还需要考虑未来三年、五年的发展规划。

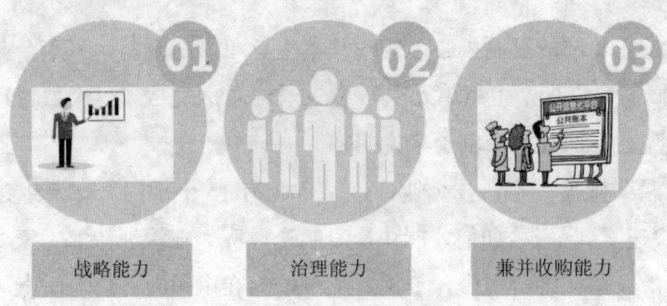

图 4-6　企业操盘手需要提升的三大能力

也正因为如此，操盘手还需要不断完善企业的治理结构，让更多优秀的人才成为企业的股东，让他们以主人翁的姿态参与企业的运作管理。

公司化阶段，企业要实现快速扩张，兼并、收购是最快速的方式。企业实施收购，核心问题往往在人。如果被收购企业的整个团队都瓦解了，只剩下一堆电脑、机器，那么收购就没有任何意义了。如果操盘手能够用一个核心团队挽留住被收购企业的优秀人才，吸收被收购企业文化中的优良基因，就会促进本企业的发展。

我做过 36 家百亿企业的操盘手，这些企业之所以发展得那么快，就是因为除了核心团队发挥重要作用之外，我更注重对优秀企业、优秀团队的收购。收购完成，企业重组之后那些企业变成了自己企业的一部分，企业重组前的优秀基因并没有流失。

◆ 集团化：战略管理和成本控制

进入集团化阶段，企业的年产值升至 20～200 亿元，其下属的不少部门已经变成分公司。集团化阶段的企业组织架构如下（见图 4-7）。

集团化阶段，企业下属的子公司或分公司已经实现财务独立，并对总公司负责。此时，企业操盘手已经很少直接参与企业的经营管理，更多时间是在做整合资源的工作。各子公司或分公司的负责人一方面需要对总公司负责，按照操盘手的战略规划进行运作；另一方面需要经营好所在子公司或分公司，做好经营管理工作。

集团化阶段，企业操盘手的破局重点，是依托核心子公司或分公司来发展企业。一家集团化的公司通常会有一家主营企业。比如，它会把旗下的一家子公司做到极致，把营业额做到几亿元，然后在此基础上继续发展，从而可以做到十几亿、几十亿元。确定主营企业之后，集团化公司要做的就是依托这个核心资源，继续在上下游发展其他相关企业。

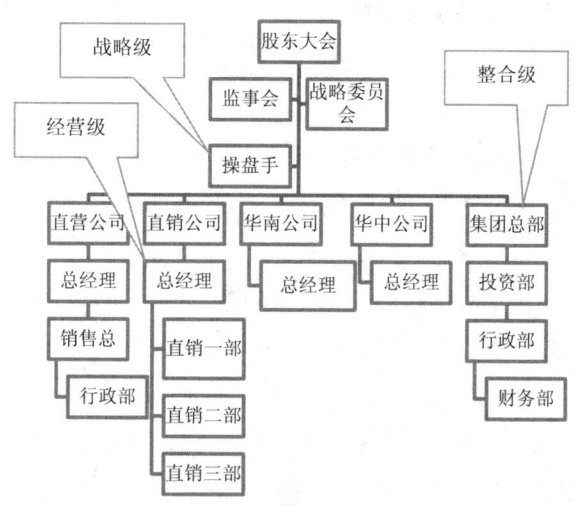

图4-7　企业集团化阶段组织架构

具体来说，对于集团化企业来说，企业操盘手的破局重点包括两个：一是战略管理；二是成本控制。

在战略管理方面，操盘手通常会有三种考虑，即依托核心企业来发展公司、实现多元化经营、实现产业链发展。一家集团化公司，如果有一家主营企业，然后再实现产业链发展，子公司之间相互关联，往往可以很好地发挥系统效应，降低运营成本。

从全世界范围来看，采取产业链发展策略的企业往往比采取多元化发展策略的企业更有竞争力，也更能持久发展，比如王石的企业和李嘉诚的企业。王石的企业最初上市的时候，涉及面比较广，什么产品都做，精力过于分散，企业发展后劲儿不足。后来，集中精力做房地产之后，企业发展逐步加速。

那么，企业是不是不应该进行多元化发展呢？当然不是。李嘉诚的企业就是最好的例子。从本质上来说，李氏企业采取的也是多元化的策略，但是他们比较注重在相关行业里建立产业链。

李嘉诚认为，鸡蛋不能放在一个篮子里。他是指投资一定要分散，但经营一定要集中，要集中精力，集中资源。至于企业在发展过程中，到底是要多元化，还是要产业链集中，操盘手需要根据自己企业的实际情况谋好局。

◐ 资产化：打通上下游产业链，实现资源强势整合

进入资产化阶段，企业操盘手的破局重点要围绕产业结构打通上下游产业链，实现资源强势整合，发挥协同效应。

2014年我操盘一家安防企业时，开始的时候，企业做的安防产品年产值在300亿左右。我考虑到安防产品原材料的重要性，就谋划收购了一家原材料加工厂，专门为自家安防产品供货。由于每年引进安防技术花了不少成本，我随即成立了一个安防技术研究中心，研究安防新技术。随着企业越做越大，我在此基础上了又成立了安防智能体系，将安防智能体系直接供给每个城市。

企业规模越大，资本化就会伴随其中，企业通过兼并、重组、收购可以实现跨越式发展。如果说产业化运作是在爬楼梯，那么资本化运作则是在坐电梯。企业操盘手需要为自己规划一条资本化运作的战略路线，实现企业发展的快速突破。

4.3 破局第三步：企业缘何"猝死"——破局需注意事项

【破局看点】

企业操盘手必须高度警惕，才能避免企业因环境变化而在发展中"猝死"。

企业操盘手在设计好机制并根据企业的不同阶段进行破局后，就可以开始为企业接下来的发展布局。遗憾的是，这只是一种比较理想的状态。在为企业布局

的过程中，操盘手经常会遇到各种突发状况，需要解决各种各样的问题，因此必须高度警惕，才能避免企业因环境变化而在发展中"猝死"。那么，企业操盘手在开始布局前要注意些什么，才能布好接下来的局？

其实，企业操盘手在布局前需要注意和考虑的事项有很多，只是轻重程度不同而已，下面是我通过多年操盘企业的经验和实践总结出来的三个注意事项，希望能为大家操盘企业成功破局（见图4-8）。

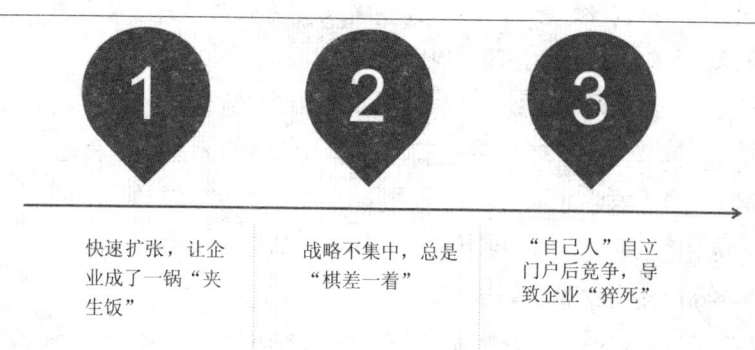

图4-8　企业操盘手破局的三个需注意事项

【操盘参考】

企业操盘手破局的三个注意事项。

➲ 快速扩张，让企业成了一锅"夹生饭"

在现实的操盘过程中，我经常看到操盘手在企业不具备顽强的生命力时，就盲目地快速扩张。这样的布局会造成企业"外强中干"，从而导致企业"猝死"。这绝对不是危言耸听，现实中这样的例子比比皆是。这是什么原因呢？

我分析了一下，认为大多数企业在刚开始发展的时候，一路顺风顺水，成绩骄人。但是，大家要知道，我们的企业之所以能够取得成功，是因为竞争对手的实力都不强。尤其在改革开放初期，各个领域都存在大量空白，填补空白的重要性大大超过了技术性要求。什么东西一复制就成了"我的"，就可以快速占领市场，取得领先地位，因此不少企业养成了快速扩张的习惯。

谋局者：打造从战略到成果的执行企业操盘手

然而，事情并不是一成不变的。市场会变，客户需求会变，竞争对手也会变。面对这一系列的变化，操盘手没有好方法应对，马上就会"死"。究其原因，还是成功因子没有做好就快速复制，让企业成了一锅"夹生饭"。也正因为如此，快速扩张的企业很难抵御市场竞争的"狂风暴雨"。

因为开始时没有明白这个道理，我认识的一位操盘手付出了惨痛的代价。他对我说："蔡总，您知道吗，在2010年之前，我操盘的企业营业额就已经过亿了，到2015年，企业营业额做到了十亿元，可惜好景不长，最后还是倒闭了。"

我问他："你想过企业倒闭的原因吗？"

他回答："我前两次操盘，选择的行业受政策影响比较大。开始的时候，政策比较宽松，资源、贷款都不是问题，企业做大做强很容易。特别是我第二次操盘的企业，不到两年时间，我就把企业做到了拥有200多家连锁店的规模。可惜，政策突然间发生了变化，市场形势和竞争环境也随之发生变化，我操盘的企业很快从200多家店萎缩成了4家店。"

在企业没有顽强的生命力之前，就盲目地布局扩张，风险非常大。我的这位朋友之所以一再遭遇企业倒闭的打击，就是因为他很着急，害怕市场被别人占领，自己失去机会。可是，如果自己还没弄懂，就盲目上马只会"欲速则不达"。

对此，史玉柱深有感触。他曾经说过这样一句话："试销市场快步走，全国市场慢步走。"意思是说，操盘手需要不断测试自己企业的成功因子，不要盲目求快。

麦当劳刚进入中国市场时，成功践行了这一核心规律。当年，麦当劳用三年时间只做了三家店。是它没有能力复制吗？当然不是。那为什么三年才开三家店呢？恰恰是因为麦当劳深谙企业经营的核心规律。在大规模复制之前，麦当劳进行了精心的准备。

首先，麦当劳的操盘手深知自己是一家外来企业，尽管成功因子在欧美各国均得以成功复制，但是否适合中国这块新土壤仍需要进一步测试。于是，麦当劳在中国不同城市的不同地段开了三家店，看看中国的顾客是否接受这个"外来的和尚"。

其次，麦当劳的操盘手利用三年时间培训了一大批人才。参加过相关培训的麦当劳（中国）早期员工曾告诉我，在管理中心里面，所有人都拿着塑胶的汉堡演练所有的流程，直到准备好了才开始复制。目前，麦当劳在中国的连锁店已经突破两千家，这两千多家店就是这样复制而来的。

○ 战略不集中，总是"棋差一着"

还有一些操盘手既有不错的资源，又有能力出众的人才，但总是"棋差一着"，不是做不好，就是做不大。这是为什么呢？原因就在于他们没有做一项叫作"战略集中"的工作。

大家都知道，苹果公司现在的业绩很好，近年来的市值基本在10000亿美元左右。即便是如此强大的公司，也有一段时间业绩严重下滑，面临重新洗牌的窘境。为了渡过危机，创始人乔布斯重新出山操盘企业。一回到公司，乔布斯就对公司现有的运行项目进行了盘点，结果发现正在做的项目竟然有27个之多！这简直太要命了，到底哪个项目才是重点，哪个项目才应该动用公司的优质资源？

于是，乔布斯用三个月的时间对公司进行了布局。他将正在进行的27个项目都请上了"黑板"，然后逐个分析这些项目的前景。一番分析整顿之后，27个项目中的24个被"砍掉"，只剩下了MP3、手机和电脑3个项目。确定了核心发展项目之后，苹果公司进行了战略集中，也进行了优质资源的分配。很快，苹果公司的市值再度攀升，其iPhone手机风靡全球。

图4-9　苹果公司创始人乔布斯

谋局者：打造从战略到成果的执行企业操盘手

跻身世界500强企业的苹果公司，因为没做好战略集中，也差点中途"猝死"，所以作为企业操盘手，我们绝不能掉以轻心。前段时间，我在进行高管培训的时候接触到了这样一位操盘手。他对我操盘企业的经历非常感兴趣，下课之后兴奋地拉着我讨论，还十分有礼貌地递上自己的名片。我接过来一看，名片上赫然印着他操盘的七家公司。我问他："这么多家公司，你忙得过来吗？"他告诉我："最近我不光是忙，工作压力也挺大的。别看我是七家公司的操盘手，其实这些公司并不是家家都赚钱。到目前为止，真正赚钱的有两家，业绩持平的有两家，另外三家一直在亏损。我每天都在为亏损的公司发愁，现在我等于是在拿两家赚钱公司的利润养三家亏损的公司。"

用赚钱的公司养亏损的公司，这样做真的能保证这七家公司在整体上赢利吗？很难说！更多时候是得不偿失，操盘手做得很辛苦，公司经营却没有什么起色。这位操盘手的经历是国内很多操盘手经历的缩影。总而言之，企业经营过于分散，不能做到战略集中，经营就会遇到很大的困难。

● "自己人"自立门户后竞争，导致企业"猝死"

与前两种相比，这一种虽然导致企业"猝死"的概率是比较小的，但是企业操盘手也要注意防御竞争对手的阻击。我发现，不少企业操盘手一旦掌握了企业的成功因子，就会离职自己创业。他们很容易就把企业做起来了，然后成了原来企业的竞争对手。

因此，企业操盘手一定要防范这种情况，将企业成功因子模块化后让高管去具体管理某一模块。当然，这只是方法之一。操盘手可以对核心高管进行股权激励，为企业核心团队打造人才的"金手铐"，激励并约束优秀人才，降低高管离职的概率。

战略布局篇
战略才是操盘手的头等大事

第 5 章
高明的棋手，落子之前已谋划全局

【导读】

古人云："不谋全局者不足以谋一域，不谋长远者不足以谋一时。"目无全局的军人，即使能争得几座城池，末了也可能难逃敌手；目无全局的棋手，纵然能谋得几枚棋子，最终亦可满盘皆输。这里说的全局指的就是战略。对此，毛泽东也曾说："指挥全局的人，最要紧的是把自己的注意力放在照顾战争的全局上面……如果丢了这个去忙一些次要的问题，那就难免要吃亏了。"尽管这里他谈论的是战争，但实际上，万物相通，全局意识适用于任何领导工作，对于操盘手也是如此。

远自先古，近及现代，大到国家，小至个人，都要有战略意识。这也要求企业操盘手在为企业谋划时，要以战略为重，切不可因小失大，要做到在落子之前已经谋划全局、胸有乾坤。

然而，纵观如今的企业操盘手，大都有一个通病——战略缺失，他们误以为"梦想"就是战略，这一点对企业来说可以说是致命的，许多企业无法实现质的飞跃，问题就在于此。我在和一些操盘手交流的时候，经常问他们这四个问题：

第一，您经常进行战略思考吗？

第二，您为企业做了战略规划吗？

第三，您的企业有使命、愿景、价值观吗？

第四，您的企业有战略目标吗？

调查的结果让我大跌眼镜，基本上所有的企业操盘手都说自己有战略，但是他们心中的战略只是一些想法，一张没有现实意义的蓝图；或者是企业下一阶段的目标，就是"想干什么"，比如营业额达到3000万，市场占有率提高至40%，3年内打开国际市场等等。恕我直言，这些并不是企业战略，只能说是想法，或者说是"企业梦想"。

没有明确战略的企业，它的组织是没有灵魂的！那么，操盘手应该如何进行战略思考？企业战略到底是什么？它对企业又有什么用？如何进行战略规划？如何确定企业使命、愿景、价值观和战略目标？这就是本章的主要内容。

谋局者：打造从战略到成果的执行企业操盘手

5.1 战略思考是企业操盘手的首要职责

【策略看点】
王石的战略思考让万科跻身《财富》杂志评选的世界500强。

深圳万科为什么能够在中国房地产行业声名鹊起？2016年，在一次对王石（见图5-1）的专访中，他道出了其中的"玄机"——万科崛起的主要原因是因为他懂得进行战略思考。

在发展初期，万科和其他企业一样，经历过一段时间的多元化发展，企业毫无起色。这时，王石经过认真思考后，为企业制定了"专注一个核心产业"的战略。在这个战略规划里，他把万科其他业务全部砍掉，专注做房地产。经过一段时间的发展后，王石又进行了战略思考，决定只专注做住宅，不碰商业地产。他的战略思考逻辑是：专业之道，唯精唯实。

2008年下半年，一场金融风暴席卷全球，为什么万科没有像其他地产商一样陷入资金链断裂的困境？主要功劳也要归功于懂得战略思考的王石。他告诉记者，他每天都在思考房地产行业会如何发展，经过深入的思索，他得出这样一个结论——国内的房地产行业已经出现严重的泡沫，到了发展的转折点。针对这一情况，他马上改变了万科的经营战略——降价，保证以最快的方式实现资金回笼。

正是由于王石的战略思考，使得企业一直处于良好的发展状态。经过三十余年的发展，万科成为国内领先的房地产公司。2016年，万科公司首次跻身《财富》

世界 500 强，位列榜单第 356 位。

图 5-1　万科集团创始人王石

【深度解读】

企业操盘手不会进行战略思考，会将企业拖入盲动之中。

我曾经读过一本关于万科集团和王石的传记，在这本传记里，王石说在万科发展初期，他作为操盘手在制定企业战略时，会把自己关在房间里三天三夜，思考万科的未来发展，规划万科的企业战略。思考完毕，一经布局，他便立马带领核心团队进行大刀阔斧的改革。他认为企业操盘手首要的职责就是战略思考。如果作为一名操盘手不会进行战略思考，那么做什么谋划都是无用功，还可能会将自己的企业拖入盲动之中。

那么，到底什么是战略思考？王石给出的答案是——战略思考实际上就是一个前瞻思考，全局思考，以及以抓住主要矛盾为核心的关键思考。只有形成了战略思考的习惯，整个公司的布局才能具有远见性。

然而，令人感到遗憾的是，在现实中，我发现绝大部分操盘手不懂得战略思考。这些操盘手之所以能成功是因为最开始抓住了机遇，尝到了甜头，然后顺势一直用一种战略来为企业布局。当企业初具规模后，这些操盘手在战略上的短板就显露出来了，"战略思考"这四个字在他们眼里就好像是外语。

这些操盘手不懂得思考自己的企业应该制定什么样的战略目标，应该有什么样的竞争战略，才能不断超越竞争对手；也不懂得构建什么样的人才战略，才能让自己的团队步调一致地朝目标进发……他们思考的全是眼前的问题，而不是未来。比如，他会思考今天如何与经销商砍价，如何把供应商的价格压得低一些，这样的操盘手操盘的企业只有一条路可走：走向没落，毫无未来。

对于操盘手战略性思考的重要性和思维方式，王石先生为我们做了很好的诠释，提炼出来，大致有以下四点（见图5-2）。

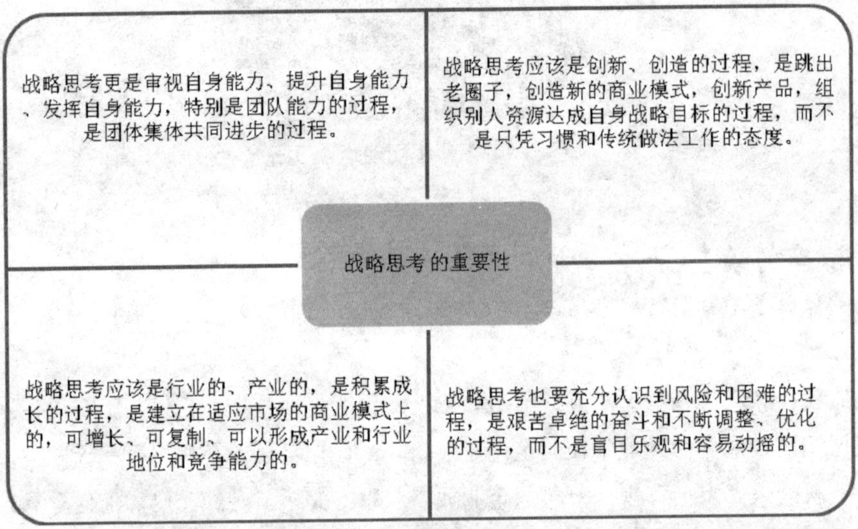

战略思考更是审视自身能力、提升自身能力、发挥自身能力，特别是团队能力的过程，是团体集体共同进步的过程。	战略思考应该是创新、创造的过程，是跳出老圈子，创造新的商业模式，创新产品，组织利人资源达成自身战略目标的过程，而不是只凭习惯和传统做法工作的态度。
	战略思考的重要性
战略思考应该是行业的、产业的，是积累成长的过程，是建立在适应市场的商业模式上的，可增长、可复制、可以形成产业和行业地位和竞争能力的。	战略思考也要充分认识到风险和困难的过程，是艰苦卓绝的奋斗和不断调整、优化的过程，而不是盲目乐观和容易动摇的。

图 5-2　战略思考的重要性

【实操参考】

企业操盘手要懂得趋势思考、全局思考、关键思考，做到总览全局，量时度力，举无过事。

操盘手之所以要具备战略思考的能力,是因为我们要不断预测市场环境,不断给自己定新的目标,然后预算达到这个目标需要什么资源。具有战略思考习惯的操盘手会从多个角度看问题,不仅站得高,还能看得远。因此也往往能够帮助企业做到"总览全局,量时度力,举无过事"。

总体来说,企业操盘手在进行战略思考时需把握以下三个基本点(见图5-3)。

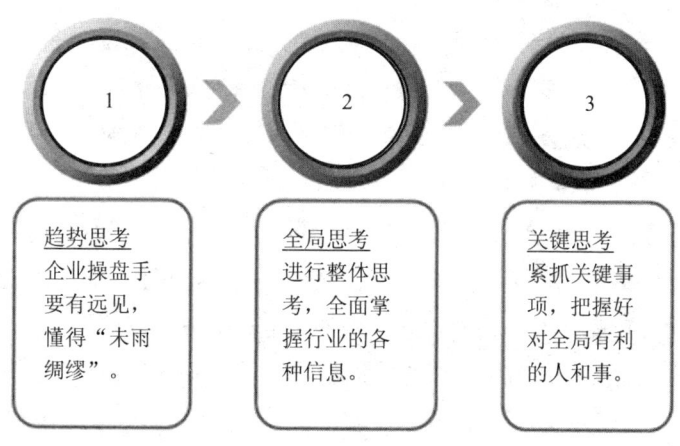

图 5-3　企业操盘手在进行战略思考时需把握的三个基本点

⊃ 趋势思考:多思考未来,多为企业的将来打算

什么是趋势思考?实际上,就是要求企业操盘手要有远见,发现企业所在行业的发展方向。趋势思考能给企业操盘手带来非常大的好处,比如预测潜在环境的变化、看清局势、识别有里程碑意义的事件、发现企业发展道路上的风险并及时做出应对等等。

我整合了国际国内数以百计的优秀企业操盘手的成功经验,发现他们有一点是相同的:这些企业操盘手都非常善于趋势思考,可以说是"预言家"。正是由于他们敏锐地察觉到了所处行业的发展趋势,从而带领企业走上了正确的发展道路。

我们来学习一下王石是如何进行趋势思考的。

王石每年都会进行市场走访,在走访的过程中了解市场发展趋势,预测行业发展方向,进而帮助自己制定下一步的战略计划。最近10年,万科收购了很多国内的房地产企业。王石为什么要这么做？因为他通过趋势思考预测到中国房地产有巨大的发展空间，而自己当时又有收购扩张的能力，于是大胆地向前跨了一步，率领团队进行收购，并把万科打造成为中国名副其实的房地产王国。

毫无疑问，懂得趋势思考是企业操盘手的核心能力之一。我常把"未雨绸缪"这个成语挂在嘴边，就是时时刻刻提醒自己要多思考未来，多为企业的将来打算。

◐ **全局思考**：进行整体思考，全面地掌握行业的各种信息

全局思考就是整体思考，它的反义词是片面思考、局部思考。做不到全局思考的企业操盘手经常会犯以偏概全的错误，他们只关注表面现象，脱离事物本质，总是用自己的观点决定市场的需求。

全局思考要求企业操盘手全面地掌握行业的各种信息，如竞争对手的信息，市场发展趋势的信息，企业资金链、供应链的信息，销售渠道的信息。当然也包括企业内部产品研发的信息，人力资源、生产等各个方面的信息。只有站在全局角度掌握信息，企业操盘手才能做出正确的决定，帮助企业又好又快地发展。

10年前，万科曾有一次非常好的打入商业房地产市场的机会，假如当时成功进入的话，短期内肯定有一笔可观的收益。但是这个项目被王石一票否决了，他认为，虽然这个项目能让企业在短期大赚一笔，但是从全局的角度来看，进入商业房地产市场不符合万科本身住宅房地产的定位，并且万科在商业房地产领域没有任何优势。

那么，企业操盘手应该如何进行全局思考呢？王石给自己设计了一个全局思考的框架，我们可以借鉴他的这个全局思考框架进行战略思考（见图5-4）。

◐ **关键思考**：紧抓关键事项，把握好对全局有重要影响的人和事

企业操盘手除了要做到趋势思考和全局思考，关键思考也是必不可少的。关键思考和全局思考紧密相连，全局思考可以说是关键思考的前提。也就是说，作为企业操盘手，必须在做好全局安排后，紧抓关键事项，把握好对全局有重要影响的人和事。

2014年，万科开启事业部改革，经过一年的筹备时间，改革于2015年正式实施。本次改革虽取得了一些成功，但是也出现了一些不同的声音。针对这种情况，

王石是怎么回应的呢？他说："我们做事情应该看主要矛盾，要懂得抓住矛盾的主要方面。改革使得整个集团的资源分散了，这是事实，而且造成相互之间隔膜较深，不利于整体协调。但这么多年来的发展表明，改革对万科近十年的发展来说，是非常重要的一着棋，它是非常成功的。因为，改革分清了各产品领域的经营责任，有效激发了各产品群经营团队的积极性，这是事情的主流。而且如果各产品领域的规模扩大了，有了规模效应，那么资源分散导致的浪费问题也就不存在了。"

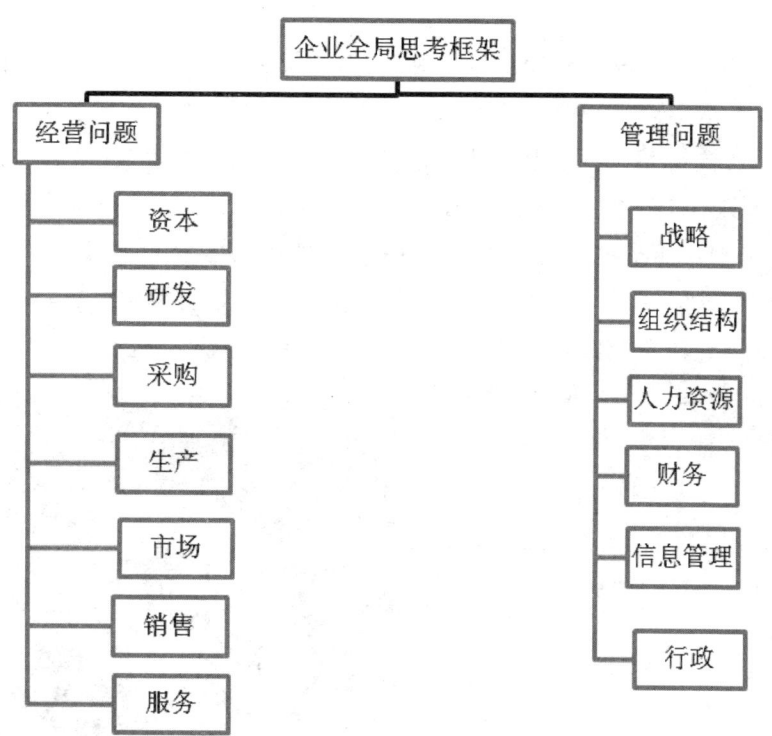

图5-4　企业全局思考框架

第5章　高明的棋手，落子之前已谋划全局

谋局者：打造从战略到成果的执行企业操盘手

5.2　争强图胜靠运筹，战略制胜定乾坤

【策略看点】

三只松鼠以清晰的战略规划制胜，成为网上零食销售的霸主。

2013年，一家成立于2012年的网上零食销售公司在互联网上声名鹊起，一时间业内无人不知。这家企业虽然成立不到两年，但却连续两年攻下食品电商行业冠军：2015年"双十一"单日销售额达到856万，在业内引起轰动；2016年"双十一"单日销售额竟然突破5600万，创下了电商行业的又一个销售奇迹。这家企业就是三只松鼠，它在成立两年内取得了3亿销售额的骄人业绩。

为什么这样一家名不见经传的企业，能在短短两年内成为网上零食销售的霸主？我们从记者采访该企业的创始人、企业操盘手章燎原可以看到，这主要源于他在创业之初，就为企业做了清晰的战略规划。他将企业的战略目标设置为"打造一个互联网时代的农业生态产业链"，其核心思想是走近消费者，并为企业定下了四个基本点和四个现代化的战略模式。

这四个基本点分别是：

（1）品牌：让消费者认识三只松鼠品牌。

（2）速度：让消费者更快得到产品。

（3）服务：让客户得到最具个性化的服务。

（4）品质：保证产品品质更稳

图5-5　三只松鼠创始人、企业操盘手章燎原

定、更安全。

四个现代化分别是：

（1）品牌动漫化：在新媒体时代与客户进行更具互动化的沟通。

（2）数据信息平台化：自主研发、建立完善的数据信息系统平台。

（3）物流仓储智能化：设置物流可控制节点，完善全国物流仓储规划。

（4）产品信息可追溯化：让产品信息可以追溯到源头，建立产品信息的系统化机制。

如果你碰巧订购过三只松鼠的零食，或许你也能感受到企业的战略用心。带有品牌卡通形象的包裹、开箱器、快递大哥寄语、坚果包装袋、封口夹、垃圾袋、传递品牌理念的微杂志、卡通钥匙链、湿巾等等，这些极具创意的赠品都会让消费者对这个品牌记忆尤深，这就是三只松鼠成为网上零食销售霸主的原因。

【深度解读】

企业操盘手要做高明的棋手。

在诸葛亮为刘备谋局的计策里，有这样一句话"善弈者谋势"，说的是高明的棋手在与人对弈时，总会谋划棋局的走向，心存大局，不执着于眼前得失，进退攻守、有节有度，走一步、看两步、想三步，最终将敌方棋子收入囊中。

操盘手操盘企业如同这棋道一般，会遭遇对手设置的重重障碍，会陷入棋局的迷惘，经历我们无法想象的磨砺与曲折。有句话说得好："上等的商人必通围棋之道，以谋其势；中等的商人必识象棋之术，以谋其市；下等的商人仅恃跳棋之法，以尽其事。"在商战中，企业操盘手要做高明的棋手。

纵观三只松鼠的发家史，他的操盘手章燎原可谓是下了一盘高明的好棋。网购在现代社会已经极为普遍，能让消费者心动并记住的品牌很少。而章燎原以一种超前的、全面的战略规划奠定了企业的高度，并在企业发展的过程中严格按照企业战略经营理念来管理企业，最终赢得了消费者的认可和市场的尊重，也让自己从竞争激烈的电商行业中脱颖而出。

把企业战略放在企业经营和管理的第一位，并在企业发展的过程中长期坚定不移地坚持实施，这是作为一名卓越操盘手必须要做到的。企业战略不仅决定了企业能站多高,也决定了企业能走多远。没有战略,企业就是一个静止不动的壳;有了战略的填充,企业才能变得鲜活。

那么,战略规划到底对操盘手谋划布局有什么作用呢?这一点,我们可以从章燎原的战略规划中提炼出来(见图5-6)。

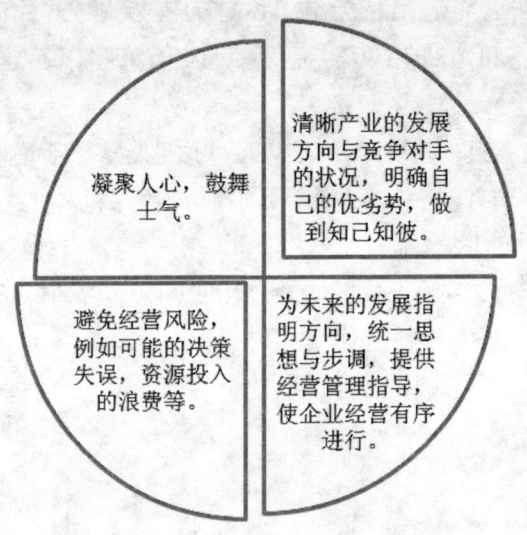

图5-6 战略规划对操盘手谋划布局的作用

最后,我想补充的是:一个缺乏战略规划的企业,操盘手的思想是混乱的,无法使力,无法合心,更无法形成合力,当然也谈不上合拍。战略规划能够让企业形成"合心、合力、合拍"的共振效应。

【实操参考】

战略规划的基本框架。

诚然,有战略规划并不一定就能确保企业获得成功,但没有战略规划的企业,一定不会获得成功。操盘手在为企业做战略规划时,首先要做出正确的战略性选择;其次是为自己的战略规划选择持续努力,也就是要遵循战略成功的逻辑;然后要认清战略规划的框架内容,做出符合企业的战略。

⊃ 成功，首先是因为正确的战略性选择

中国最大的房地产企业——万科集团在发展初期有着广泛的业务领域，比如贸易、工业、零售业、房地产、证券投资、文化产业等，并且所涉及的业务发展得都很不错。但是，万科的创始人也是操盘手——王石在前瞻性的战略思考下，毅然做出重大的选择——砍掉其他的业务只做房地产，让万科成为一家专业的房地产公司。万科最终选择了专业化的战略规划，而专业化后的万科在不到10年里就成长为中国规模最大、最具影响力的房地产企业集团。

王石是非常成功的企业家，同时也是非常成功的登山者，他曾经在2004年、2010年两次登上了世界最高峰——珠穆朗玛峰。如果王石所选择的只是爬爬泰山、黄山这一类风景名胜，那么他也就只能跟大多数人一样归于平常。

图 5-7　王石登上珠穆朗玛峰

企业操盘手在选择战略规划的路径时，犹如登山，不同的高度所需要的装备、能力完全不同。企业能到达怎样的高度，前提条件是我们选择要爬多高。

⊃ 做大做强的目标金字塔逻辑

相信每一个企业操盘手都想把企业做大并且做强，然而，如果不知道做大与做强背后的逻辑，企业是注定大不了也强不了的。那么，企业做大做强背后的逻辑是什么呢？我给出一个目标金字塔逻辑（见图5-8）。

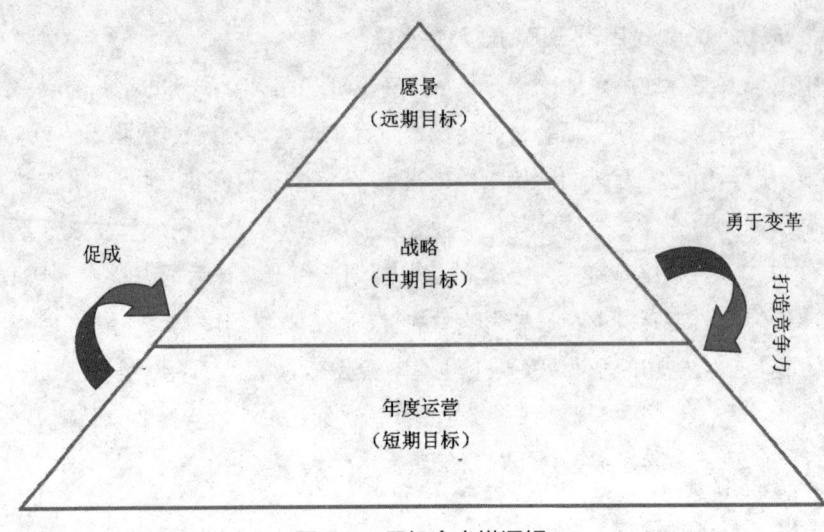

图 5-8 目标金字塔逻辑

目标金字塔逻辑实际上是告诉大家一个道理：做企业一定要目标清晰，勇于变革，打造优秀的竞争力。

首先，企业操盘手必须要有远大的抱负，也就是有一个能够激励人心的愿景。关于愿景的内容我将在下一节详述，这里就不作赘述。

其次，企业操盘手必须制定清晰的中期发展规划作为经营指导。

愿景是战略规划的前提和基础。在愿景的激励下，企业操盘手还必须制订可实施的未来3年或5年之内的战略目标与计划。因为光有愿景远远不够，还必须有切实的行动计划。而中期战略目标规划就是企业可供执行的行动方案。

我经常听到企业操盘手或企业家说："10亿企业规划3年，百亿企业规划5年，千亿企业规划10年。"这句话不无道理，规模越大的企业越要考虑长远。战略规划的本质是全方位地推动企业改进管理和经营能力，发挥公司各业务单元的协同效应。

最后，在战略规划下，企业操盘手应该每年有更加细致的年度经营目标与计划。

对企业操盘手而言，3～5年的中期战略规划很大程度上仍然属于中观层面的范畴，还必须再落实到微观的工作层面上来，再将它分解成具体的年度经营目标与计划，这样才能真正谋划企业的经营管理。

○ **战略规划的框架**

弄清战略规划的框架包括哪些内容,有助于企业操盘手更好地规划自己的战略。战略规划的框架包括以下四个基本项(见图5-9)。

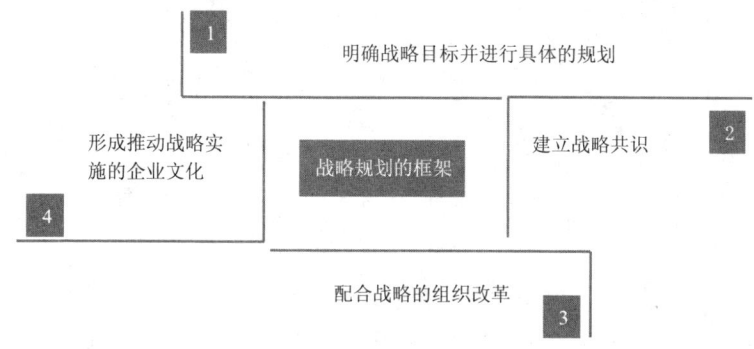

图 5-9　战略规划的框架

一是明确战略目标并进行具体的规划。企业操盘手有必要组织内外部力量确立企业愿景,进行中期的战略规划。

二是在企业内建立强烈的战略共识,让企业员工清楚企业未来的发展方向与目标。也就是说,一旦企业操盘手的愿景和战略规划做出来,并经老板(董事会、经营管理委员会)批准,就应该在全体员工范围内进行宣导,让员工充分理解公司未来的目标规划。

三是在战略共识的基础上开展配合战略的组织变革。因为战略规划是对未来目标的承诺,或者说是"明天的结果",规划的目标一定是要付出极大的努力,包括资源的投入和能力的配备才能实现的。在实际操盘过程中,有的员工或者因为过去的习惯无法适应新目标下加快步伐的要求,或者因为自身利益的原因而阻碍相关措施的实施,从而影响企业前进的脚步。这时候,操盘手必须为战略规划的实施扫清障碍。

四是通过战略变革调整乃至改造原有不适应新形势的企业文化,推动促进战略实施的企业文化的形成。

5.3 不迷茫靠使命，方向感靠愿景，同舟共济靠价值观

【策略看点】
马云在湖畔大学的演讲：企业的三板斧——使命、愿景、价值观。

在移动互联网的圈子里，说起愿景，马云是第一。在马云的企业里，他由始至终都在谈使命、愿景、价值观，甚至连做清洁工的阿姨都不放过。也正是因为他提倡的使命、愿景、价值观，才造就了阿里巴巴旗下最剽悍、最具战斗力的销售团队——中供铁军，也造就了一批批优秀的人才。

很多人都知道马云对使命、愿景、价值观的重视，却并不知道他本人到底是如何理解企业的使命、愿景、价值观的。2016年9月10日，马云在湖畔大学推出的第一堂公开课上给我们诠释了这个疑惑。

马云在湖畔大学的第一课上，没有讲企业该如何赚钱，如何设计顶层、用什么商业模式等等，而是讲了企业的使命、愿景和价值观，并把这三个说成是企业的"三板斧"。下面由我带领大家一起来领悟马云的演讲精髓。

图 5-10　马云在湖畔大学进行《企业三板斧》的演讲

第一是企业使命。

首先，马云给大家讲了企业使命。他认为，所谓的企业使命就是三个问题：你有什么？你要什么？你能放弃什么？如果我们要进行战略规划，就要以这三个问题作为前提条件。对于使命的诠释，马云给大家讲了GE企业和迪士尼的案例。GE在创始之初，就把企业的第一使命设置为"让天下亮起来"。当时的电灯泡大多只能亮三分钟，而企业的这个使命让所有人都无比认同，并为了这一使命共同努力。到今天为止，加入这家公司的人依然充满着荣耀感——"我的工作是让世界亮起来"。

迪士尼的使命是"让世界快乐起来"。为了达成这个使命，迪士尼在招聘员工时从来不录用悲观消极的员工，在他们的企业里，所有的员工都要是乐观积极、开心的人。而他们制作的戏剧、电影也是让大家开心的。如果我们的企业有这样的使命，那么我们招聘员工的角度就会不一样，建立的企业组织也会大不一样。

在定位企业使命时，我们要明白的是，要让企业所有的人都围绕这一使命去开展工作。换句话说，就是要让所有的员工都相信企业的使命。马云说自己在观察一家公司时，无论创始人讲的多么好，他都听不进去。他所关心的是创始人身边的人是否相信他所讲的东西，企业的使命不是用来忽悠人的。阿里巴巴的企业使命是"让天下没有难做的生意"，这个使命听起来有些遥不可及，但只有我们相信，员工才会相信，消费者才会相信，客户才会相信。

第二是愿景。

对于愿景的理解，马云认为企业愿景就是：这个公司会发展成什么样呢？我有什么好处？愿景是阶段性的，你要有至少十年、二十年的设想和规划，这就叫企业愿景。

很多人认为企业愿景是对员工的洗脑，但在现在的知识社会，试问有几个人能真的被洗脑？如果一个企业的愿景真能给员工洗脑，那说明这个企业的愿景真正激发了员工心底的那个东西，让他们觉得做这件事有意义，并且愿意努力做下去。这个愿景无疑是成功的。

马云提醒大家千万不要复制成功企业的战略，能复制的都是复制品，不能复制的才叫战略。成功的战略就是要告诉全世界，我要做这件事，这就是我的使命、愿景。如果阿里巴巴的企业战略腾讯能拿去用，百度能用，并且都能做出来，那么就说明阿里巴巴的战略规划是失败的。一个成功的战略规划，是不能被复制成功的。

同时，一家企业的愿景不能太多。阿里巴巴在成立的时候，马云设置的企业愿景有两个：一个是"企业活80年"；另一个是"企业要成为世界十大网站之一"。

第三是价值观。

对于价值观的理解，马云认为价值观就是我们前进路上的操作方法，是创始人制定的。价值观并不是虚无缥缈的，是要经过考核的。没有经过考核或不能进行考核的价值观是毫无用处的。在阿里巴巴，每个季度都会进行价值观考核，员工的业绩、年终奖、晋升也是和价值观绑定在一起的，这是一整套考核机制。

很多公司都会建立诸多制度，但到底是制度重要，还是文化重要？马云给出的回答是——肯定是文化重要，制度是用来强化文化的。关于这一点，马云用了一个很形象的比喻：我们有哪个人是因为读了刑法，才知道不许杀人，我们才不杀人的？我们大多数人是从自己父母的习惯和潜移默化的教育中，知道有些事情是不能做的。而这个习惯和潜移默化的教育就相当于企业文化。如果一个企业把使命、愿景、价值观塑造得很好，那么企业制度肯定会少很多，因为大家都认可这些东西，肯定就不会做违反制度的事。

在演讲的最后，马云告诉大家，企业要进行战略规划，首先要把企业使命、愿景、价值观做好，基于这三样东西，再来考虑战略。

【深度解读】

不迷茫靠使命，方向感靠愿景，同舟共济靠价值观。

回溯几百年前我们的先辈，他们认为飞上天是一件绝对不可能实现的事情，但当杨利伟坐着"神五"翱翔宇宙的时候，我们不得不感叹如果没有远大的梦想，我们的世界就不会如此精彩纷呈；当马云在一无所有时说出他的梦想是"改变世界"时，人们都认为他是一个傻子，但仅仅过了15年，马云真的改变了世界，他的梦想实现了。

与国家的梦想、个人的梦想能激发潜能一样,企业也需要一个远大的梦想,这个梦想被称为企业愿景、使命、价值观,企业以此来激励、感召所有的员工共同朝着一个方向努力。作为操盘过十余家企业、被同行及业界誉为"商业实战鬼才"的我,可以很负责任地说:如果一个企业没有远大的愿景,就好比一个没有理想和追求的人,很难有所作为。

那么,企业愿景、使命、价值观是什么?透过马云的演讲,可以提炼出三个核心意义(见图5-11)。

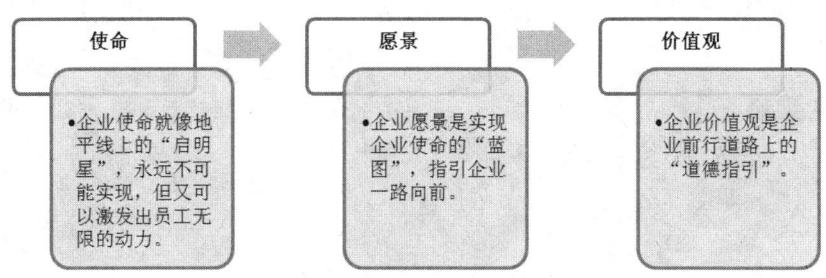

图5-11 企业愿景、使命、价值观的核心意义

➲ **企业使命**

企业使命,就是企业最基本的目的,它体现了企业创始人和员工的共同追求和抱负,同时也决定了企业的目标和方向、资源分配的优先顺序和重点、工作目的和意义。企业使命是企业存在的理由而不是具体目标或企业战略,它是一种永远的追求,就像地平线上的"启明星",永远不可能实现,但又可以激发出员工巨大的动力。

➲ **企业愿景**

企业愿景描绘了企业令人向往的未来,是企业长期恪守的奋斗目标,是企业战略的方向,它指明了企业的发展方向,是实现企业使命的"蓝图",指引企业一路向前。企业愿景包括三个基本要素:大家愿意看到的(期望的)、大家愿意为之努力的(主动的)、通过努力可以步步接近的(可接受的)。

➲ **企业价值观**

企业价值观是企业家和企业推崇的、必须坚守的信念,是企业前行道路上的"道德指引"。价值观不是虚无缥缈的"墙上之物",它与业绩一起组成企业重要的考核维度。同时,注重制度的有效性,通过制度真正强化企业的使命、愿景、价值观。

我用一句话来概括马云演讲提到的企业使命、愿景、价值观——不迷茫靠使命,方向感靠愿景,同舟共济靠价值观。

对于战略和企业使命、愿景、价值观的关系,结合马云的演讲,我用一个形象的比喻——把战略看成一个人的话,人的上半身就是使命、愿景、价值观,决定企业要去哪里;人的下半身要配合上半身的使命、愿景、价值观,如果上下不配合,这个战略就是假的,下面也就无法具体落实。

【实操参考】

企业操盘手确定的使命、愿景和价值观要能被企业家、核心高管、股东、企业员工和顾客所接受,具有挑战性,经得起推敲,能被实现。

知道了企业使命、愿景、价值观的意义,那么企业操盘手该如何确定企业的使命、愿景和价值观呢?首先,让我们来看看那些我们耳熟能详的企业的愿景吧!或许能带给你一些灵感:

微软的愿景很伟大:"让全世界的办公电脑用上微软的软件。"

迪斯尼的愿景很简洁,但让人很舒心:"为人们制造快乐。"

优衣库的愿景很亲民:"用最低价提供最高品质的衣服。"

百胜的愿景很激励人:"成为向全世界提供优质餐饮的全球性标杆企业。"

福特公司的愿景很"世界":"开拓人类的高速公路。"

作为与这些企业毫无关系的人,我们看到这些使命、愿景、价值观都会觉得心潮澎湃,这样的企业怎么可能发展不好呢?我相信,任何一个立足企业长远发展的操盘手都思考过企业未来会发展到什么程度等问题,我也相信任何一个企业操盘手都为自己的企业描绘过壮丽的景象,这就是我们确定企业使命、愿景和价值观的基础所在。

使命、愿景、价值观比梦想更现实,比目标更激励人心。操盘手确定企业的使命、愿景和价值观必须具备以下四个特性(见图5-12)。

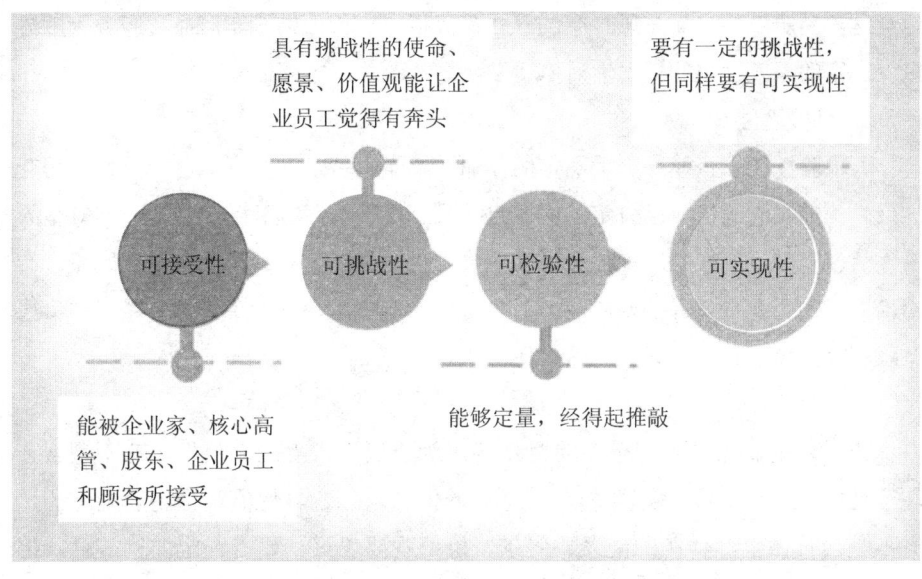

图 5-12　确定企业的使命、愿景和价值观必须具备的四个特性

○ 可接受性

企业操盘手确定的企业使命、愿景与价值观首先必须具备可接受性,接受的对象主要是企业家、核心高管、股东、企业员工和顾客,这四者对于企业的重要性不言而喻,如果他们都不接受我们的愿景,那企业文化的传播便是一句空话。

比如,阿里巴巴的愿景是"让天下没有难做的生意",这对企业的高管是个震撼,因此"中供铁军"才跟着马云冲锋陷阵;沃尔玛的愿景是"让穷人用上富人的东西"、"你不是在为公司省钱,而是在为穷人省钱",这样的使命让沃尔玛在世界 500 强企业中长期占据销售额第一的宝座。

○ 可挑战性

可挑战性主要是针对企业员工来说的,具有挑战性的使命、愿景、价值观能让企业员工觉得有奔头,有奔头他们才愿意为了企业共同的使命、愿景、价值观去拼命工作。因此,企业操盘手确定的使命、愿景、价值观必须有较大的可挑战性。

比如直销企业完美的愿景是"百年完美、全球完美",麦当劳的愿景是"控制全球食品服务",而东风日产的愿景是"以最有价值的汽车产品和服务为顾客提供丰富的、人性化的移动生活体验"。

➲ 可检验性

可检验性要求企业操盘手确定的使命、愿景、价值观最好能够定量,经得起推敲。例如飞利浦给自己设定的愿景是"到2025年,我们能够改善全球30亿人的生活。"定量的愿景多少能增加企业员工与顾客的信心,因为在他们眼里,有明确愿景的企业有长远的发展前途,员工即便赚钱少一些、工作累一些,也会愿意跟着企业管理者为了共同的愿景而奋斗。

➲ 可实现性

如果说企业操盘手把企业的愿景确定为"摘下天上的星星",这不现实,甚至可能让人怀疑企业好高骛远。企业的使命、愿景、价值观是企业的梦想,但不是白日做梦,企业的使命、愿景、价值观要美好,要有一定的挑战性,但同样要有可实现性,否则不仅对员工起不到激励作用,甚至还可能起到相反的作用。

试想,一家员工不超过10个人的民营企业,老板信誓旦旦地说要在一年内成为世界500强企业,这现实吗?你可能要与我抬杠说,阿里巴巴也是从小做到大的,怎么就不可能,可世界上毕竟只有一个马云,我们给员工画蛋糕也要适可而止。

一般来说,具备上述四个特性的使命、愿景与价值观更容易传播、更容易被员工接受。但事实是,很多操盘手将企业的使命、愿景、价值观留在自己的脑海中,懒得跟员工、高管、股东和顾客说。殊不知,这种关系割裂的局面很容易让人觉得我们的企业发展无望、前途渺茫。

使命、愿景与价值观,这是三个与企业战略息息相关的词,它蕴涵的是无限的希望与梦想。没有希望的人生只能黯淡无光,没有梦想的民族只能停滞不前,而没有使命、愿景与价值观的企业,走向衰败只是时间问题。

5.4 没有目标，等于自取灭亡

【策略看点】
没有战略目标的企业，就如同在大海中迷失了方向的小船，不知道该在哪里靠岸，只能在无垠的大海中飘泊，自取灭亡。

我认识深圳一家生物制药企业的操盘手J。企业成立5年，从白手起家到如今拥有200多名员工，一亿固定资产，也算是有成就了。但是，随着行业竞争的加剧，J发现自己的企业近两年都处于停滞状态，业绩几乎没有提升。

作为一个企业操盘手，J当然希望自己的企业能够发展得越来越好，但他却始终没有为公司制定一个明确的战略目标。他认为自己只要向那些成功的企业学习，借鉴他们成功的战略规划，自己的企业就能发展起来。于是，只要得知同行业中哪家企业发展快速，J就会去研究那家企业成功的经验，并将此经验运用到自己的企业中。

比如，前两年有家生物制药企业生产的保健品在市场上销售得异常火爆，这家企业也由此一跃进入制药行业的前10名。J通过对该企业和消费者的研究，发现人们越来越重视自身的健康，而保健品也已经走进了千万家庭。于是他决定让自己的企业也转而生产保健品，并制定了转行的战略规划，投入大笔资金进行产品研发，希望能靠此为企业带来巨大的收益。没想到的是，当他的企业转做保健品生意后，因产品种类单一，效果不明显，遭到了消费者的冷落，不仅没有打开养生保健这个新市场，还丧失了原来一些固定客户，他的生物制药企业也因此陷入困境。

后来，J又听说一家保健品企业因为走直销的营销策略，从濒临破产得以起死回生，并成为直销业的新领军企业。于是，J也跟着走起了直销策略，结果历经两年，企业的业绩不但没有上升，反而因产品大量积压资金链断裂，企业不得不面临破产的局面。

谋局者：打造从战略到成果的执行企业操盘手

【深度解读】

战略目标是企业操盘手制定战略规划的基础。

明确的战略目标决定着企业的发展。企业只有制定出明确的战略目标，才能帮助企业实现快速发展。如果战略目标不明确，或者目标模糊，企业就会像无头苍蝇一样，在市场竞争中处处碰壁，根本谈不上发展。而对于企业操盘手来说，只有战略目标明确才能让战略规划布局有的放矢，收到事半功倍的效果。

我的朋友J作为企业操盘手，只知道盲目地向别的企业借鉴战略规划，却不能为企业的发展制定一个明确的战略目标，使得企业最终在盲目探索中步入困境。其实，只要他在企业发展的过程中建立一个明确的战略目标，并按照目标指引的方向带领企业前行，他的企业或许就会有更好的发展。

为什么战略目标对企业和操盘手如此重要呢？对此，管理专家彼得·德鲁克曾经说过一句话："并不是有了战略规划才有目标，而是相反，有了战略目标才能进行战略规划。所以'企业的使命和任务，必须转化为目标'，如果一个领域没有目标，这个领域的工作必然被忽视。"

可以说，战略目标是每一个操盘手制定战略规划的基础。有了战略目标，操盘手才能以目标为方向，为企业的各个层面做好战略规划。而那些没有制定战略目标的操盘手，是无论如何都无法将企业的战略规划做好的，迎接他的只能是谋划的失败和企业的衰落。

既然战略目标如此重要，那么，战略目标到底是什么呢？

战略目标就是企业为了实现愿景在一定时期内要达成的目标。企业愿景和企业战略目标二者的区别是，愿景是企业的发展方向，而战略目标则是把这种愿景具体化，是企业愿景的进一步阐明和界定，也是企业在既定的战略规划中所要达到的发展速度和发展质量的具体规定。

具体来说，企业的战略目标一般包含以下两个方面的内容（见图5-13）。

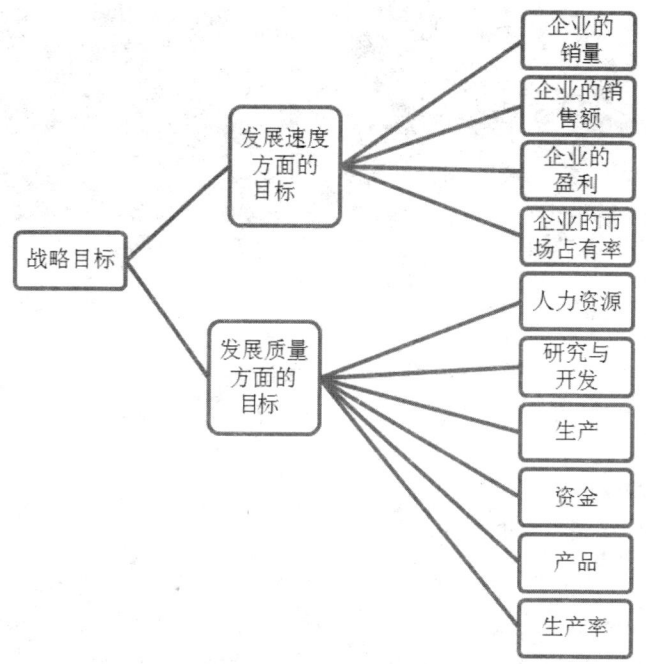

图 5-13 企业战略目标

当然了，一个操盘手不一定在以上每个方面都制定目标，更何况，企业战略目标也不局限于以上几个方面，大多数企业操盘手看重的是企业的收入和盈利。在我操盘企业的过程中，有时为了突出企业的发展速度和质量，在制定中期的战略目标时，我会把重心都放在收入和利润上，而在制定年度目标时，我再把其他方面的运营性目标提上日程，例如客户满意度、劳动生产率等。

我之前在一家高科技环保公司做操盘手，这家公司的业务以研发、生产、销售环保型添加剂和环保技术解决方案为主。2015 年营业收入为 2.28 亿元，净利润为 0.56 亿元。2016 年初，我在为这家企业制定战略规划时，确定了"致力于成为中国领先环保技术解决方案提供商"这一企业愿景。为了实现这一愿景，我和老板、核心管理层认真分析了目前的国内外形势，最后制定了一个 5 年战略目标，就是 2021 年要实现的目标（见图 5-14）。

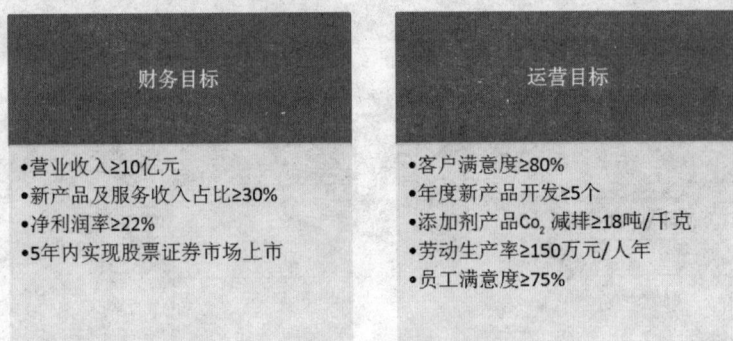

图 5-14　我为企业制定的 5 年战略目标

【实操参考】

把战略目标分解成短期小目标。

企业操盘手制定的战略目标,按照时间关系,可以分为愿景、长期战略目标、中期战略目标、年度目标、季度目标乃至月度目标。这是一个不断分解的过程;而短期目标的达成,将不断推动中长期目标的达成,这是一个不断促成的过程(见图 5-15)。

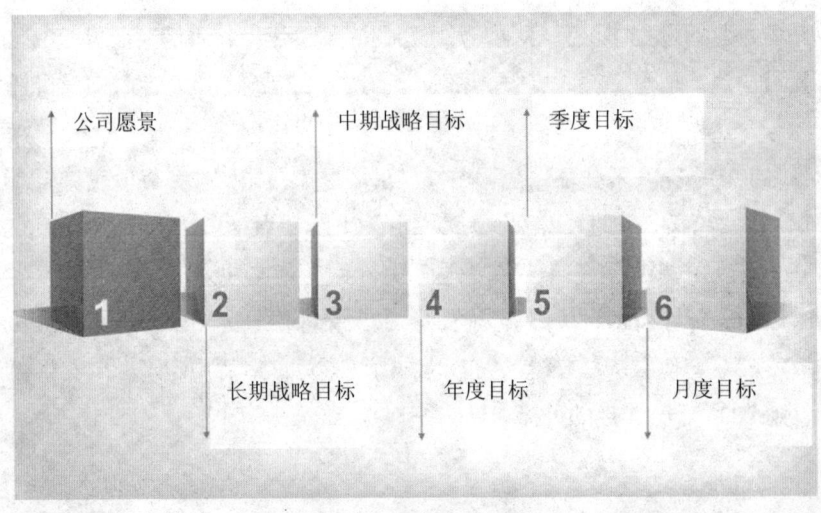

图 5-15　企业战略目标体系

企业操盘手也可以把战略目标按内容层次进行分解，从而形成一个金字塔形的目标体系。处在金字塔顶端的是企业的使命、愿景以及价值观等企业最长远、最宏观层面的目标及经营行为准则；处于金字塔中间的则是公司的总体战略目标以及为实现总体战略目标所需要的路径选择、资源条件等，总体战略目标一般是3～5年的中期目标；在金字塔底端的则是分解的公司各职能目标，例如市场目标与措施、技术目标与措施等。不同层次的目标同样是一个不断分解和不断促成的过程（见图5-16）。

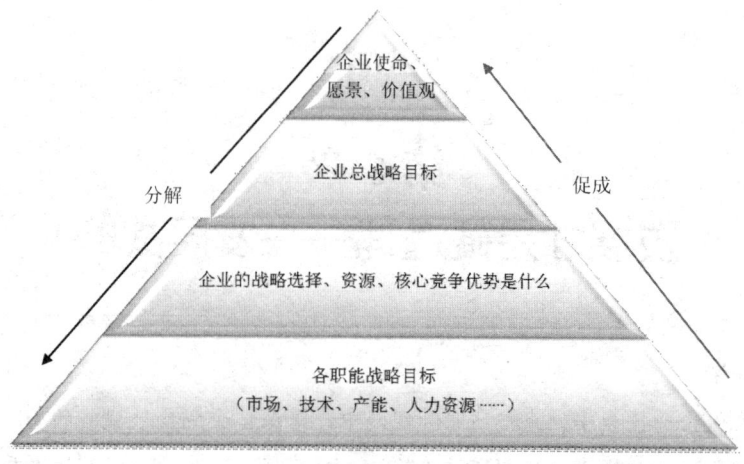

图5-16　企业战略目标层次框架

战略目标是行动的方向。作为企业操盘手，要想让你的企业有长远的发展，就一定要有确立战略目标的能力，在企业的每个发展时期都能制定出一个适合企业发展形势的战略目标，让员工清晰自己的使命，并将这一目标落实到团队和团队中的具体成员身上。有了明确的目标，团队才会表现出一致性，全身心地为实现这个共同目标而努力，最终与成功交手相握，为企业交出满意的答卷。

第6章
发展才是硬道理——发展战略

【导读】

我在做企业操盘手的战略研究和实践中,深深体会到发展战略的局限性,也非常痛惜很多企业操盘手试图通过价格战、功能战、广告战、促销战等手段实现发展却使企业陷入低利润、无利润甚至亏损的困局。这些血淋淋的现实告诉我,发展虽是企业战略的核心,但却不应该把打败竞争对手作为企业发展的目的。

我们不妨回过头来思考一下企业战略的本质。战略的本质是为了建立竞争优势,打败竞争对手吗?我认为不是的。这用在古代的军事战略上也许比较合适,但把它移植到现代企业是非常不合适的,企业并不一定要打败竞争对手。那么,企业战略的本质是什么呢?

我经过反复思考,认为企业战略的本质应该是发展。发展是第一位的,竞争应该是发展的一种手段。我们可以通过竞争优势来实现发展,也可以通过财务战略、人才战略、竞争战略、研发战略来实现发展。通过这些发展战略,能让企业的发展空间越来越大,格局越来越高。如果用一个形象的比喻来说的话,发展战略就像是一季"金"的收获。

6.1 做进世界 500 强，不如做足 500 年

【策略看点】
同仁堂的"以质为命，师古但不泥古"的生存战略缔造了百年长寿企业。

始创于 1669 年的北京同仁堂，以"同修仁德，济世养生"为使命，恪守"品味虽贵必不敢减物力，炮制虽繁必不敢省人工"的古训，缔造出百年企业。是什么缔造了同仁堂这样的百年企业？答案就是生存战略。

作为一个制药企业，生存战略与质量密切相关。早在 1723 年，在同仁堂成为皇家御用药店之后，就确立了"以质为命"的生存理念。那么，同仁堂是如何做到"以质为命"的呢？

答案就是在质量上追求至优至精。同仁堂始终坚持"配方独特、选料上乘、工艺精湛、疗效显著"的制药特色，恪守"两个必不敢"的古训，始终坚持提供高质量的产品和服务。作为一家拥有百年历史的中药生产企业，把传统经验、技艺和现代管理、技术进行有效结合，正是北京同仁堂在质量方面的传承与创新。

比如在人工挑拣原料、炮制工艺等环节，同仁堂创造出一种原料检验双重把关模式。通过实施 GMP 等质量控制体系，研制使用具有自主知识产权的新技术、新工艺、新设备，并制定中药、医疗企业标准规范，推进中药标准化生产，实现了传统与现代、国内与国外质量管理方式的有效对接。

图 6-1　同仁堂关于"以质为命，师古但不泥古"生存战略的宣传

同仁堂为了保证产品质量，大胆创新突破，将现代化标准与传统工艺技术结合，努力做到"师古不泥古，创新不失宗"（见图 6-1）。具体的做法有三点：一是在源头把关，建立了 12 个自有中药材种植基地，采取专家经验鉴别和仪器检测相结合的"双保险形式"，对原料进行"双重把关"。二是在生产控制环节，针对中药生产特点，坚持工艺技术改造与创新相结合，自主研制标准化生产线，在传统炮制工艺、制剂、包装等关键工序融入现代生产技术，通过实施 GAP、GMP、GSP 等现代质量控制体系，提高各环节质量保障能力。三是在产品检验环节，在感官经验判断的基础上，加大质谱仪、色谱仪等先进科技检测仪器的使用，确保药品出厂质量；在售后服务环节，建立药品质量追溯体系。

同仁堂这一系列的做法，正是"以质为命，师古但不泥古"的生存战略的体现。正是基于这样的生存战略，同仁堂才能真正让技艺既传承又发展，并代代延续，不断发展和进化，成为百年长寿企业。

【深度解读】

长期生存是做进世界 500 强的必要条件。

对于发展战略，很多操盘手有这样一种认识：企业的发展就是要做大、做出名，要把企业做进世界500强。其实这样的想法也不无道理，只是过分执著于此的操盘手，可能会忽略发展战略的核心目标——长期生存。要我说，做进500强，不如做足500年。其实，换一种角度来看，长期生存又是做进世界500强的必要条件。下面，我们一起来看一组数据，透过数据，或许我们会有所感悟（见图6-2）。

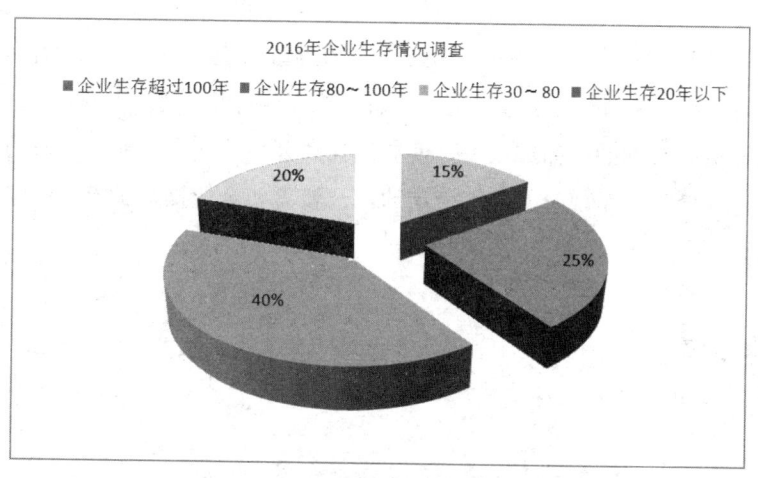

图6-2　2016年企业生存情况调查

这一组数据是新浪网调查企业生存的情况得出的，虽不太精确，但却足以说明我们企业的现状，那就是大多数企业都是短命的。对此，中国企业调查机构慧聪国际资讯小组进行过一次调查，这次调查针对的是中国民营企业的生存情况，调查结果显示：中国民营企业的平均寿命仅为4年，其中经营10年以上的企业仅有15%；每年新成立的民营企业在25万家左右，同时又有15万家左右被迫关门。

其实，企业和人一样，都是有生命力的，只要我们制定适合它的生存战略够赋予它活力，它就不会死亡。那么，什么是生存战略呢？

所谓生存战略，就是一家企业能够"活"下来最基本的生存规划。例如，在人口比较密集的地区，方圆两百里以内只有一家餐厅，那么即使这家餐厅的服务员服务态度很差，大家也会去那里吃饭。同样，方圆两百里以内只有一家医院，如果有人生病了，就只能去这家医院看病。因此，这家餐厅和这家医院都拥有生存因子。

而一旦有新的餐厅、新的医院加入，新餐厅、新医院可以提供比原有的餐厅和医院更周到细致的服务，那么原有餐厅和医院的生存因子就会变得非常脆弱。这说明，原有的餐厅和医院生命力不强，企业处于最低层次的竞争水平，随时有可能被淘汰出局。也就是说，企业现阶段的发展只能支持顾客最低级别的满意度。

所以，企业操盘手需要好好考虑一下：在企业经营的现阶段，顾客对企业的态度如何。是非常满意还是基本满意？如果是基本满意，就代表顾客一旦找到比自家企业更高级别的产品或服务，就会选择离开。这充分表明，企业的生命力还不稳定，最起码在现阶段是不稳定的。这就需要企业操盘手着手制定生存战略了。

【实操参考】

切不可盲目多元化，专注于单一领域，立志做高精尖，才是企业的长期生存之道。

那么，应该如何制定企业的生存战略呢？其实，企业所有的战略都是基于企业生存的基础制定的。换句话说，企业所有的战略规划都可以说成是生存战略。

在这里，透过同仁堂的生存战略，我想告诉大家，在制定企业的发展战略时，切不可盲目多元化，专注于单一领域，立志做高精尖，才是企业的长期生存之道。

● 盲目多元化

当企业处于上升阶段时，市场需求越来越旺盛，产品销路越来越好，企业的收益越来越高，此时操盘手往往会被一时的成功冲昏头脑，他们以为，扭转乾坤，让企业起死回生也没那么困难。其实，操盘手只是被短暂的成功蒙蔽了双眼，他们并没有看清局势，在这样的情况下盲目进行扩张，必然使企业走上一条并不稳健的多元化道路。殊不知，恰恰是这种多元化方式，让企业跌入了万劫不复的深渊。

操盘手们利用大好环境，不断扩张资本建立分公司，拼命搞多元化，但却忽视了企业内部管理，致使企业内部贪污腐败、吃回扣的不正之风大行其道。而操盘手对此也睁一只眼闭一只眼，采取"养饥饿的老虎，不如养快吃饱的老虎"的放任态度。操盘手们觉得这样好的形势会一直持续下去，企业也会按照目前的速度不断发展。实际上，他们没有意识到，企业已经行走在悬崖边上了，表面的欣欣向荣只是假相，此时的企业抗风险能力基本为零，一旦政策、市场有一点儿风吹草动，企业就回天乏术，必定"脱水"死亡。

➲ 专注于单一领域立志做高精尖

我有一个朋友，在一家民企做了几年操盘手，使这家民企的业绩不断攀升，而他自己在资金、人脉、管理经验上也有了质的飞跃。

但是，他并不满足于眼前的成绩，坚信自己能让企业迅速更上一层楼，大有"鱼跃龙门化作龙"的气势。他经过多方考察，精心选择了一个项目。我的这个朋友可以说是眼光独到，项目策划也颇具远见，整个过程组织周密，进度顺利，包括投资前后的亏盈预算也相当客观，大家对这个项目都非常有信心。

但是没有人注意到这个项目的潜在风险，他几乎是孤注一掷，赌上了企业的未来。假若成功，当然是皆大欢喜；一旦失败，后果不堪设想。天有不测风云，就在企业新产品上市时，其他公司的同类型产品正在进行大规模的促销活动，这种局面让朋友措手不及，使新项目的利润大打折扣，企业不得不追加投入。最后的结果是，新项目彻底被打乱，不仅没有达到预期收益，还影响了公司原来的产业。新旧企业经营"齐头并退"，很快就消失在人们的视野里。

大多数民企的寿命很短，我并不是要揭民企的伤疤，而是想让大家作为前车之鉴好好警醒自己，从而使民企能够存活得久一点，再久一点。

对这些企业来说，也许同仁堂能给我们一些启发。同仁堂的定位很清晰，知道哪些是它的主场，哪些领域是坚决不能碰的。他们把精力放在一个领域，虽然不起眼，但是活得非常滋润，也没有像外界预测的那样迅速死亡。另外，有自知之明和低调给它披上了一件安全的外衣，让它能够踏踏实实地做事情。当一家企业把自己的产品做到极致时，行业的龙头老大，就非它莫属了。

我在观察长寿企业时发现，其增长曲线都呈上升趋势，没有忽上忽下的情况，财务状况也十分稳定，这一点让我十分佩服。这些公司只是专心做好自己分内的事，专注于单一领域，立志做高精尖，最终成为这一领域颇具影响力的企业。

第6章 发展才是硬道理——发展战略

有趣的是，从世界范围来看，想成为世界 500 强，就一定要先做本行业的高精尖。

我们不妨来学学阿 Q 精神，那些口口声声说要把企业做进世界 500 强的操盘手，说不定就是雷声大雨点小，过不了多久就成明日黄花了。而那些只是埋头做好自己最擅长的事情，在一个熟悉的领域中建立起强大市场地位的公司，在几十年后，说不定就是世界级的企业。

你不相信？那我们就打个赌，在 50 年内杀进世界 500 强的中国企业中，说不定就有你今天不放在眼里的"小虾米"。

6.2 人才是企业发展之本

【策略看点】

E 企业无人才战略 VS 麦当劳好的人才战略。

我认识一家制造企业的操盘手，这家企业的前身是规模很小的手工作坊，近几年由于政策的扶持逐渐掌握了不少企业发展的资源，从而一跃成为国内著名的机器开发制造商。虽然这家企业掌握的资源不少，但人才战略却不容乐观，我暂且称这家企业为 E。

E 企业的操盘手从来不制定人才战略，缺人了，就叫人力资源部去人才市场招聘；岗位空缺了，领导欣赏哪个人就给哪个人升职。几年之后，E 企业操盘手终于意识到了这个问题，开始每年年初制订计划，详细列出收入预算多少、计划员工人数多少等。如此一来，人数少的部门进行招聘，人数多的则适当裁减。

但这个计划在执行过程中却出现了偏差。E 企业并没有一套完善的晋升和奖惩激励以及淘汰机制，也没有明确的岗位说明书，在这一年当中，有的人因为受到领导赏识而升职，有的人经过申请而平调，还有的人因为工作失误而遭到降职处理，当然也有的人在计划之外请产假甚至离职……如此一来，原先的人力资源计划一度被打乱。有一次，E企业进行薪酬调整，生产部门的3名高级技术工人愤然辞职，并带走了2名普通工人，此外还有1名高级技工退休，数名工人跳槽，E企业的生产线面临全面瘫痪的风险。操盘手急命人力资源经理招聘人员顶替空缺。人力资源经理连日奔走于各个人才市场，费了九牛二虎之力才招到4名高级技工和4名普通工人，生产线这才恢复了正常运转……

显然，E企业的人才战略十分混乱，不管是人员的招聘还是人员的调岗、晋升、奖惩、激励以及淘汰，基本上都无章可循，这样导致的结果就是员工只是企业的人力，根本不是资源。这样的组织环境，员工能充分发挥自己的才能吗？没有能打硬仗的人才队伍，企业能有核心竞争力吗？答案不言而喻。

那么，企业操盘手要如何制定人才战略呢？对此，我们来看看世界著名快餐"巨头"麦当劳的做法。

麦当劳针对企业员工制定了一套快速晋升制度：每一个新进的员工，凭借自己的勤奋和努力，皆可能在一年半内当上经理，可以在两年内当上监督管理员。晋升模式相当公平，没有任何特殊规定，也没有典型的职业模式。公司在每一个职位阶段都组织培训，以便有关人员获得一定的知识储备，顺利通过阶段性测试的人员则可能得到晋升。因此，适应快、能力强的人只要能迅速掌握各阶段的技能，就能快速得到提升，因而吸引了大批有能力的年轻人来麦当劳实现自己的人生理想。

麦当劳的人才战略的具体做法如下：

首先，新进的员工要先做4～6个月的实习助理。在此期间，他需要从事最基本的工作，如炸薯条、烤牛排、收款等。在这个过程中他不仅要学会基本的烹调技能，还应学会如何保持清洁和最佳服务的方法，并依靠最直接的实践来积累管理经验，为日后的管理工作打好基础。

接着，他们会迎来带有一定管理性质的第二个工作岗位——二级助理。他们每天仍旧需要在规定的时间内负责餐馆工作，但与实习助理不同的是，还要承担一部分管理工作，如订货、制订计划、排班、统计等，在小范围内展示自己的管理才能，并在日常实践中摸索经验，协调好工作。

有能力的人会随着时间的推进展现出自己的管理才能，在8～14个月后，那些表现出管理潜能的年轻人会成为一级助理，即经理助理。此时，他需要承担更多更重要的责任，能够在必要时独当一面，日趋完善自己的管理才能。

麦当劳为员工设定的职业晋升路远不止如此，即使成为经理之后，还能晋升为监督管理员，负责旗下三到四家餐馆的工作。工作三年之后，监督管理员有可能晋升为地区顾问。届时，他将成为麦当劳公司的"外交官"，往返于总公司与各下属企业之间，沟通传递信息。同时，地区顾问还肩负着诸如组织培训、提供建议之类的重要使命，是总公司在某地区的全权代表。可即便身居如此高位，成绩优秀的地区顾问仍然有机会得到晋升。

许多企业的人才结构是金字塔式，越往上，晋升的空间越小。而麦当劳的人才体系则像一棵茂盛的大树，给予员工最大的升职空间。在麦当劳，每一个晋升职位都承担着对人才的吸收功能，通过反复锤炼，最终将有能力的人培养成为公司的精英管理人员，为企业发展做出更大的贡献。

"从零开始"是在麦当劳取得成功的人所共有的特点，从炸薯条、做汉堡包的最基层开始，脚踏实地，不断进步。对于他们来说，最艰难的时期是刚进入公司时，工作的繁琐致使人员流失率很高，最终能坚持下来的，都是一些具有责任感、吃苦耐劳的年轻人，他们往往在25岁之前就得到了很好的晋升机会。

除了人才晋升机制，麦当劳每年还花费大量资金对员工进行培训，并建立相关培训中心，为员工提供有效的培训机制。这是一个强大、完善的系统，旨在把品质、服务和环境方面的要求标准化，针对每个岗位进行不同的培训，不仅有利于让员工了解操作过程，更好地为工作服务，也便于为各层次的人员提供理论与实践课程的训练，努力营造一种终身学习的环境。

2016年7月，麦当劳在亚太、中东、非洲地区开展麦当劳员工"奥林匹克岗位大赛"，获胜的员工将代表本国赴泰国参加麦当劳的全球"精英聚会"。这个大赛不仅是一次精英选拔赛，更是雇主对员工人力投入的承诺。

除了以上这套科学的人才选拔和培养制度，麦当劳还要求每一个得到晋升机会的人，必须要预先培养自己的接班人，如果没有培养自己的接班人，那么即便各方面考核合格，在公司也没有晋升机会。这就促使每个人在自身努力的同时，还尽心尽力地培养自己的接班人。正是如此，让麦当劳成为一个发现与培养人才的基地。

图6-3 麦当劳的团队展示

【深度解读】

人才战略的核心：能级对应、人员互补、优势定位、结构合理。

21世纪什么最贵？无疑是人才，人是具有无限塑造可能和创造潜能的资源，是企业生存发展的第一资源。操盘企业，就是经营人才，人是企业生存发展的唯一动力。对于企业操盘手来说，人才是资源，不是竞争力，人才战略才是竞争力。有了人才战略，才能使人从企业中脱颖而出，才能优化和提升人才的能力，才能让人才推动企业的发展。一个好的人才战略能够为企业提供源源不断的新鲜血液，也只有这样的企业，才能真正做到事业永续、基业长青。

E企业没有制定出好的人才战略，所以遭遇失败。麦当劳把人才作为企业的瑰宝，把人才的培养和发展当作工作的重点。正是这样的人才战略，不仅为麦当劳带来了巨大的经济效益，而且为全世界的企业提供了一种新的人才战略模式，为全社会培养了一批真正的人才。

透过麦当劳的人才战略，我们可以提炼出几个关键的人才战略的核心(见图6-4)。

谋局者：打造从战略到成果的执行企业操盘手

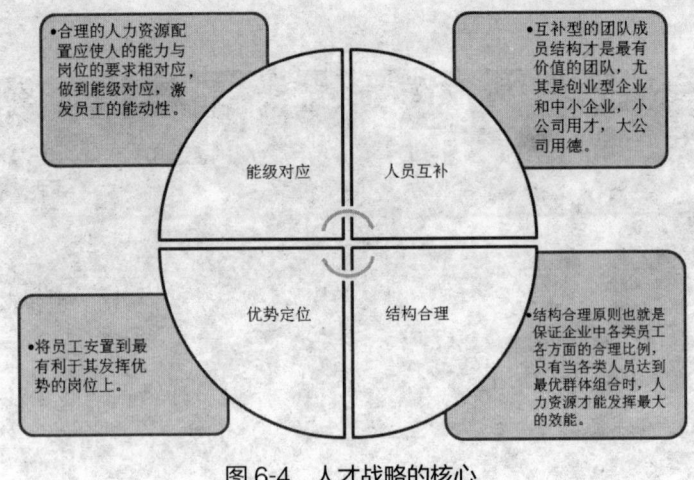

图6-4 人才战略的核心

【实操参考】

人才！人才！——核心！核心！

除了上面说到的四大核心，企业操盘手在制定人才战略时，还有一点要重视——培养和留住核心人才。

人才是企业发展最重要的因素，但在这一因素中，核心人才又是重中之重。以前，客户是最大的资源，企业操盘手必须像关注自己的企业一样关注竞争对手，就怕对方抢走自己的客户；如今，企业操盘手在防范竞争对手抢走客户资源的同时，还必须投入更多的精力去关注竞争对手是不是会抢走我们的核心人才。

对于企业来说，核心人才是决定自身能否持续发展的关键因素，是企业最不能失去的资源。如果将企业比作人体，那么核心人才就是我们的骨骼，它支撑着企业的正常运转。

什么是核心人才？核心人才就是指企业中那部分重要到影响企业决策甚至整体发展的员工，他们要么综合实力出众，要么在某一方面有别人远远不及的才能。从现实来看，企业中的核心人才大多是指中高层管理者，这部分人之于企业，正如骨骼之于人体，起的是支撑和架构的作用。

没有骨骼，血肉无以依附，人体无以站立。同样，没有核心人才，企业整个就会"软绵绵",无论设计、生产、采购,还是销售、服务,都会缺少核心竞争力,支撑不起整个企业。相反,有了核心人才,很多问题都会迎刃而解,即便企业出现问题,只要"骨架"还在,那么丰富以"血肉",企业照样能够东山再起、屹立不倒。

第一次创业时,史玉柱在成功巅峰遭遇了失败,不但之前的荣耀、财富悉数赔尽,还欠下了巨额债务,并且成了失败的典型。但值得庆幸的是,他身边的几个核心人才始终不曾离开他,一直安慰他、开解他,陪他度过了人生最困难的日子。在史玉柱东山再起、二次创业的过程中,这几个人也发挥了重要作用,并且至今仍在他的企业中担任重要岗位,支撑着整个企业。脑白金和征途成功之后,史玉柱曾不止一次表示,没有这几个始终陪在他身边的人,就不可能有他后来的成功。

这正如西天取经的唐僧团队一样,孙悟空毫无疑问就是核心人才,没有他,唐僧团队到不了西天,取不来真经。只要他在,无论遇到多少妖魔鬼怪、遭遇多少困难,都会一一化解,这就是核心人才的力量。

那么,企业操盘手要如何制定培养并留住骨干员工的战略呢?说实话,我没有放之四海皆准的标准提供给你,但我可以给大家讲讲华为的核心人才战略机制,或许会给你一些启发。

作为世界500强企业的华为,在2016年被评为"2016年领英中国最in雇主"。

图6-5　2016年华为被评为"2016年领英中国最in雇主"企业

华为在全球有近 50 家分公司，企业认为，每个公司内部的中高层管理者是影响企业发展的骨干员工。这些中高层管理者大部分都是公司内部培养和提拔的，平均年龄在 30 岁左右，大多数处于"成家立业"的阶段，这个阶段最大的需求就是房子。所以，华为的人才战略里针对核心人才制定了一项房子计划。

比如公司统一购房提供给核心人才居住，等到核心人才的工作时限满多少年，房屋产权就归核心人才个人所有；或者由公司出面和房地产公司谈"团购房"，让房地产公司以最优惠的价格卖给核心人才，并由公司提供低息贷款，降低员工的购房压力。然而，这些方案面临的问题是，公司在全国的分公司太多，操作起来太麻烦。最后公司决定，以购房津贴的形式随月工资发放。

那么问题来了——购房津贴发多少？什么时候发？发多久？针对这些问题，华为开始了保留方案的细化工作，统计流程如下所示（见图 6-6）。

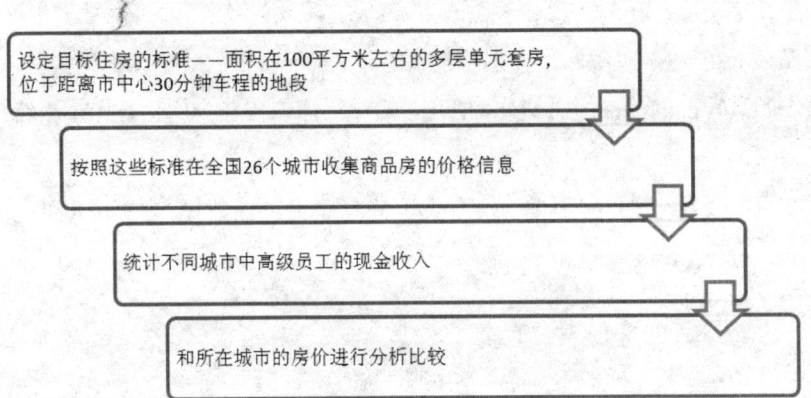

图 6-6　华为针对核心人才制定的房子计划。

根据调查统计结果，华为得到以下结论：主管级别的员工工作三年，总监级别的员工工作两年后，他的个人存款，足够支付房子的首付款；接下来按 5 年分期付款算，每个月的月供由个人和公司共同承担。5 年的分期付款结束后，入住时要一次性缴清尾款，加上装修的费用，这些基本相当于一个员工一年的收入。

根据上面这些数据，在所增加的预算得到允许的情况下，可以确定跟这个骨干员工保留方案的基本要素：主管级别员工满三年，总监级别员工满两年，可以向公司申请购房津贴，购房津贴额度为员工每月工资的 25%，每月和工资一起发放，从申请之日开始，可连续享受 5 年此项福利，5 年结束时，员工可一次性获得相当于其当年年收入额的入住补贴。

这个方案实施后，预期可以让大部分核心人才留在公司至少 10 年以上，10 年时间过后，他们人到中年，到时候，流失的可能性也会大大降低。

很多企业操盘手羡慕别人的企业里人才济济，但别人的骨干是怎么来的？其实就是人才战略制定得好。在好的人才战略下，骨干才能留下来并且练就过硬的本领。

6.3 优胜劣汰，适者生存

【策略看点】
沃尔玛"天天低价"的竞争战略让他始终在零售行业处于领先地位。

零售行业的竞争是非常激烈的。凯马特和希尔斯是沃尔玛的两个最大的竞争对手，三家公司的营销战略非常相似，但是在 20 世纪 80 年代，沃尔玛的发展速度是凯马特和希尔斯的好几倍。1989 年，希尔斯由于增长速度太慢被远远甩在后面，沃尔玛成为了行业老大。自此，沃尔玛开始推行"天天低价"的竞争策略，不仅如此，还将不少名牌商品打上自己的商标推向市场，此后几乎所有的折扣商都采用了某种形式的"天天低价"竞争战略。

在战略实施方面，沃尔玛把重点放在了和供应商还有员工搞好关系上，并且对商品摆放和市场营销的任何一个环节都"吹毛求疵"，力求最大限度节约成本，造就一种追求高业绩的精神。

虽然"天天低价"的竞争战略不是沃尔玛发明的，但是在执行上，却没有一家零售商做得比沃尔玛好。在市场中，沃尔玛有着这样的口碑——它每天都是日用商品最低价的零售商。有人做了这样一个社会调查，在沃尔玛开设商店的区域和没有开设商店的区域对顾客进行调查，调查结果表明：55% 的家庭认为沃尔玛的价格比其竞争者更低；而在沃尔玛没有开设商店的区域，也有33%的家庭持有同样的观点。沃尔玛采用各种各样的方式向顾客宣传自己的"低价战略"，比如店面墙体、商业广告、宣传册、包装袋广告语等等。

图6-7　沃尔玛超市里采购的顾客

【深度解读】

竞争战略是企业发展战略中最重要的一个战略。

21世纪的商业战场充满血雨腥风，竞争越来越激烈，淘汰率也越来越高。就拿北京中关村高科技产业园为例，一块弹丸之地，就有上千家公司，全部以信息技术为主业，竞争的激烈程度可想而知。每年都有无数家公司出现，也有无数家公司不堪竞争的压力淹没在洪流中，被市场淘汰。

所以，对于企业来说，最有效的武器就是提高自己的竞争力。而对于企业操盘手来说，市场大环境就像一只喂食的老鹰，而我们的企业就是一只只嗷嗷待哺的小鹰，企业面临的竞争环境和小鹰所处的环境非常相似。在这种情况下，操盘手想要企业在变幻莫测、险象环生的市场中生存并发展，就必须为企业制定竞争战略，让企业面对竞争、参与竞争并赢得竞争。

竞争战略是企业发展战略中最重要的一个战略。那么什么是竞争战略呢？就是在企业总体战略的引导下，指导和管理具体战略经营单位的计划和行动。如何通过确定客户需求、竞争者产品及本企业产品这三者之间的关系，来奠定本企业产品在市场上的特定地位并维持这一地位，是企业战略要解决的核心问题。

美国著名战略学家迈克尔·波特在20世纪90年代末提出了成本领先战略、差异化战略和集中化战略，从那以后，操盘手在竞争中基本上都采用了价格战、功能战、广告战、促销战的套路，以稳固自己的竞争优势，打败竞争对手。但是理想很丰满，现实很骨感，过分地打压并没有让自己变得更好，反而使所在领域进入了恶性竞争的循环，大家把所有的精力都放在打败竞争对手上，没有人关心企业的经营，最后只会出现多败多伤的局面，竞争战略是一场"血"的战斗。

在这场"血"的战斗里，沃尔玛采用了三种竞争战略，我们一起来分析一下它的战略核心（见图6-8）。

图6-8　沃尔玛的三种竞争战略

➲ 成本领先战略

成本领先战略就是通过降低自己企业的生产成本和运营成本，以低价提高市场占有率，同时获得同行业平均水平以上的利润。

沃尔玛始终实行成本领先战略，它不断扩大规模，降低平均生产成本，实现规模经济。沃尔玛2016年财报显示，沃尔玛全球2016年营业收入达到4859亿美元,剔除汇率的影响,则为 4969 亿美元,比上一财年增长 3.1%,把其他竞争对手远远地甩在身后。

◐ 差异化战略

所谓差异化战略,就是让产品的性能、服务以及品牌形象与其他产品区分开来,让自己的产品有很高的辨识度。这种战略重点是创造被全行业和顾客都视为独特的产品和服务。

沃尔玛的差异化竞争主要体现在四个方面(见图 6-9)。

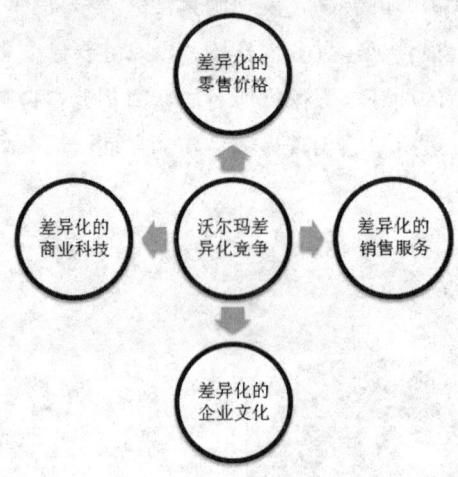

图 6-9 沃尔玛的差异化竞争

◐ 集中化战略

集中化战略也叫聚焦战略,是指企业把战略重点放在一个特定的项目上,为特定的地区或特定的购买者提供特殊的服务。即指企业集中使用资源,以快于过去的增长速度来增加某种产品的销售额和市场占有率。

这项战略的前提是,企业要将业务专一化,更高效地为某一狭窄的市场服务,超越那些多元化经营的对手。这样可以把相对弱小的分散局面聚拢,拧成一股绳,形成企业的核心竞争力,比如沃尔玛始终坚持零售"天天低价"的战略。

总而言之,不管是成本领先的竞争战略,还是多元化和集中化的竞争战略,没有谁好谁坏,只要符合企业的发展要求,就是好的战略。企业操盘手可以根据企业的发展情况三选其一,作为企业的主导战略。也就是说,操盘手要么让企业的成本比竞争对手低，要么让企业的产品独一无二具有鲜明的特色，要么只专注做一种产品。

【实操参考】
企业操盘手做好竞争战略的三个建议。

企业操盘手要想让企业在竞争激烈的环境中生存，首先要具备强烈的竞争意识，紧紧围绕"提高企业核心竞争力"这一宗旨，为企业制定好竞争战略。关于企业操盘手如何制定好竞争战略，我给出三点建议（见图6-10）。

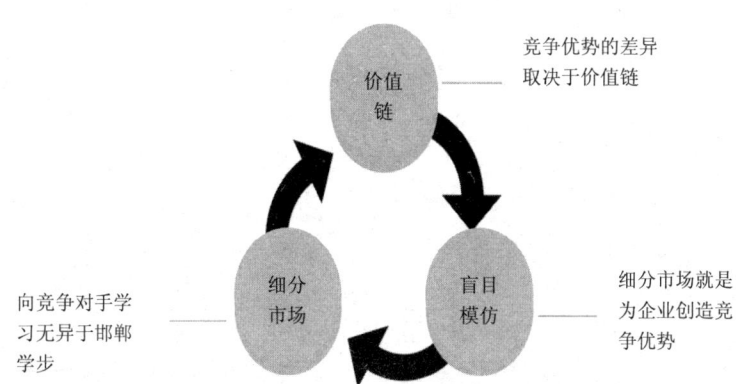

图 6-10　企业操盘手做好竞争战略的三个建议

◯ 竞争优势的差异取决于价值链

企业的竞争来自于企业内部的产品设计、生产、营销、销售、运输、支援、交货等多项独立的活动，这些活动的集合可以通过价值链反映出来。什么是价值链？价值链就是用来分析优势来源的基本工具，它存在于经济活动的方方面面。把自身的价值链和对手的价值链进行比较，能够发现彼此竞争优势的差异。

企业内部各个环节的联系构成了企业内部的价值链，上下游关联的企业之间构成了行业间的价值链。两条价值链的综合能力决定了企业的最终竞争力。

⊃ 细分市场就是为企业创造竞争优势

没有任何一个市场是一成不变的,因为消费者的需求在不断变化,市场必须要迎合消费者才能发展下去,因此市场上从不缺乏"尚未开垦的处女地"。什么是市场细分呢?市场细分就是操盘手通过市场调研,根据消费者的需求和购买力以及行为习惯的差异等,将某一产品的市场细化为若干个小市场的分类过程。

每一个目标消费群就是一个细分市场,每一个细分市场都是由有同样消费需求的消费者构成的。只要操盘手能够在竞争对手之前发现有价值的细分方法,就可以抢先获得市场份额,占据竞争优势。

操盘手需要做的就是找准用户需求,挖掘市场"处女地"。我们不妨从以下几个关键点来发掘潜在市场(见图6-11)。

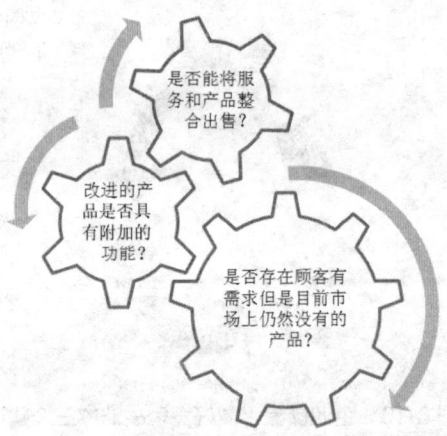

图6-11 发掘潜在市场的三个关键点

没有卖不出去的产品,只有还没找到的市场。优秀的操盘手要有一双善于发现市场的眼睛,抓住细分市场的机会,才能提高自身的竞争力。

⊃ 向竞争对手学习无异于邯郸学步

说起沃尔玛大家都不陌生,但是现代超市零售商的鼻祖却是凯马特。沃尔玛在市场竞争中大获全胜后,凯马特也开始模仿沃尔玛,施行低价战略,对沃尔玛发起反击。为了弥补商品降价的损失,凯马特增加了能够给企业带来较高利润的服装销售。5年之后,这个降价战略以失败而告终,不仅如此,凯马特还付出了惨痛的代价。凯马特的新店在执行该战略的最初 3 年里，每平方米的销售额由 167 美元下降到了 141 美元。凯马特所采购的服装要么积压在库，要么清仓大甩卖。

这种东施效颦的做法是非常不可取的，但是依然有很多企业操盘手进入这个误区。他们认为，既然竞争对手通过这个方法可以取得成功，自己只需要把对手的一些好策略学到，就能扭转现在的局面。殊不知，病症要对症下药才有效，某种策略在竞争对手那里行得通，但是在你这里就行不通了。这种盲目的模仿不仅不会给企业带来任何改变，反而会把企业引入一个死胡同。操盘手只有对市场反应灵敏、冲在最前面，才能够帮助企业占据最佳位置，从而最先获得市场机会，赚得超额利润。

市场竞争就像买电影票，只有尽早买票，才能选到最优的位置。用模仿、抄袭代替创新，很难拥有核心竞争力。

6.4　智慧研发，企业发展的突破之路

【策略看点】
华为的智慧研发战略让企业始终处于行业的领先地位。

2016 年，在全球金融环境并不十分乐观的情况下，华为逆流而上，华为全球销售收入达 5216 亿元，同比增长 32%。三大业务板块的增长让业内企业好生羡慕。

在分析师大会上，华为操盘手之一徐直军做了精彩发言："我们要用今天的投入，构建起华为明天的竞争力……许多人注意到了华为去年的利润增长，但华为不会过去追求利润，而是要坚定不移地为智慧研发做投入，未来每年将投入 100~200 亿美元研发费用。"

2015 年，华为在研发上投入的金额高达 764 亿元，研发投入占营收的比例达到 14.6%，这在全球排名都是靠前的。一直以来，研发投入都是中国企业的硬

伤，即便有的企业盈利很多，也舍不得在技术开发上花钱，这就导致自己的竞争力始终无法提升。而华为在过去十年里，在研发创新上的投入累积达到3130亿元。华为在全球建立了36个联合创新中心，16个研发中心，累积共有62519件专利获得了授权，而且大部分都是核心专利。

华为之所以能够持续保持强大的竞争力，始终处于行业的领先地位，和它的智慧研发战略有着很大的关系。华为在很多产业都实现了技术领先，不仅提升了自己的产品质量，还推动了整个行业的技术发展。到今天为止，全球部署的130张4.5G网络，华为参与了其中的75张。在云领域，华为低调，却实力彰显，成功拿下德电电信开放云。

局势越不稳定，越要加强技术投入，乱中有序，操盘手要在混乱的局势中准确拿捏主行业命脉。徐直军说："去年和前年华为也有一个大的战略调整，即研发投资进一步面对未来，基础研究和创新投入进一步加大，占比进一步提高，进一步探索面向未来的关键技术，使得我们能够更好地走向智能社会。"

对基础领域的投入有多大，直接影响着华为未来的发展。在2016年的全国科技创新大会上，华为的总裁任正非说："未来二三十年，人类社会将演变成一个智能社会，其深度和广度还想象不到。华为需要进入基础理论研究，以此为突破口，用基础理论创新打破'无人区'的困惑。"

【深度解读】

智慧研发的两个核心战略：技术战略和研发战略。

世界顶级策略大师迈克尔·波特索来中国时曾说过这样一句话："除了技术研发战略，中国别无选择。"如果企业操盘手能对这句话深入思考、分析，也许就能发现企业发展的痛处，找到企业发展的趋势。这种趋势不仅戳到了国内高科技产业的痛处，同时也能给国内企业指明前进的方向。中国企业必须要拿出大国气势，练就内功，从"制造矮子"变成"智造中心"，注重研发、创新，为企业提供强劲的动力。

诚然，促成华为成功的因素有很多，但最关键的还是智慧研发战略。华为公司是一家高科技公司，主要结构为"营销团队+研发中心"，从事的是世界上最前沿的 IT 与通信技术研发与销售。所以，确保华为成功的最关键的两个因素就是核心技术和产品研发。而华为坚信，企业的竞争力来自于核心技术和智慧研发。

如今，华为的企业战略已经成为行业的"战略圣经"，但是学的人多，学精的人少。原因很简单，与其说他们在学习华为的智慧研发战略，不如说他们在套用华为的 IPD 体系。大多数企业搞不懂华为 IPD 的精髓是什么，他们只知道是"集成产品开发"，除了学习一些概念、流程和模板，其他并不了解。比如关键在哪里？要如何运用？怎么样才有效？更别说了解华为智慧研发战略成功的关键因素了。

其实，华为的智慧研发战略主要分为两大块（见图 6-12）。

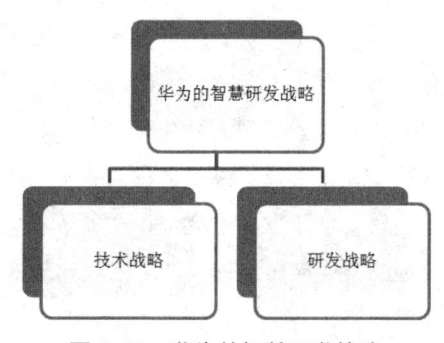

图 6-12　华为的智慧研发战略

我们首先来了解一下这两个战略的含义。

技术战略顾名思义就是解决技术上的难题，着重思考如何提高自身的技术，为产品研发提供所需的技术支持。研发战略主要是研究如何快速响应市场需求，以支撑产品线持续增长。华为的 IPD 管理体系，则更侧重于研发战略。

在华为早期，为了节约成本，所有产品都是自己开发、自己做，比如配线、包装箱等都是自己开发生产的。但是随着业务的增长，企业规模越来越大，继续延续这种大包大揽的经营管理模式肯定是不现实的，说不定还会把自己拖垮。为了把企业的宝贵资源放到核心业务上，华为从 2000 年开始把非核心业务外包，并逐步加大外包的范围。

华为的智慧研发策略概括起来就是以下几个步骤（见图 6-13）。

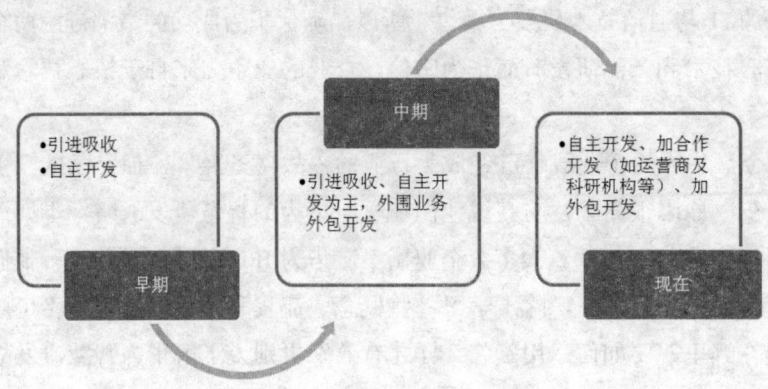

图6-13 华为的智慧研发策略

在研究完华为的智慧研发战略之后,我认为,华为对智慧研发战略的重视是值得所有企业学习和借鉴的。但是,我们是否也要像华为那样建立很多产品管理组织呢?我倒认为没有必要,对于大企业来说,建立产品部门或许可以提高研发效率,但是对于小企业来说,这一举措无疑是劳民伤财。只要企业加强市场部的市场研究职能、企业的高层在年中及年终亲自过问或参与进来,由市场或研发部门主导,将销售、市场、售后、研发、供应链、财务等相关部门组织起来,成立一个项目组,以项目管理的方式来做规划,就可以收到较好的效果。

至于华为的智慧研发战略,各个企业可以根据自身的条件选择适合自己的方式借鉴。毕竟,一千个读者眼里有一千个哈姆雷特,同一个研发战略,也不可能适合所有企业。

【实操参考】

智慧研发战略的核心——留住技术人才。

在了解了华为研发管理成功的关键原因之后,难道企业就应该全盘接受,进行热火朝天的改革吗?我的答案是否定的。在我这么多年的操盘生涯里,我研究过很多企业成功或失败的案例。我认为,操盘手应该根据自己企业的行业性质、经营范围、目标客户群、产品特征等,有选择地借鉴华为的智慧研发战略。在这里,我着重说一下智慧研发战略的核心——留住技术人才。

在高新技术产业,技术型人才就是第一生产力,他们的流失将给企业带来很大影响,有时甚至是"灭顶之灾"。既然技术人才这么重要,那么企业操盘手应该如何留住技术型人才呢?

这一点,我认为华为做得非常到位。在华为的智慧研发战略里,有一个核心战略就是留住技术人才。

任正非和华为的操盘手们(华为的操盘手不止一人),一直很重视企业的技术人才,为了留住他们,会让一些技术过硬的人担任重要职务。这样的留人战略让华为在同行业中有了无可比拟的优越性,华为的管理层既是本行业的佼佼者,又非常了解本行业的行情和变化趋势。不仅如此,他们还能把技术和如何用技术为公司获取最大利润相结合,形成了一支具有强大竞争力的管理团队。

但是,这一战略也有弊端,比如有的开发员、测试员和程序员只想在本专业升迁到最高位置,他们不想担负沉重的管理压力,因此这种留人战略对他们而言没有任何吸引力。针对这一情况,华为操盘手们在技术部门建立了专门的技术升迁途径,这对于留住熟练技术人员,承认他们并给予他们相当于一般管理者的报酬是很重要的。

在职能部门里,最典型的晋升途径就是从员工变成指导员、组长,然后发展成为某个项目或者某个领域的经理。在这些经理之上,就是和产品有关的高级职位了,比如产品经理或者产品总监。

同时,华为既想让内部升迁机制激励技术人才上进,又想在不同的职能部门之间建立竞争机制,于是通过在每个专业里设立"技术级别"来达到这个目的。这种级别用数字表示,按照不同的职能部门,刚毕业的技术人才是9级或者10级,一直到13、14、15级。这些数字既能反映技术人才在公司的表现,又能反映技术人员的经验阅历。技术人才晋升要经过高管的考核和批准,并且和薪水紧密联系。这种制度能帮助经理们招收开发员并建立与之相匹配的工资方案。

在华为这一晋升制度中,最重要的就是确定开发员的级别。首先,对于华为这样的技术性企业,能不能留住优秀的开发员是企业发展的关键;其次,确定开发员的级别能为其他专业提供晋级准则和相应的报酬标准。每个等级的雇员升迁标准和所占比例是这样的(表6-1)。

第6章 发展才是硬道理——发展战略

表 6-1　华为开发员的升迁标准和所占比例

雇员等级	升迁要求	所占全部雇员比例
10 级	大学本科新技术人员	50%～60%
11 级	硕士学位新技术人员	
12 级	一位有实力的开发员，编写代码准确无误，而且在某个项目上可以应付一切事情	20%
13 级	从事的工作有跨商业单位性质	15%
14 级	技术人员的影响跨越部门	5%～8%
15 级	技术人员的影响力涉及整个公司	

由于级别是与报酬和待遇直接挂钩的，这样，华为就能确保及时合理地奖励优秀技术人才并能留住技术人才。

然而，对于那些技术级别上升很快，能力比较强的人，他们很容易对现有的工作产生厌倦。为了不断激发技术人才的积极性和创造性，华为允许合格的技术人员到其他部门挑战自己。当然，这些技术人员必须在自己的领域里积累了一定的工作经验才可以申请换部门。

比如，在同一个项目的两个版本中给一部分技术员工换工作的机会，在本公司范围内，还有一部分技术员工在项目与项目之间流动。不过，华为并不鼓励所有的技术员工都体验换工作，因为有些重头产品，需要累积大量的经验才能完善，这类产品的技术员工频繁换岗位是不可取的。通过技术人员的合理流动，能让技术人员保持在工作中的新鲜感，同时还能让产品组和专业部门从不同背景和视角的技术人员的加入中获得新的发展。

除上述办法之外，一个比较普遍的留住技术人才的办法，就是送他们云参加职业软件工程会议。华为还建立了许多内部研讨会和学习班，让自己公司的技术人员了解本行业的发展趋势和其他公司的新观念、新技术，丰富自己的工作技能。

总而言之，华为留住技术人才的方法是值得借鉴的，这样一个发展迅速的公司，智慧研发战略能做的这么完善是非常难得的。正是由于华为建立了一套让技术人才脱颖而出和留住技术人才的战略机制，才使华为在这个竞争激烈的行业中能始终保持领先地位。

6.5 冬天也是可爱的，并不是可恨的

【策略看点】

华为的冬天。

在华为处于初创阶段时，任正非既是老板又是操盘手，他说过这样一句话："冬天也是可爱的，并不是可恨的。我们如果不经过一个冬天，我们的队伍一直飘飘然是非常危险的，华为千万不能骄傲。所以，冬天并不可怕，我们是能够度过去的。"诚然，华为的成功有很多因素，但我觉得这其中必定有任正非操盘企业时制定的危机战略，将危机转为有利于自己发展的功劳。

图6-14 华为技术有限公司主要创始人、总裁任正非

即使后来华为成为世界500强企业，以29亿元的利润位居全国电子业第一时，

谋局者：打造从战略到成果的执行企业操盘手

任正非也大谈危机战略。他在一次公司内部讲话中颇有感触地说："10年来我天天思考的都是失败，对成功视而不见，没有什么荣誉感、自豪感，而只有危机感，也许是这样才存活了10年。我们大家要一起来想怎样才能活下去，才能存活得久一些。失败这一天一定会到来，大家要准备迎接，这是我从不动摇的看法，这是历史规律。"任正非的这段讲话被编入《华为的冬天》，在业界广为流传，深受推崇。

诚然，"华为的冬天"并非只是华为的冬天。正如在《华为的冬天》最后，任正非指点江山地说了这样一段话，我感同身受，现在我把它摘录下来，希望对你也有所启迪："沉舟侧畔千帆过，病树前头万木春。网络股的暴跌，必将对两三年后的建设预期产生影响，那时制造业就惯性地进入了收缩。眼前的繁荣是前几年网络大涨的惯性结果。记住一句话'物极必反'，这一场网络、设备供应的冬天，也会像它热得人们不理解那样，冷得出奇。没有预见，没有预防，就会冻死。那时，谁有棉衣，谁就能活下来。"

【深度解读】

意识不到危险是最危险的。

在现实中，我常常看到这样一类操盘手，他们怀有操盘企业的鸿鹄之志，目标总向行业巨头看齐。确实，身为企业操盘手，敢于"做梦"是值得推崇的，但我们在"做梦"时，既要看到企业未来的光明前景，又要看到通往成功道路上的危机四伏。

对一个优秀的企业操盘手来说，要深谋远虑、居安思危，给企业制定出好的危机战略，这样一旦危机来临，企业才能够从容面对，安然度过危机。在我操盘企业的过程中，每当遇见"一片叫好声"的情景时，我最关心的不是企业获得了多么大的成功，而是企业离危机到底还有多远，预先设想企业发展即将面临的种种困境，做到未雨绸缪。

"华为的冬天"带给我这样一个重要的启示——意识不到危险是最危险的。在操盘企业的过程中危机总会不知不觉地到来，打得企业措手不及。因此，我们必须未雨绸缪，树立居安思危的意识，及时发现企业的不足之处，为企业制定好危机战略。身为企业操盘手，如果我们丧失了危机感，就好比一个人闭着眼睛开车一样，"翻车"是迟早的事。

俗话说："大海航行靠舵手。"作为企业的掌舵人，要时刻警惕自己企业的冬天，要有危机意识，唤起企业员工的危机感。一个优秀的操盘手必须掌握化险为夷、转危为安的危机操盘艺术。只有达到了这样的境界，才称得上是一个优秀的操盘手，我们所操盘的企业才可能在风云变幻的市场环境中生存下来，并使企业发展壮大。

那么，企业操盘手应该制定什么样的危机战略呢？这里没有一个统一的标准，即使是华为的危机战略，也是不断变化的。而且一个好的危机战略可能是许多战略的总和。比如，华为在制定2016年危机战略时，首先制定的是市场战略——集中优势兵力，各个击破，先从电信发展较薄弱的国家下手，步步为营，最后攻占发达国家；接着制定的是技术战略——华为深知在如今的时代，拥有核心技术才能在国际市场上纵横驰骋，所以华为拿出销售收入的10%作为研发投入，强调与全球同行在技术、制造和市场开发领域的合作。

同时，华为深知应对危机时，危机意识、预警机制、媒体应对等都是治标不治本的策略，难以实现科学的全面的危机战略。因此，华为在三个层次上制定危机战略（见图6-15）。

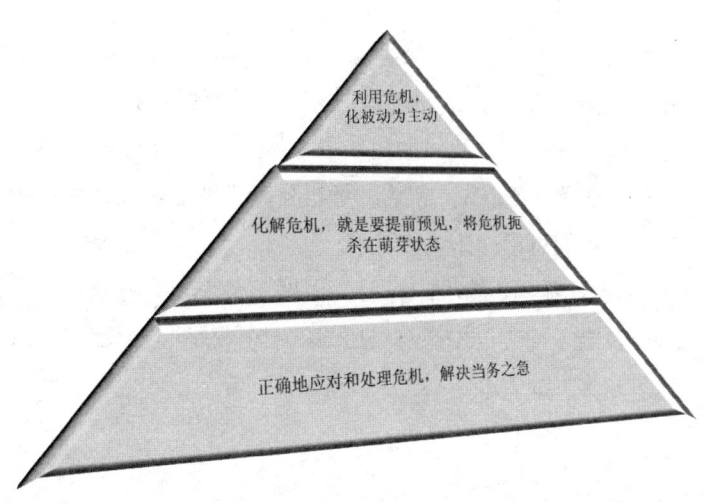

图6-15　华为的危机战略

第一层次：正确应对和处理危机，解决当务之急。

当危机发生后，操盘手要沉着应对，主动出击，但需要注意的是，即使做到这些，也只是尽可能减少损失，而不能彻底避免企业的损失。

第二层次：化解危机，就是要提前预见，将危机扼杀在萌芽状态。

这就需要操盘手建立一个行之有效的日常工作监督和反馈机制。毕竟，任何危机的产生都有一个从萌芽到发展的过程，如果我们提前发现并干预，就能有效地化解危机。

第三层次：利用危机，化被动为主动。

分析危机中蕴含的机遇，大胆布局，迅速行动，达到意想不到的效果。在这方面，我认为威露士的企业操盘手左大维做得非常好。在"非典"期间，威露士以"家庭消毒专家"身份亮相，销量大增，品牌也提升了知名度，一举奠定了在重点城市的布局和定位。这就是企业操盘手善于利用外部危机的典型案例。所以，操盘手要善于利用危机，使企业在危机管理中异军凸起，获得良好的市场反馈。

【实操参考】

"危机公关"的正确打开方式。

华为的危机战略除了上面几个方面，还有一点非常重要，那就是"危机公关"。去年年底，我看到著名财经作家、资深媒体人余胜海的一篇文章，名为《请不要捧杀华为！》。读完这篇文章我才明白，华为是搞定了各个行业的老大，才成功塑造了自己的正面形象。可以说，华为的危机公关战略比华为的各项业务都成功，在危机公关方面，我们可以向华为多学习。

2017年4月，华为P10的"闪存门"占据了各大门户网站的头条，华为针对这一情况迅速做出了回应，用亲身经历为广大企业展示了"危机公关"的正确打开方式（见图6-16）。

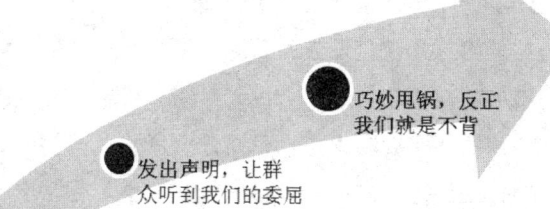

图6-16　华为针对"闪存门"的处理方法

○ **围追堵截，遏制不利流言的传播**

　　危机公关的第一步是不见其人先闻其声——在源头把控话语权，抢在所有人之前把负面消息掐死在摇篮里，而华为在这方面做的可以说是完美。

　　华为P10上市一个月后，在一些贴吧和社区里陆续曝出P10闪存的问题，网友用不同的P10在同一款手机跑分软件上得出的结果是200、500、700。事情经过几天发酵，P10的闪存问题在贴吧里的反应越来越多，网友们纷纷质疑华为的产品质量，其中不乏华为的忠实粉丝。这时，就是见证奇迹的时候了。贴吧里凡是质疑的帖子刚刚上线几分钟就被华为迅速"和谐"掉，网友甚至还没来得及看完全部内容，页面就显示"内容已不存在"。

　　到最后，华为就如同安装了"天眼"一样，凡是涉及"闪存"的帖子，不管和自己是否相关，一律删帖。甚至对那些言辞激烈的水军和职业黑粉们，华为干脆直接禁言，严重者封号。说到公关哪家强，华为简直强得让人难以置信。甚至在国际上，华为的危机公关能力都是数一数二的。

　　我们再来看看几个反面教材，苹果信号门出现的时候，就是因为没有及时地删帖，才会造成最后承诺全额退款的结果。三星Note7爆炸门就更典型了，其实并不是每一部手机都爆炸，只要在零散的消息发出时把消息封锁，就不会出现最后自己打脸的情况了，更不需要在美国三大主流报纸的头条刊登道歉声明，最后全球召回，还得提供补贴。

◐ 发出声明，让群众听到我们的委屈

危机公关的第二步就是发表声明，大家可别小看那一纸声明，短短几行字可以起到扭转乾坤的效果。可以这么说"声明写得好，公关没烦恼"。不管事情的真相是什么，声明一定要写得好，只要让大众明白我们的委屈，这份声明就起到作用了。面对排山倒海而来的质疑，华为和余承东轮番发布长微博，试图平息、解释近期有关P10疏油层和闪存混用的种种讨论。

如果我们仔细揣摩一下这两条长微博，信息量还真是不小。用"自我夸赞、甩锅供应链、偷换概念、顾左右而言他、忧伤坑害"来评价这两条微博，一点儿也不为过。在此，我们不得不佩服华为和余承东的妙笔生花。特别是华为操盘手之一余承东，在微博声明上更是声情并茂，让这份声明充满了说服力。

我们不如来做一下这份"阅读理解"，在这份声明里，余承东主要说了5件事情（见图6-17）。

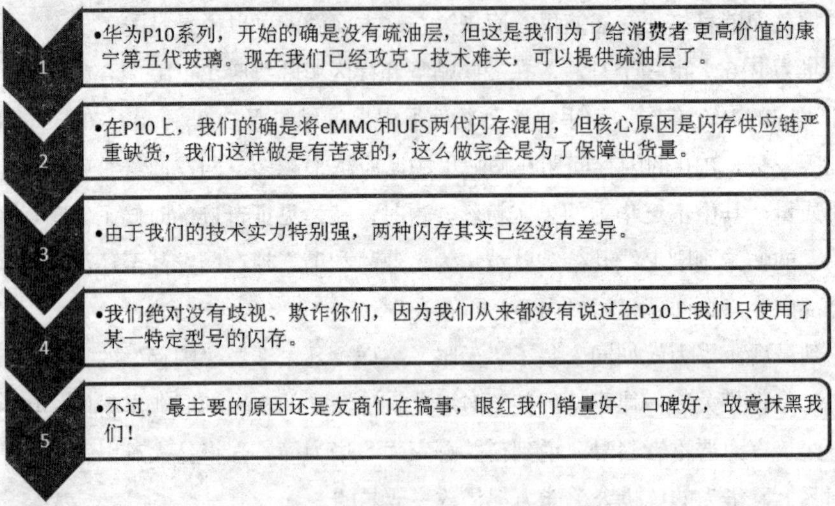

1. 华为P10系列，开始的确是没有疏油层，但这是我们为了给消费者更高价值的康宁第五代玻璃。现在我们已经攻克了技术难关，可以提供疏油层了。

2. 在P10上，我们的确是将eMMC和UFS两代闪存混用，但核心原因是闪存供应链严重缺货，我们这样做是有苦衷的，这么做完全是为了保障出货量。

3. 由于我们的技术实力特别强，两种闪存其实已经没有差异。

4. 我们绝对没有歧视、欺诈你们，因为我们从来都没有说过在P10上我们只使用了某一特定型号的闪存。

5. 不过，最主要的原因还是友商们在搞事，眼红我们销量好、口碑好，故意抹黑我们！

图6-17 余承东关于P10的声明

这篇声明非常诚恳地告诉我们，华为是无辜的，不仅如此，还为广大吃瓜群众说明了事情的真相，最关键的是，华为从头到尾都没说过自己错了！因为只要认错，就要赔钱。当初苹果的信号门不就是前车之鉴吗？为了博一个好名声，又是道歉又是赔钱，明明有更好的解决方式，只是苹果没把握好公关的最佳时机。华为是绝对不会做这种赔了夫人又折兵的事情的。

➲ 把锅巧妙地甩给别人，反正我们就是不背

前两步是危机公关的一般处理方法，虽然可以救急，但却不能保证高枕无忧。那么要怎么做才能万般流言丛中过，一点污渍不沾身呢？华为的做法可谓是教科书——当一个"甩锅侠"。归根结底，还是因为华为太优秀了，人怕出名猪怕壮，一旦有了名气，多多少少会有些负面消息，借用"白云大妈"的台词："没有绯闻的名人不叫名人。"同理，没有负面消息的品牌就不叫名牌！

你说疏油层问题？这跟华为有什么关系？怪友商咯。现在大家的手机都贴膜，还有必要涂疏油层吗？大家都有我没有这才叫偷工减料，大家都没有，为什么偏偏说我偷工减料？

你说闪存三种混着卖？这个也得怪友商，是他们加大了市场竞争，造成了供给链压力。在这种情况下，我们没货还要混着卖，这恰恰说明我们在保证消费者的利益。如果消费者不买，我们自然就没这么大压力了。

通过对华为危机公关战略的分析，我们可以知道，对一个企业的发展来说，有效的公共关系活动是非常必要的，这在恶性危机事件的处理上尤为重要。当一件危机事件发生时，企业正确的态度应该是积极面对。危机公关战略恰当，可以帮助企业以最快的速度走出困境；反之，如果企业迟迟不做出回应，那负面影响就会越来越大，甚至会让企业举步维艰。俗话说"流言猛于虎"，公关做得不及时，企业很可能就被淹死在流言中了。

由于企业面临的负面事件的程度不一样，因此，处理方法也要具体问题具体分析，不能一概而论。就其危害性质来说，可以分为重大事故和形象或信誉危机两种。面对这两种危机应该如何处理呢？下图我们可以参考一下（见图6-18）。

然而，在许多危机事件里，这两种情况是同时出现的，只是危害的侧重点不一样。因此，在处理问题上，两种方法是相互渗透，相互交叉的。

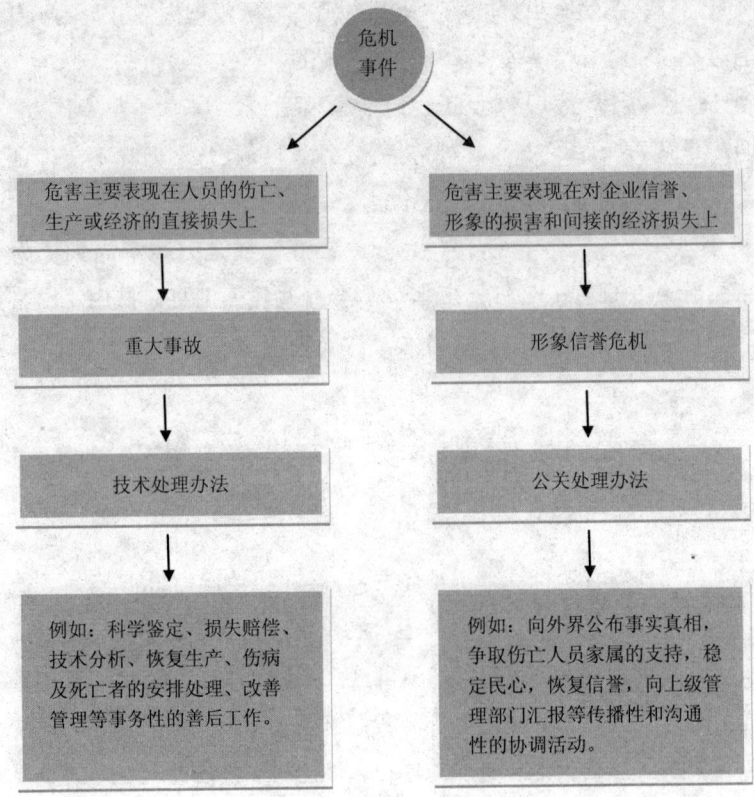

图6-18 危机事件处理方法

第7章
巧妙借力赢天下——资源整合战略

【导读】

纵观商界，真正成功的企业操盘手，一定是整合优质资源的高手。在操盘企业的过程中，资源非常重要，但最重要的不是你拥有多少资源，而是你能整合多少资源，能让多少优质资源为你所用。

企业为了寻求持久的、获利性的增长，往往要与其对手展开针锋相对的竞争，为实现优势而战。然而在目前过度拥挤的产业市场中，硬碰硬的竞争只能令企业深陷血腥的"红海"之中，在激烈的已知市场空间中与对手争抢日益缩减的利润额。因此，企业要赢得明天，不仅要与对手竞争，更重要的是要整合现有资源，将优势资源聚焦、聚集、再聚集，开发蕴含着庞大需求的新市场空间，走上企业价值创新的增长之路。要么整合，要么死亡，这是一个永恒的企业生存法则。

一个人的力量与资源是有限的，但是经过组织和协调，企业操盘手可以把企业彼此相关但却彼此分离的东西整合在一起，取得 1+1>2 的效果。

7.1 扩大格局,整合资源,取得 1+1>2 的效果

【策略看点】
华人首富李嘉诚依靠资源整合进行利润多元化的"玩法",将业务推向多元化和国际化。

20 世纪 60 年代,李嘉诚经营塑胶起家,很快成为"塑胶大王",其企业长江实业也因此成功上市。之后,他立刻着手整合资源,出售了塑胶业务,转向投资房地产,并且收购了和记黄埔集团,获得了丰富的土地资源,成为中国香港地区地产界的大型企业。

对和黄集团的成功经营,让李嘉诚迅速成了中国香港地区的房地产巨头,他开始进一步整合海外的资源。1988 年,他联合新世界、恒基兆业等企业,获得了加拿大温哥华世博会旧址的发展权;一个月后,他又联合其他企业,拿到了新加坡展览中心发展权;1992 年,他又取得了日本札幌地产的经营权。

20 世纪 90 年代中期,李嘉诚发现地产业的利润开始萎缩,于是他开始出售拥有的住宅物业,并转而向海外电信业发展,包括在英国投资电信业、在美国收购通讯器材制造业的股票以及在 1994 年成立 ORANGE 公司并在英国上市。现在,ORANGE 公司已经成为英国第三大电讯公司,李嘉诚还拥有德国最大电讯公司 MANNOS 的股权。除此以外,李嘉诚旗下企业的商业类型还包括能源业务、港口业务等。

图 7-1　华人首富李嘉诚

和记黄埔原本只是一家亏损的老牌港资企业,但当李嘉诚领导的长江实业入主之后,通过对外界资源的不断整合,逐渐将业务推向多元化和国际化,其商业模式已经涵盖了港口、电讯、地产、零售及能源等五大核心企业集团模块。

依靠资源整合来获取利润多元化的"玩法",已经被华人首富李嘉诚"玩"得异常精彩。他在将近 50 年的企业经营管理过程中,依靠这种战略保持了整个集团的稳定发展。

【深度解读】

通过谋划和布局,把企业内部和外部彼此相关但又彼此分离的东西或聚集、或匹配、或整合在一起,取得 1+1>2 的效果。

李嘉诚的谋略智慧值得我们每一个操盘手学习和借鉴。通过李嘉诚的谋略,我们可以清楚地看到,在经济全球化的时代下,企业只有通过不断整合资源,才能迅速扩张。将手头的资源充分调动起来,企业的机会才会变多,而通过资源的整合,也能让自己企业中不同的业务相互呼应和支援,从而获取更大的利润。

马云在创立阿里巴巴时,所有股东共同出资 50 万元,但通过引入风投、上市、与雅虎并购，撬起一个几百亿美金的盘。蒙牛的牛根生在创业之初也只有100万的投入，通过不断扩展、租赁、上市等资源整合，迅速发展成为中国乳业的龙头企业。

到底什么是资源整合？资源整合注重一个"合"字，"合"具体说来有聚集、适合、匹配等含义。资源整合就是把适合自己的信息整合起来，通过匹配和布局，形成对自己企业发展有利的区位因素，达到 $1+1 > 2$ 的效果。资源整合战略是战略规划最重要的一步，也是如今企业战略规划里应用最广的战略手段。

阿基米德曾说："给我一个支点，我将撬起整个地球。"资源整合就是一个巨大的杠杆，可以让企业快速强大起来。对一个企业操盘手来说，熟练掌握资源整合，走到哪里都是香饽饽。

【实操参考】

企业操盘手就是那个整合、调配资源的人，要懂得整合企业的人才、信息、资产、关系四大资源。

企业操盘手制定的战略能够整合多少资源，就意味着这个战略有多少赢利。为了提高企业操盘手利用战略来整合资源的能力，我给出几点建议（见图7-2）。

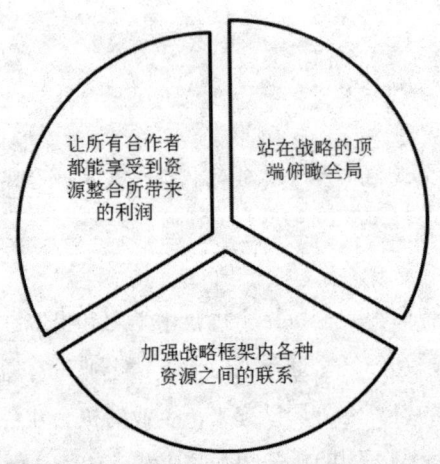

图7-2 提高企业操盘手利用战略整合资源能力的建议

⊃ 站在战略的顶端俯瞰全局

首先，企业操盘手要能站在战略的顶端俯瞰全局，进而发现整个企业战略在其运作范围中，哪些资源利用了，哪些资源闲置了，哪些资源没有被充分使用，然后再对这些资源进行更好地匹配。

企业就是一盘棋，在这盘棋中，关系错综复杂，交叉影响，可谓"牵一发而动全身"。面对这盘棋，很多企业操盘手输了，为什么？首要的原因就是他们把自己当成了其中一枚棋子，自己云冲锋陷阵。操盘手应该是什么人？他应该是那个下棋的人，那个整合、调配资源的人。他必须心有大格局，能够站在一个制高点上，随时随地排兵布阵，搞活全局、控制全局。

⊃ 加强战略框架内各种资源之间的联系

企业操盘手在对企业内部、外部各种资源进行整合的过程中，不但要注意在战略框架内加强资源之间的联系，还要注意让战略和不同的资源拥有者、资源需求者加强联系，而联系的载体就是整家企业乃至操盘手本人。因为任何成功的企业战略，都应该是一种有机的系统，系统内部能够环环相扣。如果其中某个环节失灵，很可能导致系统的整体失灵。反之，如果系统整合得当，各环节通畅，就能让资源相互融合并建立市场优势，进而获取高额利润。

具体来说，企业操盘手要整合的企业资源主要有以下几种（见图7-3）。

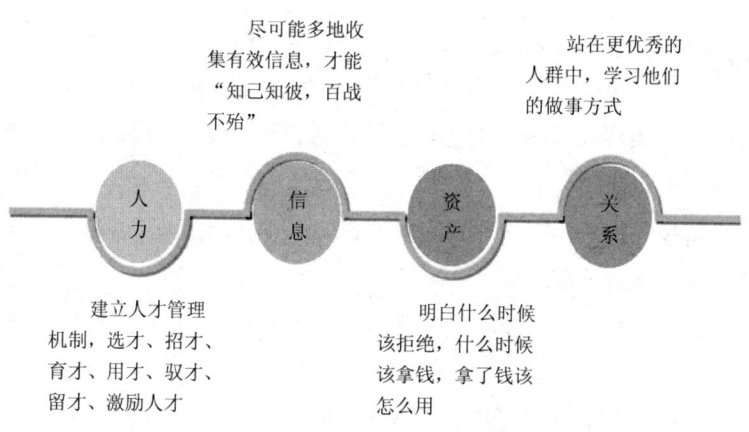

图7-3 企业操盘手需整合的企业资源

● 让所有合作者都能享受到资源整合所带来的利润

强调资源整合为主的企业战略，要注重调动和借用他人的资源，而这种合作行为的前提，在于能够让更多的参与者和合作方能从中受益。否则，我们的商业模式就很难说服更多的资源拥有者来参与合作，利润来源也会渐趋枯竭。

没有不好的资源，只有不会利用的资源。运用资源整合的战略去打造赢利模式，是企业操盘手制定战略过程中必须要了解和熟悉的布局方法。一个卓越的操盘手，必然能够高瞻远瞩，全面地看问题，居高临下地看局面，然后整合并充分利用企业内外部的各种资源，激活企业，让整个企业生机勃勃。

7.2 将优势资源聚焦、聚焦、再聚焦

【策略看点】

携程操盘手梁建章的资源整合战略——聚集优势资源。

作为中国领先的在线票务服务和酒店预订服务门户，相信很多人对携程并不陌生。

2003年12月，携程还是一家名不见经传的在线票务服务公司，但就是这么一家普通的公司，却在要求严苛的美国证券市场成功上市，并一度成为纳斯达克过去几年内二级市场反应最好的上市公司之一。再看如今的携程，市值已近50亿美元，早已今非昔比。

那么，携程到底是怎样具有如此强大的产品竞争力的呢？这源于携程的操盘手梁建章制定的资源整合战略——聚集优势资源。

携程的做法其实非常简单，无非就是把市场上海量的酒店和航空公司都集中到一个平台上。尽管携程截至目前仍然保持着和上市前几乎没有差别的、极其简单的主营业务模式，尽管其仍然是一家利用互联网和呼叫中心来预订机票和酒店的分销公司，但却拥有了独特的资源竞争力——携程本身没有产品，也没有什么突出的优势，但却为用户提供了海量的选择。

图 7-4　携程 CEO、操盘手梁建章

在资源竞争力上，携程可以说是非常聪明。一方面，它把自己代理的酒店和航空公司的优势资源集中到一个平台上加以利用；另一方面，在拥有海量酒店和机票平台的基础上，通过互联网会员注册的形式吸引了大量会员。这样一来，携程不仅集中了海量的酒店、航空公司资源，还拥有了酒店和航空公司最重要的外部优势资源——客户。

数据显示，携程目前优质会员的数量已逾2000万。数据是最有说服力的证据，携程庞大的优势资源使其当之无愧地坐上"中国最大旅游公司"的宝座。正是这些优质资源的集中，使携程在竞争中拥有了更强大的竞争力，也在合作谈判中掌握了更多的话语权。

携程是我国民营企业中建立 7×24 小时呼叫中心最早的企业之一，其运营模式正是对"鼠标加水泥"理念的践行，即使本身没有资源优势，通过集中其他人的资源，同样打造出了独具优势的竞争力。随着社会的发展，很多酒店和航空公司企图减少对携程的依赖，但携程无与伦比的效率、集中的会员、充裕的资金、统一的平台等优势，都将在很长一段时间内发挥其独特的威力。

【深度解读】

成功的捷径在于发现长板，然后无限聚焦。

在操盘手的圈子里，大家都在说"木桶理论"，这无非就是说要找到自己的短板，因为短板的高度决定了你的容量，只有不断提升自己的短板才能增加容量。然而在我看来，在分工越来越细的今天，这个旧木桶理论在企业的组织架构上适用，在个人发展和企业资源整合上却并不适用。只有发现自己的长处，将焦点集中在自己专长的领域，并使其持续不断地发扬光大，才能扬长避短，找到突破口。

比如，现在很多企业只做产品研发，将生产出来的产品找人代销；也有很多企业找人代工产品，只做营销；当然，还有如苹果、耐克等大企业，他们做的是品牌，其他的很多都靠合作……其实，这都是对优势资源的整合。

前不久，有一家中小型媒体公司找我做顾问。在这之前的十年，这家媒体公司都是自己修建广告位，认为只有自己企业修建广告位才能做到最好。诚然，这样做是不错，更容易保证广告位各方面的要求，但这个过程中企业投入的人力和财力都是非常大的。回头想想，难道广告位不是你建的，客户就不会选择了吗？

答案显然是否定的，所以，我给这家企业的操盘手总结时说，他赚的全是辛苦钱甚至是血汗钱。我建议他整合优势资源，比如通过招标让其他在修建广告位上有优势的企业修建广告位。

实际上，企业也讲究"术业有专攻"。当集中优势资源之后，该企业得以专心做自己擅长的媒体整合，效果更好。

所以说，企业操盘手要学会整合资源，尤其是集中优势资源。通过这么多年操盘企业的经历，我得出一个结论，那就是善于整合资源的企业更容易成功，而那些不善于集中优势资源的企业不仅无法获得优势资源，而且很可能如这家媒体公司一样，使自己的优势无法发挥。

当然，也有很多操盘手对我说："我们公司的优势很单一，无法形成集中优势，怎么办？""我们公司各方面的资源都很一般，该如何突围？"优势单一总好过没有优势，企业完全可以采用与别的企业合作的方法来集中优势办大事，而对于没有优势的企业,也完全可以集中别人的优势来增加自己的力量,正如携程那样。

一家企业的失败往往是劣势的长期累积,而一家企业的成功则往往是优势的最大程度发挥,集中起来的好钢都用在刀刃上,自然吹毛断发,锐不可当。所以说,成功的捷径在于发现长板,然后无限聚焦。

【实操参考】

企业操盘手要把优势最大化,聚焦、聚焦、再聚焦。

那么,对于企业操盘手来说,应该从哪几方面聚焦优势,并将其最大化呢?主要有三方面(见图7-5)。

图7-5 企业操盘手聚焦三方面优势

◆ 聚焦优势资源

每一家企业都有各方面的资源,比如你之前做媒体工作,那么在媒体方面你的资源就十分丰富。资源丰富固然是优势,但如果将这些丰富的资源分散投放到不同的区域、渠道和产品上,那么即使是优势也会变成劣势。因此,企业操盘手应当根据自己资源的多少,将优势资源集中投放到某个区域、渠道或者产品上,以此将资源转化为时间,转化为市场,转化为竞争力,从而形成市场爆发力。

◆ 聚焦优势团队

团队是企业各项决策的具体执行者,人员和终端的分散不会获得明显的市场效果，团队资源的分散甚至是企业整体竞争力的重大损失。所以，企业操盘手只有将有限的团队甚至精英团队聚焦到某个区域、渠道或产品上，进行人海战术式的开发，方能取得事半功倍的效果。

⊃ 聚焦优势消费者

聚焦优势消费者类似于精众营销，也就是企业操盘手集中物力、财力和精力找出精众人群。一旦精众人群认知、认可并推荐企业的产品，那么制造消费流行趋势，形成产品口碑营销就易如反掌了。

战略布局就好比是一场战争，只有选对战场、战术才能取得胜利。在这个过程中，最忌"添油战术"和"撒芝麻盐战术"。资源不聚焦或不到位，很难形成市场爆发力，只有把优势最大化，聚焦、聚焦、再聚焦，才能巩固"根据地"发展的基础。

7.3 寻找战略合作伙伴，共举大业

【策略看点】

优酷土豆与人人网的战略合作获得崭新的发展机会。

2013年上半年，优酷土豆集团正式与SNS网络平台人人网达成战略合作协议，在合作协议中，人人网将在网站和客服端上更加方便、快捷地获取优酷和土豆的视频内容，而优酷网和土豆网也将从人人网获得用户和视频流量。总之，除了搜索权重之外，双方将在充分共享自己资源和平台优势的基础上，在内容、流量和用户等领域展开深度合作。

那么，我们不妨思考一个问题，为什么是优酷土豆集团和人人网？因为二者都有志于围绕视频分享、推送、Social Wiki、公共主页等周边社交产品展开一系列的创新。优酷土豆集团和人人网的这一共同志向并非空穴来风，双方早就有合作的意愿。2010年6月，双方就联合宣布——用户可以通过人人网的账号直接登陆土豆网和优酷网观看视频，还可以将相关视频分享给人人网好友。

这一次的合作明显是上一次的升级，优酷土豆得到了更多的用户关注以及点击分流，而人人网也得以建设自己的 Social Wiki，获得了更多的内容资源和媒体资料库信息，并且在本次合作中，最主要的长视频也为人人网节省了大量的版权费用。

毫无疑问，这次战略性的合作不论对于优酷土豆集团还是人人网，都是一个在优势资源基础上腾飞的机会，一个崭新的发展机会。

【深度解读】

寻找战略合作伙伴如同寻找结婚对象。

战略合作伙伴是企业非常重要的资源，在操盘手圈里有这样一种说法：寻找战略合作伙伴，就像寻找结婚对象。为什么这么说呢？

很多女孩子在择偶问题上会纠结于到底是选择自己爱的人还是爱自己的人。这样的问题我听过很多，这样的情况我也遇见过很多。我相信大多数专家和父母给孩子的建议都是：如果无法两全，那么恋爱的时候自己找自己爱的人，结婚的时候找爱自己的人。为什么要与爱自己的人步入婚姻殿堂？因为爱自己的人在婚姻中能给予我们更多的包容和关爱；而若选择自己爱的人，即使百般讨好却不一定能换来真情相对，如何能有婚姻幸福？

从某种意义上来讲，寻找战略合作伙伴与寻找相伴终身的伴侣是一样的，"爱我的人"其实就是那些"志同道合"、认同我们所在行业、认同我们的企业、认同企业操盘手、认同公司价值观的合作伙伴，这样的人往往都会成为企业宝贵的资源。

在寻找合作伙伴的过程中，内心的渴望非常重要，只有那些认同企业的合作伙伴，才能和公司在很多基本问题上达成共识，即便在合作的某些方面存在分歧，也能够沟通、谅解，这样才能让合作双方实现双赢。正所谓道不同不相为谋，如果合作伙伴不能与我们志同道合，那么迟早要分道扬镳。

所以说，企业操盘手在寻找合作伙伴的时候，一定要寻找那些"爱我们的人"，只有真正的"爱人"才能为企业带来最好的效益，使企业获得最好的发展与未来。

谋局者：打造从战略到成果的执行企业操盘手

【实操参考】

职业化的战略合作伙伴对企业发展起着至关重要的作用。

关于如何与战略合作伙伴进行合作，才能让企业得到有效发展，沃尔玛与宝洁几十年的战略合作关系可以为我们做很好的解答。

沃尔玛和宝洁都是从小镇起家，经过多年的发展才有了今天的庞大规模。最初的时候，二者的合作只停留在一些杂事上，其中也不乏因价格而引发的争论。不过，随着合作的深入，这两家企业不再只关注自己的内部业务，逐渐向职业化合作伙伴发展，在更深更广的层面上开展合作。

如今，沃尔玛和宝洁之间的合作已从采购与销售之间的对话转变为信息部与信息部之间的对话，甚至是操盘手与操盘手之间的对话。他们建立了共同的职责，诸如一切以消费者为中心、分享相关数据、加强两个公司间人员的培训等等。具体表现在以下几个方面（见图7-6）。

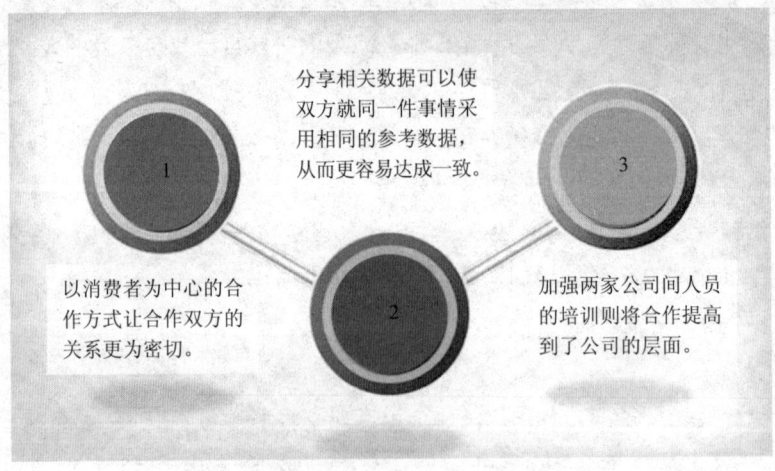

图7-6　沃尔玛和宝洁在供应系统的合作战略

总之，这两家企业在着眼于长期合作的基础上，展开了整个供应系统的完美合作。沃尔玛和宝洁战略合作的成果如何呢？两家公司的共同成本大幅降低，而共同营销利润则得到了有效增加。当然，沃尔玛和宝洁之间的合作也存在着挑战，如何维护和继续改进现有的合作关系，继续在营销当中大放异彩，是这两家企业需要持续考虑的问题。

事实上，沃尔玛和宝洁之间的战略合作已经超越了两家企业本身，它们彼此相互认可，共同关注双方的营销资源和合作前景，也在合作中获得了双赢。由此可见，职业化的战略合作伙伴对企业发展起着至关重要的作用。

7.4 借势、谋势，全方位整合资源，做营销就该这么玩

【策略看点】
小米全方位整合资源的营销战略让其成为了国内手机销售冠军。

说到小米，大家一定非常佩服。小米是一家非常年轻的公司，成立至今不过7年的时间，它的第一款手机是2011年8月发布的，那时，小米才一岁。在不到四年的时间里，小米的年销售额达到280亿元人民币，公司估值超过100亿美元。更令人惊讶的是，小米实施的是"零投入"的营销战略，通过品牌、渠道和团队等全方位整合资源的营销战略成为了国内手机销售冠军。

小米有句广告词叫作"为发烧而生"。这是小米的品牌定义，也是市场定义。它的意思是，小米会用发烧友的品质来要求产品质量，做出来的产品不仅要让消费者尖叫，还要让无数的路人变成小米的粉丝。雷军说："口碑的真谛是超预期，只有超预期的东西大家才会形成口碑。"因此，小米让用户尖叫的方式就是"高配置、低价格"。

小米发布的每一代手机，在发布当下都是业内最高配置，也就是"抢首发"的策略。因为是首发，所以买到这部手机的消费者都会很满足，甚至还会拿出去炫耀。小米1采用的是国内首家双核1.5G芯片，而定价只有1999元的中档价位段，性价比超出消费者的预期。小米手机一炮打响，制造了"用户尖叫"效应，且供不应求。

图 7-7　小米企业创始人雷军

接着，小米 2 打的是发烧级四核高性能芯片，首款 28 纳米芯片，当时，大部分主流手机的内存都只有 1G，小米 2 将内存标准提升到 2G。作为当时的"最高配置"，价格依然是 1999 元的中档价位段。这种尖叫效应慢慢成为习惯，以至于后来上市的红米、小米 3、小米机顶盒、小米电视，甚至小米插线板等都出现供不应求的局面。

在销售渠道上，传统企业从产品研发到上市再到消费者手上，这就算完成了整个销售环节。但是小米则以终为始，从微博（抓客）到官网（交付），从产品到社区（留客）和微信（CRM），再从社区到微信返回微博。从线上到线下，发布会、米粉节、同城会甚至小米之家凝聚了小米用户；从线下到线上，又形成了新的传播点，让用户不断地接收有关小米的信息。

2013 年 11 月 3 日，在中央电视台新闻联播中，央视以小米手机的互联网开发模式为例，详细介绍了小米公司是如何通过互联网和用户实现互动，促进产品研发的。在节目中，小米还展示了根据老年用户的需求，专门为老年人设计的一项功能。小米手机把用户当朋友，根据用户的建议改进产品，数以万计的"米粉"成了小米强有力的智囊团。每天都有用户通过微博、小米论坛给小米提意见，粉丝们源源不断地为小米提供产品灵感，还自发地为小米进行口碑传播。

传统的营销方式早已退出了竞争的舞台，企业想要保持高话题度就要与时俱进。小米团队一年四季有刷不完的话题维持自己的关注度。小米在微博上发布的第一个话题是"我是手机控",让大家都来秀自己玩过的手机。最经典的案例是小米青春版手机上市时,策划了一个"我的150克青春"的话题,并在话题转发的用户中抽取幸运用户送小米手机,3天送出36台小米手机。在青春版手机正式发布时,答案揭晓,原来小米青春版手机的重量就是150克。话题的趣味性加上奖品的诱惑,微博转发达到203万次,小米官方微博账号涨粉41万人。

在2013年的双十一电商大战上,小米5.5亿的销售额让其他商家望而却步,但是对小米来说这只是全面目标的2%不到。那么小米参加双十一的目的是什么?仅仅是为了蹭热度,博眼球吗?不是,是为了制造大话题!双十一的传播力度大家有目共睹,其宣传意义远远大于销售意义。著名演员林志颖在微博上暗示想为自己的儿子打造一款KIMI手机,雷军马上回复:"这个梦想很容易实现,我们早就注册了黑米手机品牌,用MIUI定制KIMI主题,再加小米手机,如何?"

作为一款国产手机,小米自上市起就受到了广泛的关注,和之前的国产手机不同,小米手机通过资源整合,利用饥饿营销、参与式营销、话题营销以及线上经营等营销方式,给其他运营商提供了可借鉴的案例。

【深度解读】

全方位整合营销战略的三张大网——品牌营销战略、渠道营销战略、团队营销战略,网罗天下财富。

对于企业来说,无论你做的是产品还是服务,都离不开营销这一环节。在计划经济时期,市场是生产导向,也就是我们生产什么,老百姓买什么,可谓皇帝的女儿不愁嫁。但如今,物质生活极大丰富,常常是老百姓需要什么,我们一大群企业生产什么,结果老百姓还常常不买账。为什么?老百姓的选择太多了,如果我们只默默无闻地生产,无论我们的产品或者服务有多好,都会被淹没在一波又一波不断出现的新商品里。这个时候,不会做营销的企业,就像一个不会说话的人——天生残疾。

纵观小米的整个营销战略,其成功之处就在于从品牌营销战略、渠道营销战略、团队营销战略这三方面进行营销突破(见图7-8)。在我看来,这是营销战略的三张大网,只有全方位整合,将这三张大网都织到位,才能真正"网"到更多客户、更多利润。

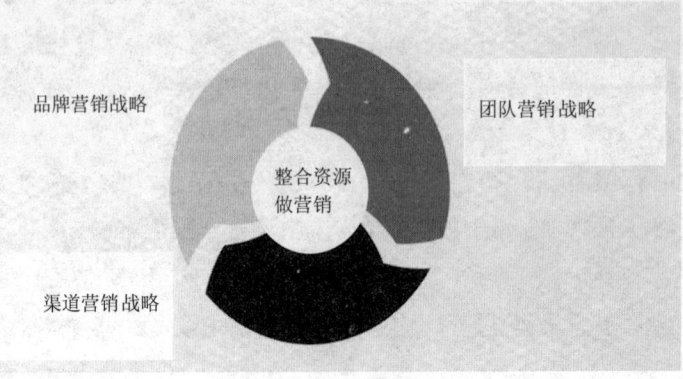

图7-8 整合营销资源

➲ 品牌营销战略

品牌首先是一种体验,也就是品牌的理念或者优势。品牌营销是企业营销力的重要组成部分。不做品牌营销或者是品牌营销做得不好,都会直接影响企业的营销成果,降低消费者对产品和品牌的忠诚度。

然而,很多闯过大风大浪的企业操盘手并没有认识到品牌营销的重要意义。现在的市场已经不是过去那种江湖纷争式的竞争市场,需要企业在比较规范的竞争环境中争取更多的市场份额。所以,要想将企业做成百年老店,让企业基业长青,必须从创业时就树立品牌的理念和观念,这是唤起消费者重复消费的原始动力。

➲ 渠道营销战略

营销渠道指的是,某种货物或劳务从生产者向消费者移动时,取得这种货物或劳务所有权或帮助转移其所有权的所有企业或个人。简单点说,营销渠道就是商品或服务从生产者向消费者转移过程中,如经销商、代理商、零售店等具体通道或路径。

渠道是企业非常重要的资产,产品的品牌再响亮,没有渠道也很难销售出去。举例来说,当我们从电视或其他传播渠道得知了某个品牌的信息,并对其"一见钟情",但在商场却遍寻不到该品牌时,你还会继续钟情吗?答案不言而喻。所以说,只有建立和完善产品的渠道管理体系,让消费者随时随地都能购买到我们的产品和服务，才能在激烈的竞争中脱颖而出。

○ 团队营销战略

从某种程度上说，营销不过就是两件事：一是铺路，二就是结网。路铺得越宽越厚，营销的过程就越顺畅；网结得越大越广，营销的资源就越丰富，目标客户就越多。

不仅小米的团队营销赢得了市场的认可，华为的"狼性"文化营销在业内也颇负盛名。华为崇尚"狼性"营销源于狼的三种特性：良好的嗅觉、反应敏捷以及发现猎物后会集体攻击，尤其是最后一点备受华为推崇。

如果说营销战略是华为的核心竞争力，那么华为核心竞争力的核心就是拥有一支由"狼群"组成的营销团队，他们效率之高、配合之好堪称一流，这是其对手难以超越和战胜的根源所在。华为的"狼性"营销告诉我们，不管华为的冬天是否到来，其狼性文化都能为华为找到棉袄。

再好的产品，没有庞大的营销团队也无法走下流水线、走到消费者手中；再好的品牌，营销团队不出力，也无法美名远扬；再完善的渠道，没有完美执行的营销团队，也无法保证产品和服务的持续销售。所以，企业营销力的增加必须以团队营销力的增强为标志，而团队营销力的增强就是要打造以结果为导向、为结果而战的营销团队。

一张网，建设得越紧密，牵涉的范围越广泛，它的营销价值就越大，品牌、渠道、团队，这三者缺一不可。"临渊羡鱼，不如退而结网。"如果你的企业营销战略总是不尽如人意，那么，不妨看看是否具备营销力的这三张网，然后尽力整合资源，网罗天下财富。

【实操参考】

企业操盘手要在市场中审时度势、顺势而为。"谋势者"才能把握市场的脉搏，花小钱办大事。

除了织好这三张网，企业操盘手在进行全方位整合营销时，还必须懂得借势、谋势（见图7-9）。

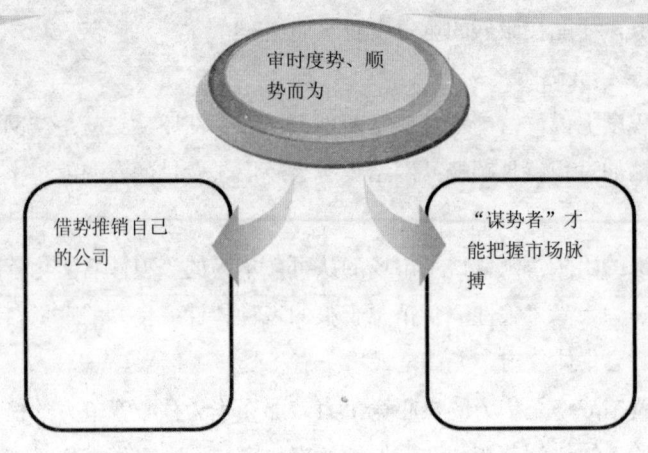

图 7-9　企业操盘手要在市场中审时度势、顺势而为

⊃ 借势推销自己的公司

古人云："君子生非异也，善假于物也。"这句话就是告诫人们，要善于利用周围已有的条件，去争取最大的成功，尤其是企业操盘手，一定要学会借力打力。

由小米企业的发展历程我们可以知道，借助热点或重大事件是提升企业知名度的好方法。当然，把企业推销出去的方法很多，比如自己发起热门话题、蹭某个话题的热度，或者借竞争对手之威进行炒作等。不管用什么办法，操盘手的目的只有一个，就是打响企业的知名度。并把大众的注意力转化为购买力，进一步提高企业的经济利益。

借势或利用别人并不全是丑恶，而是各取所需。一个人在社会中，如果没有朋友，没有他人的帮助，他的境况会十分糟糕。普通人如此，一家企业更是如此。

⊃ "谋势者"才能把握市场脉搏

《孙子兵法》有云："激水之疾，至于漂石，势也"企业在激烈的商战中，只有拔得头筹，才能先声夺人。对于一个中小企业，知名度低是正常的，企业操盘手需要通过造势提高企业的知名度，打开被动的局面。一家知名企业已经有了名气为什么还要继续造势呢？因为，名气只是一时的，在这个快节奏的时代，企业要想保持品牌的热度，就要不断造势，不断炒热度，这样才能巩固自己的市场地位。因此，造势与不造势截然不同。不造势，消费者视而不见；造了势，就可能给消费者的心理造成冲击。

比如说我们的产品是钻石，我们按照钻石的价格卖出云了，就是保值，但是假如我们把钻石的价格按照普通玉石的价格卖出去了，那就是亏本。如果我们的产品是普通玉石，但是我们按钻石的价格卖出去了，我们就盈利了，不仅盈利，还让我们的产品增值了。对于操盘手来说，宣传造势，就是把普通玉石包装成钻石，让消费者心甘情愿并引以为傲地以钻石的价格购买普通玉石。

在商场有这样一句话："三流企业做事，二流企业做市，一流企业做势。"因此，营销的本质就是"造势""借势""谋势"。企业操盘手造势水平的高低将直接决定一家企业能否脱颖而出。

企业操盘手想要成功营销，最明智的办法就是审时度势、顺势而为。"谋势者"才能把握市场的脉搏，花小钱办大事。

7.5 整合品牌资源，成为资本的宠儿

【策略看点】
值得借鉴的品牌战略——苹果的品牌战略。

从乔布斯1997年回归奄奄一息的苹果算起，不过用了短短14年的时间，就让苹果重现往日辉煌。苹果成功的基因到底是什么？

我从以下几个方面来跟大家分享苹果的品牌战略基因，希望对企业操盘手有所启示。

首先，品牌文化是灵魂。在美国九家高科技公司中，微软的起薪是最高的，苹果最低，但是苹果公司的员工满意度居然位居榜首。在这里，苹果自身独特的品牌和企业文化发挥了巨大的作用。拥有这样一群高智商并且高满意度的员工，苹果又怎么可能不成为市场的王者呢？

其次，苹果品牌战略的重点是情感。苹果的CEO乔布斯认为"情感的经济"

将取代"理性的经济"。正是基于这一点,现在的大众消费者大都以使用苹果品牌为荣,苹果品牌也逐步演变为时尚文化的一部分。

然后,定位是关键。苹果借 iMac 和 iPhone 的优势推出的 iPad 上市只有一年多,已经占据了这个产业 70% 的市场份额。同时作为行业的领导者,苹果也在不断拓展这个市场,作为替代品抢占其他产品的市场。这样的策略让其他可互为替代品的产业,如上网本行业和电子书行业处于风雨飘摇之中。而与此同时,苹果则借助准确的定位、资源的聚焦及以得当的运营策略组合,构建了成功的又一基因。

最后,创始人的坚持是保障。我们只看到乔布斯 1997 年后带领苹果节节高升,但又有多少人知道乔布斯被自己一手创办的企业扫地出门呢?之后的事业也是起起落落,有成功更有失败。但是,不管面临什么样的困难,乔布斯始终没有放弃自己的理想,因此,他才能越挫越勇,从错误中领悟经验,让下一次更出色。

【深度解读】

品牌战略缺失将会使企业危机重重。

在我做企业操盘手的这些年,很多人问我:"一个优秀的操盘手应该如何界定呢?"我往往会告诉他们:"一个操盘手是否成功,是否优秀,要看他的企业经营是否成功,而企业经营成败的一个主要标准就是有没有一个叫得响的品牌。"

一年企业拼产品,十年企业拼品牌。优秀的操盘手,一定会把品牌战略放在企业战略的第一位。尤其是在以市场经济为主导的 21 世纪,品牌理念已经日趋成熟并深入人心。只有在品牌战略中胜出的企业,才有可能在销售层级获得持续增量,在市场层级获得品牌资产累积,在企业层级形成资本。相反,一个企业没有品牌,一个操盘手不懂得品牌战略管理,那么很可能就会使企业陷入重重危机之中(见图 7-10)。

➲ 没有品牌战略,企业只能当"搬运工"

众所周知,中国是世界上著名的生产大国,却始终处于整个商品链条的最低端。为什么?其中重要的一点就是我们没有品牌。企业也是如此,如果你没有品牌战略,那么你就只能是普通的"搬运工",把东西生产出来,拿个加工费,然后把成品给别人，让别人贴上商标卖大价钱，支撑别人做成长寿企业。

图 7-10　品牌战略的作用

○ 没有品牌战略，企业经营、产品销售自然举步维艰

可口可乐的前首席执行官道格拉斯·达夫特曾信誓旦旦地说："某一天早上醒来，如果可口可乐遍及各地的工厂被一场大火烧了个干干净净，但我仅凭'可口可乐'这四个字，就可以马上让一切重新开始。"这就是品牌的力量。

品牌是有溢价的，它能创造出这个名字以外的价值。同样一款手机，我们为什么要买苹果？苹果手机真的比别的手机好用吗？我看不一定。大多数人用手机无非打电话、发短信，现在可能又多了上网看微博、发微信。试问，现在哪一部智能机没有这些功能？而消费者却对苹果品牌疯狂追捧，有的走极端的年轻人甚至不惜卖肾去买，为什么？还是品牌的力量——牌子响了、名气大了之后，会产生很多附加值，消费者会自发地赋予企业信任、认可，形成品牌忠诚度。如果没有这些，企业经营、产品销售自然举步维艰。

○ 没有品牌战略，就像"租房子"，没有品牌溢价而言

品牌战略能够塑造出企业的核心专长，然后聚焦、聚焦、再聚焦——聚焦优势资源、聚焦核心团队、聚焦潜在大客户。这是企业实现快速发展的必要条件。那些不懂品牌战略的企业，常常东一榔头西一棒槌，这种做法根本无法形成企业的竞争优势。企业经营整体来看，就像"租房子"一样，打一枪换一个地方，根

本没有品牌溢价而言。

品牌是企业的无形资产，它不仅意味着产品本身，还意味着更多的附加值。没有品牌战略，就没有品牌带来的知名度、市场影响力、消费者忠诚度，那么无论你的企业名字、口号再华丽、再响亮，也和张三李四阿猫阿狗没有什么本质区别。

品牌，是一个企业的精神名片，而品牌战略也是操盘手必须要制定的企业战略之一。在整个企业经营中，大品牌、好品牌意味着顾客的满意度、忠诚度，也直接决定着企业的利润。因此，企业操盘手一定要谋划布局，做好品牌战略。

【实操参考】

品牌战略的核心：建立高知名度，形成视觉效应，让品牌爆发。

明白问题并不是目的，解决问题才是目的。那么具体应该怎么办？企业操盘手必须建立企业品牌，做好品牌战略管理，提升品牌影响力。当然，品牌战略并非朝夕之功，消费者头脑中的品牌认同是在一次次叠加、重复的过程中逐渐形成的，我们只有在做硬品质、做好服务、做好宣传的基础上长久坚持，才能让品牌深入人心，创造更多的价值。

品牌概念由来已久，但到底如何打造出好的品牌，却始终莫衷一是。但似乎大家有一点想法是相通的，那就是首先要建立高知名度，形成视觉效应，让品牌爆发。

知名度重要，但知名度不等于品牌战略。公共关系通常有两个要素：一个是知名度，另一个就是美誉度。我们知道，一个人流传千古，不一定是因为他的丰功伟绩，还有可能是因为他臭名昭著。企业品牌战略也是如此，知名度高只能证明知道的人多，并不能证明就是好品牌。品牌是一个涵盖范围非常广的概念，它不仅包括品牌知名度，还包括品牌信任度、美誉度、忠诚度等。只有这些都到位了，才能算是一个高溢价的品牌战略。

那么，我们如何才能提升品牌的信任度、美誉度、忠诚度，进而打造一个好品牌而不是一个只有知名度的品牌呢（见图7-11）？

图 7-11　企业打造好品牌的方法

◐ 管好品牌核心价值

沃尔玛是世界零售巨头，进入中国后也非常受欢迎，我想这和它的核心理念——让穷人用上富人的东西——是分不开的。百姓去超市买东西，图的无非就是物美价廉，在这方面沃尔玛做得非常好。品牌战略需要全员参与，在沃尔玛，不仅公司高层始终坚守使命，所有员工头脑中也都有使命的概念。对于他们来说，他们不是在卖产品，而是在替穷人省钱；他们不是在工作，而是在做着一份替穷人省钱的事业。因此，多卖出一件东西，就意味着他们多创造了一份价值。如此一来，工作起来自然更加用心，随之而来的就是越来越高的顾客满意度和越叫越响的品牌。

大凡好品牌必然有一个核心价值，或者叫核心使命或信念，迪士尼的品牌使命是"为人们制造快乐"；IBM的品牌使命是"无论是一小步，还是一大步，都要带动人类的进步"；华为的品牌核心理念是"为客户服务，是华为存在的唯一价值"……企业操盘手在制定品牌战略时，只有始终坚持这些核心价值，一切经营活动以此为导向，而不是仅停留在文字的层面上，企业品牌才能深入人心，才能创造出更多的价值。

◐ 管理好企业形象

在奶制品行业，三鹿曾经首屈一指，产品畅销全国各个省、市、自治区，是人们眼中值得信赖的品牌。但是从2008年开始，全国出现多例婴幼儿因服用三鹿奶粉而患病的案例，最终证实三鹿奶粉中含有三聚氰胺。对于消费者来说，这无疑是个重磅炸弹，而三鹿企业的形象也荡然无存，随之而来的就是品牌的轰然倒地。

因此，在建立和维护品牌的过程中，企业操盘手一定要注重自身的形象建设。而对于操盘手来说，在一定程度上，我们就是企业形象的代言人，我们的一言一行代表的不仅仅是自己，还是整个企业，所以平时说话做事一定要跟企业步调一致，更要注意提升内在修养，这样才能在维护好自身形象的基础上维护企业形象，树立起个人品牌的同时，树立起企业品牌。

⊃ 做好品牌危机管理

双十一对于马云来说是一个不断刷新数据的日子，不过 2013 年的双十一却出现了一个小插曲。双十一当天，各种各样的广告、营销呼啸而来，其中包括一条，说淘宝已经卖出了 200 万条内裤，加起来有 3 000 公里那么长。本来这只是一个证明销量好的数据，一般人也不会太在意，但是微博上一位数学比较好的网友做了一个除法，结果表明，淘宝卖出的内裤一条有 1.5 米那么长。这条微博随后被转发将近 10 万次。

对于一家企业来说，这件事其实可大可小，对品牌的影响也不可预估。阿里巴巴显然也明白这一点，那么，怎么做好这次危机公关呢？正常的做法无非是解释一下，说是 200 万件不是 200 万条。这样一来，或许消费者也能接受。但阿里巴巴却出人意料地玩起了"自黑"的游戏。黑谁？黑最高管理者马云。黑他数学不好，黑他是闲人……直到把马云黑成一个幽默风趣有点憨的形象，大大拉近了和网友的距离，而阿里巴巴就这样在别人还没反应过来之时，就走出了困局。

好的企业不是不会遇到问题，而是能预见问题，继而解决问题。同样，再好的品牌也无法保证永远不遇到危机，好的品牌战略就是及早建立一套危机预警机制，做好品牌危机防范工作。同时，在品牌出现危机时，能快速做出反应，巧妙应对危机。

有知名度不一定是好品牌，但好品牌一定有知名度。在进行企业品牌战略时，如果我们要做百年老店，要做国际品牌，那么仅有狂轰滥炸的广告还不够，企业还必须通过产品、服务、员工、渠道等多方面建立起品牌的美誉度，这样才能建立起值得信赖的大品牌。

顶层设计篇
站在顶层才能把控全局

第8章
商业模式，企业生死存亡、兴衰成败的大事

【导读】

企业为什么不挣钱？挣钱，对于企业来说是天经地义的使命，也是企业的本分，只有让营业的收入大于成本，才能维持企业的生存、运作和发展。因此，无论什么企业，其商业运作都不能脱离挣钱这个目的。如果你的企业不挣钱，身为企业操盘手，是不是应该重新审视现有的商业模式？

互联网时代，不管是正在发展的企业还是已经成为行业标杆的企业，全面的商业模式竞争已经来临。沃尔玛、亚马逊、Zara等，在网络经济时代已经提前实现了商业模式制胜。在某种程度上，企业操盘手进行顶层设计，更多的是在设计商业模式。商场是无声的战场，企业操盘手如果没有找到企业最适合的商业模式，终将被淘汰。

虽然商业模式的重要性已经被企业操盘手熟知并成为其嘴边的一个常用名词，但真正深谙其道的企业操盘手却寥寥可数。什么是商业模式？如何设计商业模式？商业模式如何探究企业赚钱的途径与方式？这些问题一直困扰着企业操盘手。

其实，世界上没有哪种商业模式能长久存在。所以，在本章里我不会告诉你如何具体地去设计顶层和商业模式，我只是将企业操盘手应该拥有的商业模式思维和规则告诉你。至于你到底能不能设计出适合企业发展的商业模式，那就需要你自己领悟了。

8.1 从摸着石头过河到顶层设计

【策略看点】

华为赢在顶层设计。

许多人认为华为不太像中国企业,这一方面跟任正非的低调行事有关,关于华为的深度报道很少;另一方面,华为在很多方面与众不同。比如它是靠自身的努力走进世界500强的中国企业,还是唯一一家始终坚持将营业额的10%投入研发的中国企业,更是一个早就可以上市而坚持不上市的中国企业。

华为在大众心里似乎是个谜,也没有人能够深入解读华为。那些从华为出来的员工,或者和华为有过什么关系的人,跟任正非也不在一个境界,当然无法理解一个"大神"的心思。

但是,通过我对华为的了解和研究,我觉得华为之所以成功,是赢在顶层设计。华为进行过三次顶层设计,每一次都为华为带来了飞跃式发展(见图8-1)。

第一次顶层设计:华为《基本法》的确立是东方企业里程碑式的顶层设计。在华为漫长的发展历程中,华为基本法可以说是最关键的一次顶层设计。华为基本法体现了华为梦,为华为未来的发展起到了"航标灯"的作用。

第二次顶层设计:在华为基本法的基础上,参考了IBM的制度设计,既有IBM的操作流程,又有HAY的职位和薪酬设定,还包括员工持股计划、华为的治理结构等。这次的顶层设计也是摸着石头过河,如果没有前期的探路,这次就很可能被河水冲走。

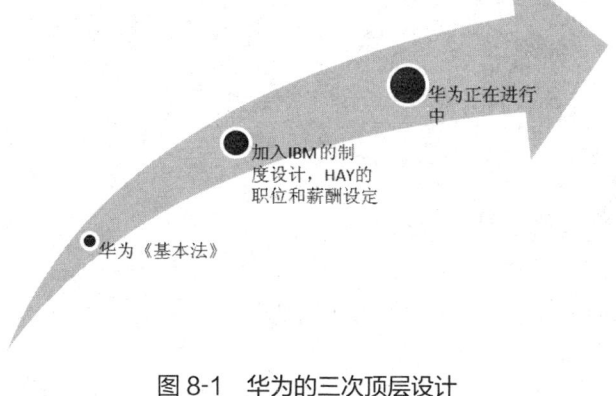

图 8-1　华为的三次顶层设计

第三次顶层设计：华为正在进行中。这次顶层设计的主要内容有提高组织能力，提升个人效率，进一步优化流程、治理结构、运作模式等等。这次顶层设计和以往不同，完全是华为自主设计的，虽然也有顾问，但是顾问只是辅助。

第一次和第二次顶层设计都是拿来主义，第三次设计是自力更生。没有华为基本法，华为会崩溃。如果没有后面的顶层设计，就没有全球华为。

【深度解读】

企业要想化茧成蝶，必须设计顶层。

中国第一代企业，比如说华为、联想、万科、海尔等等，他们在发展初期，几乎都是摸着石头过河，在发展到一定阶段后，也都开始重视企业的顶层设计。

那么，顶层设计到底是什么？

简单来说，"顶层设计"就是以企业长期发展为目标，设计一套操作性强的系统解决方案。也就是要以"以终为始"为原则，以对人性的假设、对目标市场的理解、对用户需求的把握为基础，通过系统的分析，设定好企业的经营理念以及终极目标。

当然，企业仅仅意识到"顶层设计"的重要性还不够，还要掌握如何进行"顶层设计"，如何通过"顶层设计"让企业实现质的飞跃。中国企业要想化茧成蝶必定要经历一次痛苦的蜕变，甚至否定以前的成功，让一切从头开始，这是大多数操盘手不愿接受的。进行顶层设计，需要企业操盘手们既要有前瞻的眼光，还要有顽强的毅力和执着的精神，更要有科学的方法论。

【实操参考】
企业操盘手设计顶层的 5 个宏观要素。

那么，如何进行顶层设计呢？企业操盘手进行顶层设计必须要掌握以下 5 个宏观要素（见图 8-2）。

➲ 前瞻性预判

要想做好顶层设计，企业操盘手要把企业的"内忧外患"用通俗易懂的语言描述清楚，把市场的变化趋势和行业技术的发展趋势总结出来，形成一套标准化文本。让大家清楚，企业目前处于什么样的状态，面临的机遇和挑战有哪些，怎么样才能抓住机遇，掌握市场竞争的主动权，只有这样才能在市场竞争中始终领先对手。

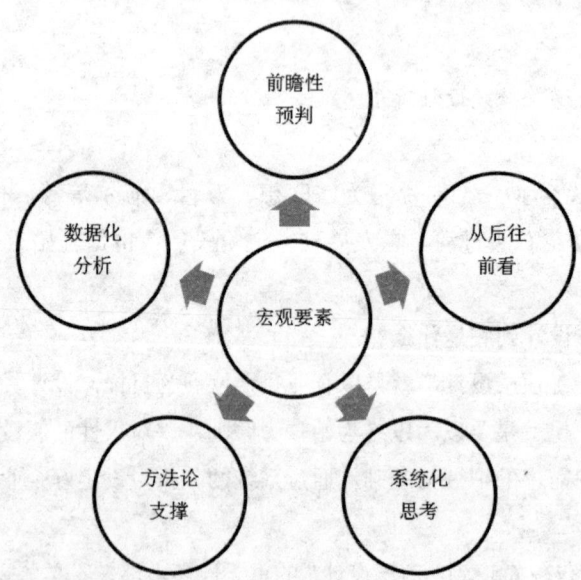

图 8-2　顶层设计必须要掌握的 5 个宏观要素

俗话说："人无远虑，必有近忧。"企业操盘手如果不知道企业的未来在哪里，就没有办法让企业形成向心力，也无法带领团队一同前进。假如操盘手能对企业的未来作出准确的预判，就能打消大部分员工的顾虑，让他们有明确的目标，激发他们的主观能动性，这样，他们就会为了共同的目标，为了实现自己的价值而奋斗。

⮕ 从后往前看

做完了前瞻性预判，接下来就要从后往前看，清晰地描述终极目标，描绘一幅令人向往的画面，给企业绘制一幅完美的蓝图。一个好的企业操盘手一定是一个好导演，可以给员工"说戏"，可以把自己心里的那幅蓝图传递给员工，让大家知道企业现在在做什么，并且发挥出自己的最高水平。

当企业的未来不确定，或者市场还未知时，操盘手要把所有的选项都罗列出来，进行仔细推敲，看看是否行得通，然后进行沙盘推演，和核心团队坐在一起，对剩下的选项进行演练，看看结果是什么。很多操盘手在做决策前不做调研，确定初步备选方案后又不做模拟演练，结果导致很多决策实施后效果不尽如人意，之后又朝令夕改，劳民伤财，逐渐失去自己的威信。

⮕ 系统化思考

系统化思考就是努力寻找问题的根本解法，不能头疼医头、脚疼医脚。在日常工作中，大家看到的问题大多只是表象，如果只解决表面的问题，那么日后还是会出现同样的问题，这时必须要深挖问题背后的原因。因此，企业操盘手在遇到问题时要多问自己几个为什么、怎么办，千万不要被表面现象迷惑。

⮕ 方法论支撑

优秀的企业想要获得更长远的发展，一定要有方法论的支撑。只有把系统思考上升到理论的高度，才能够维持企业长青。

方法论有什么意义呢？就拿操盘手们最关心的业绩来说吧，大多数操盘手觉得企业发展要靠人海战术、靠关系、靠能人。于是，很多企业误入歧途，纷纷建立"狼性团队"，觉得产品不行"狼性"补，把本该投入到产品上的资金用在了销售上，把本该用来做调研的时间也拿去做销售，这就是本末倒置。其实，对操盘手来说，"打造人性化团队"才是走正道。因为人性化的团队可以用专业、敬业、职业的行为打动客户，可以在心情愉快的环境中创造出有独特价值的好产品，这一切都需要方法论做支撑。

● 数据化分析

当然，仅靠方法论是不够的，企业想长期处于行业内的领先地位，就要形成一套完整的决策机制和科学化管理体系。学会用量化的语言去分析、沟通、决策，摒弃那些看起来全都正确的"废话"。

诸如"市场前景一片大好""有了很大的提高""客户需求量很大"之类的定性分析，对企业来说参考度为零。时间久了还会给大家一种事事都"差不多"的印象。

换句话说，操盘手要想让企业做大做强，就要从细节做起，把每一件小事都做到极致。企业精细化管理是建立在信息化的基础上的，没有信息化的系统，精细化就是空谈。而信息化系统包括很多分支，比如决策支持系统、运营管控系统、人力资源系统、知识管理系统等等。

8.2 企业的出路：从顶层重塑商业模式

【策略看点】

百丽强大的商业模式。

百丽是国内数一数二的女鞋品牌，在中国排名前十的女鞋品牌里，百丽旗下就有4个——百丽、天美意、思加图和Tata。不仅如此，百丽还拥有30多个国际知名品牌中国代理权。据了解，百丽鞋业的综合毛利率达62%，这个数字让很多高科技企业瞠目结舌，甚至觉得自己可能开了个假公司。

百丽为什么能够实现这么高的毛利率？最根本的原因在于它实现了零售端控盘。有一份数据资料表明，中国女鞋销量的七成来自于各大商场，而百丽几乎承包了这些商场大部分的女鞋专柜，包括销售前十的四个自有品牌，还有国际品牌的专柜，这样就牢牢控制了百货商场零售终端。也就是说，当你在商场买鞋时，虽然你逛的是不同的专柜，但这些专柜却都同属于一个老板——百丽。因此，在这种情况下，对"百丽"来说，它并不是依靠某一个品牌赚钱，而是发挥了商业模式的力量。这一点，我们从百丽企业2007～2015年的净利润就可以看出（见图8-3）。

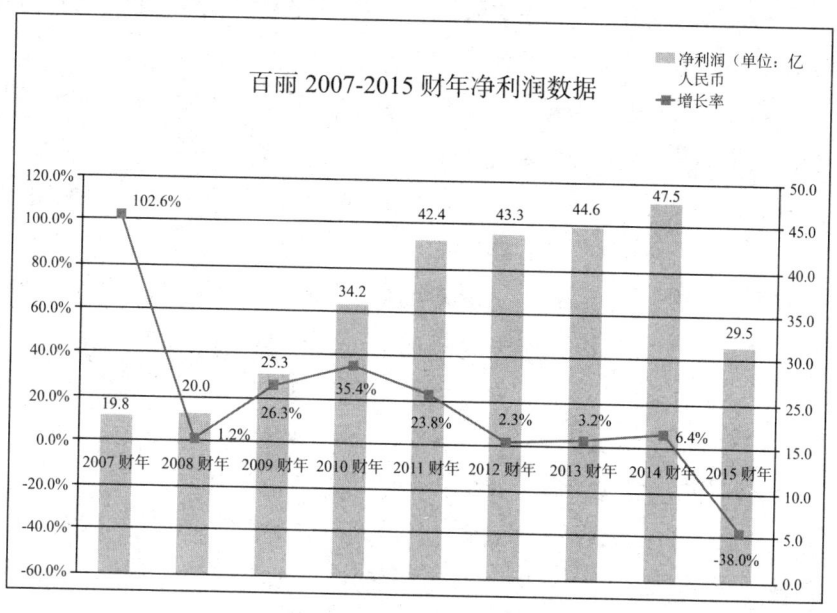

图8-3　百丽2007~2015年净利润

百丽不仅牢牢地控制了百货商场的零售终端，还通过资本运作扩大了零售终端的优势。鞋业公司的现金流往往很充足，很多鞋业公司觉得自己不差钱，所以不屑于与风险投资对接，而百丽并没有这样的狭隘想法，融资并不是单纯的"融资金"，更是"融资源"。

【深度解读】
得商业模式者得"天下"。

百丽的案例告诉我们，商业模式已经成为现代企业发展的关键。每一个企业操盘手都要潜心研究、吃透企业的商业模式，俗话说"千里之行，始于足下"，企业想要行千里，就要从正确的商业模式开始。一言以蔽之——得商业模式者得"天下"！

你也许会怀疑，商业模式有这么重要吗？

我来给你举个简单的例子，就拿海上作战来说。首先需要船，其次要有兵，另外还要有足够的补给。商业模式就是船，管理模式就是训练官兵，后勤补给就是投资融资。

现在有两条船，一条是高科技军舰，另一条是连马达都没有的橡皮艇。橡皮艇上坐的人个个身怀绝技，但是什么武器都没有，打仗的同时还得想着划船。高科技军舰上都是普通官兵，但是他们随便按个按钮就能发射大炮、自动导航、加速行进。显然，高科技军舰的胜算更大。

而我国大多数企业目前的真实情况就像那艘橡皮艇，中国大多数企业操盘手上任第一件事就是紧抓员工管理。如果大家都跑去训练官兵，谁来造军舰？甚至还有些操盘手，连管理都不做，直接亲自上阵当"官兵"，这样的企业会有未来吗？因此，对于企业操盘手来说，最重要的是要把船造好，即找准企业的商业模式，接着要搞好后勤补给，就是资金链不能断。

既然商业模式这么重要，那到底什么是"商业模式"？关于商业模式有这样两句话：自己可以复制自己，但别人不能复制你（见图8-4）。

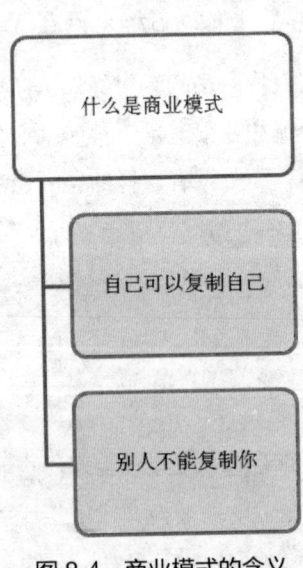

图8-4　商业模式的含义

这两句话看似矛盾，却很好地诠释了"商业模式"的意义。所谓"自己可以复制自己"，就是说企业在不断发展，利润在增长，门店在扩张，企业正朝着预想的蓝图大步前行。这种发展并不是揠苗助长，而是一个稳定的、持续的发展过程。

解决了第一个问题就能形成企业商业模式了吗？我的答案是否定的。虽然很多企业做到了"自己可以复制自己"，但依然面临很大的挑战，即来自竞争对手的挑战。因此，企业要想完成商业模式，一定要完成"别人不能复制你"，也就是要保持自己的独特性。我们在赚钱时，其他人只能看着，这时我们的利润空间就很大，因为我们拥有了企业经营当中最宝贵的"定价权"，产品卖多少钱，我们说了算，可以说定价权就等于高利润。为什么我们能定价呢？因为这件事情只有我们能做，别人做不了。"别人不能复制你"，这是商业模式的又一原则。

一个优秀的商业模式必须同时满足这两个条件："自己可以复制自己，但别人不能复制你"，这两个条件既对立又统一。这就是商业模式的魅力，也是商业模式的难点。

通过以上表述，相信你对商业模式已经有了清晰的认识。那么请对照一下自己的企业，思考一下你做到这两点了吗？如果你一条都没做到，或者只做到了一条，那说明你的企业的商业模式还处于初级阶段，要走到高级阶段任重而道远。

【实操参考】

企业操盘手构建商业模式的五大核心要点。

很多企业操盘手发出这样的感慨："我的企业不比成功者起步迟，不比成功者付出少，为什么成长慢而且赢利那么难？"事实上，不是你和你的员工不努力、不聪明，而是你没有构建出好的商业模式。企业操盘手想要让企业获得利润，就要构建自身的商业模式。

那么，如何构建好的商业模式呢？下面是我提炼出的五大核心要点（见图8-5）。

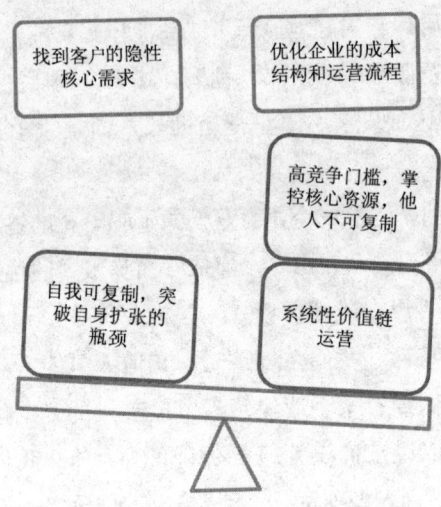

图 8-5　构建商业模式的五大核心要点

○ 找到客户的隐性核心需求

对于一家企业来说,能够在市场竞争中存活,说明企业满足了客户的某些需求,但是假如企业满足的只是客户的基本需求,那只能保证企业能生存;如果企业抓住了消费者的痛点,满足了消费者的核心需求,那么企业将飞速发展;如果企业找到了客户的隐性需求,那么企业就能在市场竞争的洪流中脱颖而出,甚至成为行业标杆。

什么是隐性需求?就是客户无法准确描述的、没办法公开表述的需求,或者是我们的竞争对手还没发现的客户的需求,或者是业内都知道但还没能力满足的客户的需求。只有找到并满足客户的隐性需求,尤其是客户的隐性核心需求,企业才能在竞争中赢得先机。

○ 优化企业的成本结构和运营流程

企业商业模式的构建包括成本结构、运营流程等环节。成本的减少,不仅能够减少企业运营成本,还能抓住那些对价格敏感的用户,而对用户的这种吸引力,又能在不同程度上增加企业的竞争力。因此,成本结构能够影响整个商业模式运行的利润多少和增长速度,而成本结构的组成就需要企业操盘手来进行优化了。

同样,企业的关键运作流程,也需要企业操盘手进行优化和整合,并将之和企业的核心资源进行整合,更好地让商业模式创造出利润。

➲ 自我可复制，突破自身扩张的瓶颈

每个企业操盘手在操盘企业的过程中都会遇到瓶颈，我们不能等到已经遇到瓶颈时才想着突破，那时会变得非常被动。我们应该提前预知到企业会遇到什么样的问题，然后通过商业模式的设计和规划去预备好突破的方法。这样一来，企业才能实现又好又快的可持续发展，而不是在发展过程中一直走回头路。

➲ 高竞争门槛，掌控核心资源，他人不可复制

这一部分往往是风险投资最看重的。因为凡事保持自身独特性，让其他人不能复制的企业，在市场中都是非常有竞争力的。有了独特性就能掌握定价权，有了定价权就能获得高利润，有了高利润就能迅速发展，这是一个良性循环。

➲ 系统性价值链运营

企业完善的生态系统由上游、下游、客户共同组成，这是商业模式的最高境界。我们可以把系统性价值比喻成一个森林，一个完整的生态系统。国家是一个超级大系统，每个操盘手都能参与到系统性价值链当中。而已经在价值链中的成员要互相合作，把价值链的效率提到最高，成本降到最低，风险控制到最小，并把利润、风险、成本在价值链成员中进行合理而富有创造性地分配。

放眼那些优秀的企业，其成功的因素几乎都是多侧面、多层次的。从技术层面到市场层面，再到资本层面的竞争中，仅有好的商业模式是远远不够的，还需要企业操盘手不断完善企业的战略和顶层设计，从而将商业模式的作用发挥到最大。

8.3 你不改变规则，规则就来改变你

【策略看点】

85度C"反"星巴克的商业模式。

星巴克的商业模式很成功，从1992年在纽约上市到现在，其股价涨了500倍，在全世界的商业教材中都被当作经典。但是，85度C的创始人偏要树立一套和

星巴克不一样的规则,而且真的做出了名堂。

在2004年85度C刚刚创立的时候,星巴克在我国台湾地区已经有了140多家分店,85度C完全是以一个弱小的挑战者姿态出现。但是到了2010年,85度C已经在台湾地区开了326家分店,远远超过了星巴克的211家,而且市场占有率也明显领先。85度C的崛起,用一个简单的字总结,就是"反"——用和星巴克相反的规则来做商业模式。

比如,星巴克成功的原因在于把自己打造成为家和公司之外的第三空间,星巴克掌门霍华德·舒尔茨强调,要让消费者在星巴克感受到慢节奏的优美,这样才能让消费者喜欢咖啡行业带来的文化,让他们更多地留在店内。

但是,85度C的操盘手吴政学看到了另一种模式——在都市中除了那些想要享受慢节奏的人群,没日没夜加班的白领、忙着念书的学生以及疲于事业的中高层收入者,也需要咖啡饮品,而且他们需要的是快节奏的咖啡文化。于是,在85度C,人们每隔45天就会看见新推出的糕点和面包,饮料的开发速度也同样令人吃惊。这些产品的迅速开发,得益于企业在市场动态调查过程中获得的信息,满足了不同顾客的差异需求。而这样的"快",正好是星巴克模式所做不到的。

当然,85度C对于规则的颠覆还有很多。比如,星巴克希望顾客留在店内,但85度C则希望顾客带着产品迅速离开。为此,后者的店面装潢简单,只有几把椅子,将近90%的顾客是外带消费。这样,店面租金、服务人员等产生的成本降低了,而顾客流动加大了。

如果细心观察,还能发现85度C商业模式更多的"反"——星巴克以咖啡赚钱为主,85度C就更多用甜点赚钱;星巴克不做24小时营业,85度C就实行24小时营业,其实成本只是多了电费和员工工资;星巴克在中国做沿海商业布局,85度C就专门做长江沿线布局……

有意思的是,现在星巴克终于看到掌控模式的重要性——2014年4月,在打入台湾地区市场16年之后,星巴克终于开了第一家"得来速"门店,能够让用户不下车就买到咖啡。反过来,85度C则开始在台湾地区进行二代升级,将店型较小的店打造成为面积更大、座位更多、提供沙拉和鲜食的店面。

这两家不同商业模式的企业开始重新改变规则,以此保持企业商业模式的充分活力。

【深度解读】

商业模式的创新意味着对原有规则的改变乃至颠覆。

商场是无声的战场，如果企业一直沿用一套商业模式，终将被淘汰。很多企业的商业模式之所以走在了其他人的前面，赢得了更多的市场份额，就是源于商业模式的创新。比如，过去有些人认为，IBM将个人电脑部门卖给联想是傻子才做的事，可是现在看来，这样的决定是明智的。虽然商场这块"蛋糕"大，但是要量力而行。只有用发展的眼光看待世界，才能在商业征途中顺利前进。

世界上没有哪种商业模式能始终适用。在市场风云变幻中，今天的利润不代表明天的成功。要不留余力地给企业寻找更先进的商业模式。只有不断地尝试、孵化和投资多种商业模式，才能把其他竞争者甩在后面。

谈到商业模式的创新，企业操盘手似乎更有发言权，他们会觉得自己对企业所做出的改变就是对商业模式的创新。的确，企业操盘手对企业现状的革新包括了创新的因素，但更多情况是，这种"创新"并不是对商业模式的创新，因为他们没有掌控规则。

我们必须要看到，中国中小企业90%以上，是在别人规定的规则下生存，很多新崛起的企业之所以能够向原来的领先者发起挑战，绝不是因为他们做了零打碎敲的改变，而是因为他们发现、认识并掌控了新的规则。但是，如果他们满足于已有的成功，就有可能被其他默默无名的企业再次利用新规则打败。

企业操盘手如果只是单纯做管理，那么其价值恐怕和一个部门经理差不多。不少企业操盘手对企业改进的看法太简单，认为只要进行质量管理、绩效管理、目标管理、成本管理等即可，但最终这些管理只是对企业经营效率的改变，它们对企业提供价值及提供价值的方式究竟有多大改变，消费者看不出来。这最终会让企业陷入僵化，虽然从决策到执行都变得越来越娴熟，但是固有思维也随之形成，新的创意和动力更难产生。

正因如此，商业模式的创新意味着对原有规则的改变乃至颠覆。当规则改变后，商业模式能够在经营活动、执行方式等方面重新定义，并和其他竞争对手形成显著差异，否则，就谈不上创新。

企业操盘手对商业模式的创新，是对企业生存平台的改变，是制定一种新的游戏规则。因此，成功的创新者，必然应该是制定和熟悉规则的人。当他们改变思维并且制定出新的规则时，参与这种商业模式、投入资源的人就会越来越多。

【实操参考】

一切商业模式的创新，都意味着对现有规则的挑战。

向既有的商业模式挑战，企业操盘手需要主动求变，从而获得改变规则的可能。我建议企业操盘手从以下三个方向去尝试改变规则（见图8-6）。

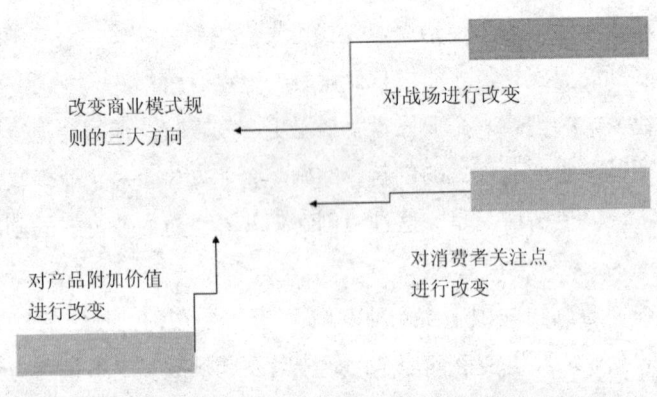

图8-6　改变商业模式规则的三大方向

◎ 对产品附加价值进行改变

类似于咖啡这样的产品，已经有几百年历史，几百年来咖啡有多少变化？恐怕就是咖啡专家也说不出来。从星巴克到85度C，他们对产品的改变都是为了迎合消费者想要变化的需求。

通过对市场进行细分，对用户进行精准定位和需求预测，积极转变产品附加价值的内容和传递方式，企业操盘手就有可能成功挑战既有规则，打破竞争对手先入为主的优势，获得自己的游戏土壤。

➲ 对消费者关注点进行改变

在原有成功模式的影响下，消费者对产品的关注点是固定的，但是，如果我们推出的新规则能够成功吸引消费者的注意，就能让新规则获得成功。商业模式的创新，必须要发现目标消费者的不同偏好，然后引导他们进行重新选择。这样，他们就能够很快接受规则的变化。

➲ 对战场进行改变

如果让拳击手躺下对打，那么拳击比赛很可能就会变成搞笑的撒泼，这是因为他们的战场不是原先所熟悉的了。同样，作为商业模式的创新者，我们不能只是在对方"规定"的市场中和他们争夺，因为这种争夺我们获胜的可能性很小。所以我们应该专注于其他业务，将对手拖到自己的战场里来，这样，他们原有的规则优势、资源优势将不复存在，甚至和我们产生很大差距。

企业操盘手对规则的破坏，多多少少需要一些艺术气质。贝多芬说过这样一句话："规则都是用来打破的。"毕加索也有类似的名言："想创造，先破坏。"他们都是破坏原有规则的高手，也正因如此他们才能成为大师。同样，一切商业模式的创新，都意味着对现有规则的挑战，虽然并不是每位企业操盘手都敢于这样做，也不是每位企业操盘手都必须这样做，但要想让你的企业持续赚钱，你必须考虑在合适的时候去掌控新规则，而不是坐等机会失去。

颠覆传统，创新未来，真正的商业模式创新首先是思维的颠覆，请坚信一句话：心有多大，舞台就有多大；思想有多远，你的企业就能走多远。没有夕阳的行业，只有夕阳的企业；没有夕阳的企业，只有夕阳的思维。

8.4 眼界决定格局，格局决定好的商业模式

【策略看点】

企业利用自贸区进行的新模式布局。

2013年9月29日，中国（上海）自由贸易试验区正式挂牌。这一天，国家

相关部门的领导和上海市领导为第一批进入自贸区的企业、金融机构颁发了相关营业证照。其中包括25家企业和11家金融机构，8家中资银行、2家外资银行以及1家金融租赁公司构成了自贸区金融机构的主体。同时，诸多企业也选择在自贸区的变革氛围中，对自身商业模式进行变革。例如，很多国企已经开始在自贸区的平台上进行新模式的布局。

光明食品决定在自贸区做如下模式转型：打造跨境的电子商务交易平台，以此集合国际资源进入中国市场；打造海外收购兼并平台，这也符合近年来光明集团的海外并购策略；在自贸区加强融资租赁的业务，由于光明的固定资产有很大存量，如果进行融资租赁，可以适当释放存量并换取现金流。

同样，上海国际港务也看到了自贸区带来的商业模式转型机会，虽然自贸区的目标并不是增加区域的货运流量，但为上港集团进行业务多元化和国际化的转变提供了很多机会。为此，上港集团于2014年3月底，在自贸区设立了一家融资租赁公司，聚焦于港航产业，并逐步拓展到国际市场。上港集团也开始逐步调整其产业模式的结构布局，在未来，他们的多元化和国际化业务将会占到总业务的40%，远远超过现在的10%。

与此同时，上海电气、绿地集团等也纷纷依托上海自贸区的平台，开始自身商业模式的转变。

【深度解读】

好的商业模式必须要比竞争对手具备更高的眼界和更大的格局。

好的商业模式和真正的用户价值需求之间存在密切关系。那么，好的商业模式是如何把握用户价值需求的呢？毫无疑问，如果我们能看到10万用户的价值需求，就只有10万人的空间来设计商业模式；如果我们能看到100万用户的价值需求，就能有100万人的空间来设计商业模式；如果我们能看到整个时代的价值需求，无疑，我们的商业模式将是这个时代中最优秀的。

可见，好的商业模式必须要比竞争对手具备更高的眼界和更大的格局。而在中国，企业操盘手所能选择的更高眼界和更大的格局，就是对整个国家经济建设环境的把握。

至于怎样把握国家的经济建设环境走向，我建议身为企业操盘手的你，不妨多看看每天的《新闻联播》和各类新闻，只有了解了整个中国的经济走向，我们的眼界才能更高格局才能更大——而不是只能看到你办公室的四面墙或手机上的新闻。

上海自贸区的设立，是中国未来经济建设乃至改革开放以来的拐点事件，不仅会为整个上海带来发展红利，也会为中国企业的商业模式价值带来更大的空间。而是否能够把握这一机会，则取决于企业商业模式所体现出来的眼界和格局。

企业之间的竞争，包括市场占有率、赢利率、技术领先、产品领先、用户忠诚度等多方面的竞争。然而，企业的核心竞争力离不开其眼界和格局的竞争。上海自由贸易试验区的出现，或许能够给很多企业带来新机遇，前提是当外部环境发生变化之后，企业积极调整自身的商业模式，适应这种新机遇，并培养眼界和格局从而找到市场的空白，对产品进行创新抑或改变自身产品原有的价值主张。

通过提升眼界和格局，企业才有充分的信心和勇气去界定市场的格局和活动规则，从而设计出更富价值的赢利模式。借助眼界和格局的力量，企业将拥有自身的文化价值观，实现对瓶颈的突破，并做到对核心资源的控制，建立竞争者更加难以跨越的高竞争壁垒，最终实现对价值链的控制。这样，眼界和格局对企业商业模式的价值促进，就显得更加重要了。

【实操参考】

企业操盘手的格局决定了企业的高度，商业模式则决定了企业的格局。

提高眼界和格局，需要企业操盘手把握以下两大原则（见图8-7）。

⊃ 掌握未来思维

所谓未来思维，是指市场中所没有的，但其所指向的价值和需求是的确存在的，只是用户不清楚，我们的竞争对手也不清楚，因此不在普通商业模式观察者的考察范围内。

通过寻找这样的思维和眼界，企业能将注意力集中到没有恶性竞争并充满利润的新市场中。然而，眼界的狭窄让企业操盘手总是带着现有的理念看待商业模式的价值，缺乏良好的视角和细腻的感觉。实际上，扩大眼界意味着深入挖掘而

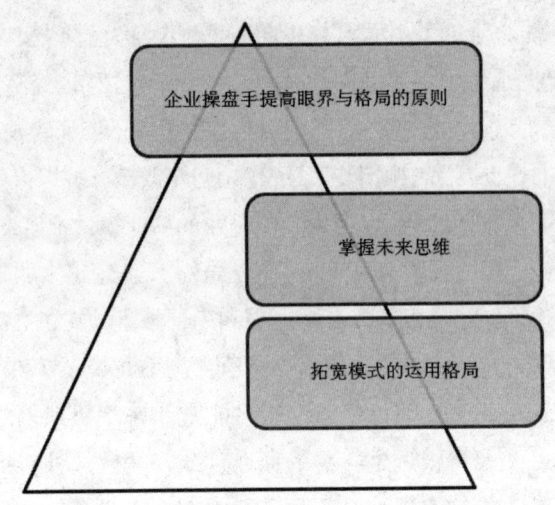

图8-7 企业操盘手提高眼界与格局的原则

不是肤浅探寻。对于已经存在的市场和用户,企业操盘手需要深入观察,看到隐性的需求或者市场的空白。同时,对于目前的产品、服务要进行重新定位,以未来的眼光观察现在的规则和秩序,进而否定落后思维,让原有的产品和服务拥有新的价值,获得新的思想主张,并做到以眼界带动思维。

⊃ 拓宽模式的运用格局

企业操盘手在利用商业模式推动企业发展时,既要关注商业模式中点的力量,也要关注其面的力量,这样才能充分利用商业模式的格局。

什么是点?在商业模式中,可以将不同的点看作不同的核心资源,而对核心资源的控制,则可以看作企业格局的关键点。例如,在上海自贸区成立的背景下,企业操盘手应该积极寻找平台中能够被自身所利用的关键点,只有实现了对自身需要的核心资源的控制,企业才能在商业模式中建立更高的竞争壁垒,断绝其他企业对自身商业模式的复制,并取得更多的定价自主权,占据制高点。

许多企业之所以在市场竞争中总是处于被动局面,甚至陷入价格恶性竞争,就在于他们缺乏应有的格局拓展意识,也就无法在格局拓展过程中积极发现核心资源的"点",因此失去了话语权。

因此,企业操盘手在拓展企业商业模式格局时,应该结合企业商业模式的核心资源进行分析。在不同行业、不同背景、不同的经济政策下,企业拓展格局所需要抓住的点也不同。例如，微软在当时的经济环境下，需要抓住办公系统软件这样的价值核心，而茅台酒在其发展过程中，则将格局放到整个中国，来发掘自身独特的产地资源。抓好这些资源点，企业商业模式的发展才会更加顺利。

同样，在"点"的拓展之后，还应该实现对价值链的系统化整合，以达到"面"的拓宽。通过对产业链上下游的系统化整合，形成充分完善的商业系统，而在这样的系统中，企业之间会形成分工合作，并各自承担利益的"面"。在这样的"面"上，企业才能利用对政策的掌握、对经济大环境的了解，让价值相关者之间形成紧密的伙伴关系。企业作为"面"的核心，一方面会获得更高的地位和权威，另一方面也将承担更多对商业模式的责任和义务。

企业操盘手需要不断致力于对眼界和格局的提高，从而实现商业模式的低成本、低风险和高回报。这样，企业才能获得模式竞争中的优势，并适应未来的发展趋势。企业操盘手的格局决定了企业的高度，商业模式则决定了企业的格局，商业模式设计不是企业的终极目标，而是企业实现价值的手段，我们的眼界与格局决定了商业模式的优劣与层级。

8.5 平台思维，互联网时代操盘手必会的商业模式

【策略看点】

海尔"生生不息"的生态平台模式。

从 1984 年创立至今，海尔一直在进行商业模式的变革，而其对商业模式的创新，受到国内外业界的关注。

在海尔集团对商业模式的变革过程中，老总张瑞敏用"人单合一"来描述这种创新。他提出，海尔应该对整个发展战略进行创新，打造平台型企业。对此，

谋局者：打造从战略到成果的执行企业操盘手

图 8-8　海尔集团创始人张瑞敏

他解释说，平台型企业必须要具备平台型思维，能够对资源进行快速地配置，正如同能够对自然界的能量进行配置的生态圈那样，生生不息、运转不止。

平台思维，意味着对商业模式进行不断颠覆的思维。在选择和阿里巴巴达成战略合作的会议上，张瑞敏的讲话和马云的思路不谋而合。他说，那些能够成就百年辉煌的企业，都是在"自杀"和"他杀"中选择"自杀"，当他们自杀若干次之后，才能成为百年企业，否则必然会被竞争对手淘汰。万事万物都不会永存不灭，但问题在于企业家如何去延续企业精神，怎样实现对企业原有商业模式的自我颠覆。

基于这样的思维，海尔目前正在探索建立适应互联网时代精神的生态平台。在张瑞敏的描述中，这样的平台建设目标可以用"生生不息"四个字来形容。所谓"生生不息"，并不是指永远生存，因为任何平台都不可能保证所有项目都永远兴旺。这里的"生生不息"，指的是整个企业商业模式所打造的平台，只要具备了良好的平台思维，就能让企业长盛不衰，而平台中的项目和资源，则根据市场规律的机制来演绎其兴衰规律。

【深度解读】

平台思维下创立的商业模式，能够改变已有的商业模式，成就企业更美好的明天。

在互联网时代，企业商业模式的创新最重要的一点就是要具有平台思维。拥有平台思维，才能实现企业发展模式的顺利转变。

什么是平台思维？平台思维就是把用户作为企业经营的核心，聚集用户的注意力，将平台与产品结合在一起，融合各方面的资源，满足用户全方位的需求。具有平台思维的商业模式，最大的优点在于能增强用户的体验感，提高平台和用户的价值，进而实现商业模式的价值最大化。

在传统商业模式中，不少企业的赢利部门都是各自为战，相互之间缺乏应有的联系。从企业整体发展和用户需求满足的层面而言，这样的状态显然会导致很大的资源浪费。尤其是进入注意力经济时代后，用户的注意力意味着利润所在的层面。因此，企业应该集中用户的需求，包括用户购买过什么、想要满足什么需求、如何才能满足等，这些问题应该通过商业模式所构建的综合平台来得知。

真正平台思维的商业模式有以下四大特点：

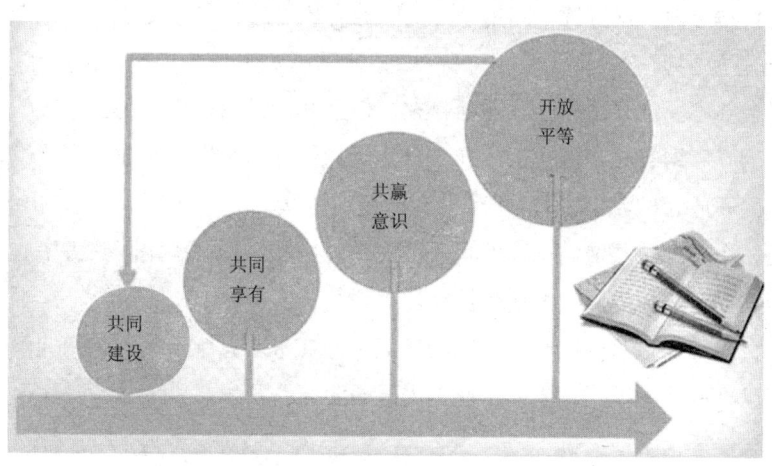

图 8-9　具有平台思维的商业模式的四大特点

⊃ 共同建设

共同建设，意味着企业的商业模式不再是企业自身的事情，也并非企业操盘手自己来进行建设。因为一个单独的主体不可能构建起整个平台，企业操盘手应该调动自己的能力，吸引更多的主体加入对平台的创建，从而形成更加稳定与合理的平台。

⊃ 共同享有

共同享有，意味着在企业的商业模式中，应该允许更多的利益相关者使用共同的资源。在互联网时代，利益相关者之间的联系之所以能够变得如此紧密，就来自于这种共同享有的瞬间互动性。反之，如果企业的商业模式设计中缺乏这种双向互利的共享机制，就很难谈得上是真正的平台思维。另外，平台思维还强调将商业模式作为相互交流技术和提供平台的载体，成为企业和合作方之间长期沟通的基础。

⊃ 共赢意识

共赢意识，这是拥有平台思维的重要标志。平台型企业如果想要赢利，就必须要达到一定的规模，而想要达到一定的规模，又需要吸引足够的利益相关者参与其中。因此，平台的交易结构必须要让众多利益相关者能够实现共赢。在设计平台时，企业操盘手不应单纯地将买家和卖家看成对立关系，而应将之设定为平台中的付费方、补贴方等不同角色，共同拥有最终的收益。

⊃ 开放平等

平台并不一定要依靠互联网而存在，但互联网是商业模式平台思维的最佳平台。因为互联网有充足的数据库和信息化管理优势，可以让企业的商业模式获得最大化的开放和扩大，并让企业主体得到更多连接。在这种思维下设计出的平台，不只是一个单纯的层级结构，而是一个完整的网状结构，决定了其去中心化的特点，能够让企业更好地从中获得长远的利益并长盛不衰。

平台思维，是对传统经济思维的挑战，而在平台思维下创立的商业模式，能够改变已有的商业模式，成就企业更美好的明天。

【操盘参考】

平台思维在前,形成平台在后,企业操盘手必须要在平台思维的指导下创新自己的商业模式。

"樱桃好吃树难栽",正如这句民间俗语一样,平台型企业虽然能够颠覆众多行业既有的传统商业模式,但并不意味着平台就能一日建成。今天的企业尤其是创业型企业在面对百度、阿里、腾讯这些巨头平台公司时,该如何找到适合自己搭建平台的空间,又该如何寻找自身发展的地盘?想要和这些企业进行对抗性竞争,显然没有胜算,但这并不妨碍这些企业利用平台思维来实现自己的进化。

拥有平台思维,并不代表企业马上就应该走上创建平台的道路,更不代表企业能够迅速成为平台型企业。相反,企业有必要赢得足够的用户,获得充裕的现金流,打造出适合自己的商业模式,然后实现不断升级。

对于传统企业而言,虽然无法马上成为大平台的创建者,但可以借助现有平台的力量,利用发展成熟的平台思维,通过对自身事业的不断升级、复制,成就未来的平台。

在互联网时代,企业操盘手可以通过以下三个步骤来建立自己的平台(见图 8-10)。

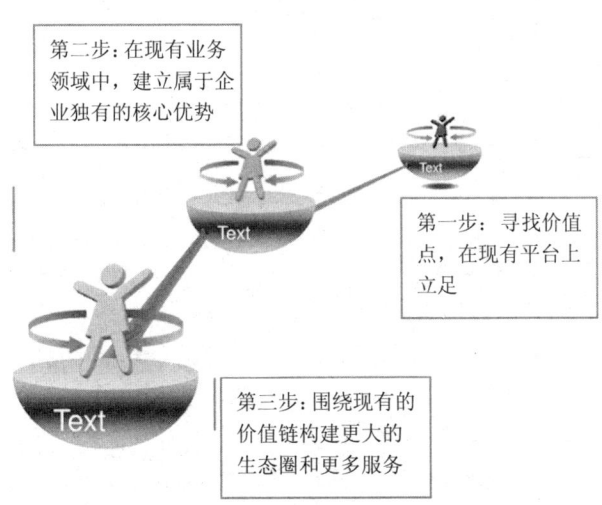

图 8-10 操盘手建立平台的三个步骤

● 第一步：寻找价值点，在现有平台上立足

企业操盘手通过对自身企业所依靠的价值链的了解，找到其中一个环节，做到能够高效地提供价值。然后以此为基础，推动自己的产品和服务的升级。

● 第二步：在现有业务领域中，建立属于企业独有的核心优势

例如技术、品牌、管理、数据、用户体验等方面的优势。这些优势应该具有自身容易复制而竞争对手难以赶超、边际成本相对较低而资产较轻的特点。这样，才能让业务迅速做大，实现更大的价值。

● 第三步：当企业自身的业务已经拥有一定用户时，应该围绕现有的价值链构建更大的生态圈和更多服务

从而提高对用户的黏性，树立更加难以逾越的竞争壁垒。这样，属于企业自身的平台就可以形成。

平台思维在前，形成平台在后，企业操盘手必须要在平台思维的指导下，认清现实，逐步进取，不断升级，这样才能务实而快速地形成商业模式所特有的竞争能力。

第 9 章
基因重塑，打造有温度的企业文化

【导读】

当我向一些企业操盘手或企业家谈及企业文化的塑造时，他们大多对此抱着嗤之以鼻的态度，特别是一些中小企业的操盘手表现得尤其突出。我承认，企业文化作为企业的顶层设计，给人的感觉是虚幻缥缈的。如果一个企业连基本的利润都没有，那么谈形而上学的企业文化确实有些矫情。

作为从事多年企业操盘手与企业管理咨询的人，我一直在思考这样几个问题：企业文化的实质到底是什么？塑造企业文化的根本目标是什么？或者说，企业文化如何真正为企业的发展服务？这些问题如果不能得到很好的解答，那么我们就无法真正推动企业文化的塑造，无法通过塑造企业文化推动企业的经营发展。

在我做企业操盘手近十年时间里，我见过最多的企业文化落地方式就是喊喊口号，搞一些员工活动之类的毫无意义的项目。这样的企业文化塑造有没有用，想必不用我说，企业操盘手自己也知道。

企业文化是什么？有人说："企业文化就是老板文化！"这有错吗？没错！一个企业的文化主要取决于老板，老板的价值观及行为模式决定了企业文化的大方向，特别是企业规模不大，老板可以直接操控整个企业的时候。

但这样的观点能说明问题的本质吗？当然不行。那企业文化到底是什么？我们又该如何开展企业文化建设，让企业文化支持乃至支撑企业的发展？

如今是互联网时代，这是每个企业操盘手都知道的。而在这个时代，企业文化塑造最为成功的莫过于阿里巴巴，马云身上的武侠情结深深烙印在每个阿里人身上。作为企业操盘手，我并不认为阿里巴巴这种基于企业家魅力和集权的企业文化是可持续的。原因是这样的企业文化是让企业里的个体被动参与的，这样的企业文化塑造思路已经不能适应如今的时代，是不应该被推崇的。

如今我们企业的员工大多是80后、90后，这一代人是在互联网时代长大的，所以企业操盘手在塑造企业文化时应该让其具有互联网的特质。我认为：企业文化塑造的突破口是重塑基因，打造有温度的企业文化。

9.1 把员工统摄到文化的大旗下

【策略看点】
海尔将企业文化和员工的个人价值观完美地结合在一起,成为海尔另一块招牌。

说起海尔,大家一定不陌生,如今的海尔已经成为全国乃至全世界的家电龙头企业,但是在 20 多年前,它还只是一家资不抵债、面临破产的集体小工厂,在破茧成蝶的过程中,海尔的企业文化功不可没。

企业文化是企业传递给员工的价值观,海尔传递给员工的价值观就是创新,市场创新是目标,战略创新是保证。就是在这股力量的推动下,海尔由弱变强,从国内市场走向了国际竞争大舞台。当然,获得成功后的海尔并没有躺在功劳簿上吃老本,它的企业文化也在不断发展,"零缺陷"、"赛马不相马"、"做让客户满意的海尔"等文化更是让客户耳熟能详(见图 9-1)。

海尔的企业文化不仅是一句句口号,而是把这种精神贯穿于企业经营中的每个细节。在选取人才上,海尔坚持"人人是人才"、"赛马不相马"的理念;在产品质量上,海尔坚持"高标准、精细活、零缺陷";在市场竞争中,海尔"打价值战不打价格战";在售后服务上,海尔坚持"客户永远是衣食父母"、"用户永远是对的"、"海尔真诚到永远"等原则。

"海尔"将企业文化和员工的个人价值观完美地结合在一起,成为海尔另一块招牌,也是海尔核心竞争力的重要组成部分。海尔的企业文化不仅受到国内专家的高度赞扬,甚至还被收录到哈佛大学等世界著名学府的 MBA 案例库,足见其影响力之大。

图9-1 海尔企业文化宣传

【深度解读】

一家没有文化的企业就像没有思想的行尸走肉，等待他的只有被毁灭的命运。

　　世界上最强大的力量是什么？我觉得是一个民族的精神，是文化。自古以来，许多武力雄厚的民族都被淹没在历史的沙尘中，但是巍巍中华却能大浪淘沙，屹立东方不倒。改革开放30多年，许多曾经富甲一方的企业已经不复存在，但是联想、海尔、格力等企业文化丰富的企业却厚积薄发，依然在竞争中占有一席之地。商场上流传着这样一句话："一年的企业靠运气，十年的企业靠经营，百年的企业靠文化。"企业要想不被市场淘汰，就要提高核心竞争力，塑造企业文化。一家没有文化的企业就像没有思想的行尸走肉，等待他的只有被毁灭的命运。

　　企业文化究竟是什么？企业文化真有这么强大的"洪荒之力"吗？迄今为止，理论界对企业文化做出了各种表述，公认的一种是："企业文化，或称组织文化，是一个组织由其价值观、信念、仪式、符号、处事方式等组成的其特有的文化现象。"

　　由此可见，企业文化涵盖的范围十分广泛，而它对激励企业发展有着非同凡响的作用。

企业发展的核心竞争力之一就是浓厚的企业文化，企业文化激励员工把企业的发展当成自己的责任，感染员工把企业当成自己的家。一家有企业文化做后盾的企业，在企业内部会形成充满正能量的精神氛围。在这种氛围的影响下，每个员工都会干劲十足，为了共同的目标而努力。

企业文化是让企业发生质变的催化剂，是企业经营理念的体现，它会对员工的心态和行为产生一定的影响。企业的发展离不开员工，员工是企业发展的第一生产力；但是员工毕竟是人不是机器，不可能有相同的思维、相同的追求。因此，建立被大多数员工认可的企业文化就非常有必要了。用文化鼓励员工发挥主观能动性，主动工作，帮助企业在市场竞争中脱颖而出。

海尔创始人张瑞敏曾说："一个企业能否持续发展，能否增强竞争力，在很大程度上取决于优秀企业文化的建塑，这是企业长盛不衰的持久动力。"没错，海尔的发展就是得益于其优秀的企业文化，这种以"家文化、互联网文化、流程文化"为主的企业文化不仅目标清晰，对员工的激励作用也很大，正是这种企业文化把员工紧紧团结在一起，让海尔长盛不衰。

【实操参考】

资源会枯竭，唯有文化才会生生不息。

海尔的企业文化给广大企业做了很好的榜样，他把员工的个人价值观和企业价值观完美地结合起来，每一个海尔员工的行为都体现了海尔文化。我不禁思考，企业文化到底要以什么为出发点？我认为，不管企业文化以什么样的形式存在，其目的都是让企业发展得更好，也就是在解决企业"人"和"事"的问题，只有做到这一点，企业文化才能发挥最大的价值，对员工和企业产生积极影响。对于企业文化，企业操盘手可以从三个层面来理解和塑造（见图9-2）。

⊃ 物质文化

物质文化是有形的，是看得见摸得着的，是企业和员工共同努力的产物，包括企业名称、产品特色等在内的文化现象。我们可以把企业的产品当做是企业文化的载体，试想，一个企业没有为顾客服务的概念，没有企业文化，怎么会生产出深受大众欢迎的产品呢？就算员工有服务顾客的想法，但是在工作中注意力不集中，也

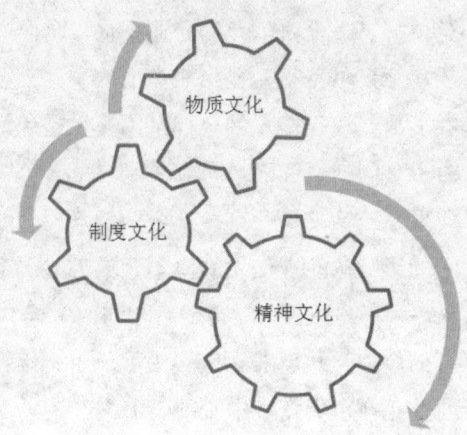

图 9-2 塑造企业文化的三个层面

会把不合格的产品投入到市场上。产品等物质是文化的凝结,能给客户形成直观的印象,这就要求我们在建设企业文化时不能忽视产品力。

⊃ 制度文化

制度文化顾名思义就是企业的规章制度给企业造成的影响。企业制度文化包括企业的领导体制、组织形态、流程体系等员工认同并自觉遵守而形成的外显文化。也就是说,制度文化对员工来说不是制约和束缚,而是鞭策和激励,当企业把物质文化和精神文化结合起来时,约束力就成为了鞭策力。

⊃ 精神文化

太平洋建设集团前董事长严介和先生这样诠释自身的文化:外树一面醒目旗帜,内凝一支精英团队。我们的人生:爱家爱国多爱人少爱己,求利求名多求己少求人。我们的愿景:收获梦想、播种希望、虎狼结亲、升腾辉煌、家国利名、慧慈和畅、四爱四求、五洋起航。

企业的精神文化传递的是企业的价值观、经营理念和企业作风等等。对企业来说,制度、理念和技术的排位应该是理念>制度>技术。因此,精神文化是企业文化里最重要的一部分,运用得当,能够对员工起到最大限度的激励作用。

企业与文化是一个密不可分的共同体,我们上面讲到的三个层面也是一个有机结合的整体。大家也可以理解为物质文化是表层,是企业文化的外在表现和载体;制度文化是精神文化的载体,支撑和规范着企业员工的行为;而精神文化则是企业物质文化和制度文化的思想基础，是企业文化的核心和灵魂。

在如今的市场竞争形势下，企业之间已经不再有价格、质量、价值和品牌的竞争，竞争的主战场早就转向企业文化，企业文化能从根本上保证企业又好又快地发展。有句话说得好："资源会枯竭，唯有文化才会生生不息。"这是对企业文化最好的阐述。

9.2 得人心者得天下，激活团队能量场

【策略看点】
谷歌以人为本、从心出发的企业文化创造了谷歌的神话。

谷歌是世界上最大的搜索引擎公司，也是世界上发展速度最快的公司之一，创造了在5年内营业利润增长437%的神话。谷歌的企业文化以"收心"为主线，不管工作模式还是福利待遇，或是企业的规章制度，都提倡以人为本，每一个环节都贯穿着对员工的尊重，将员工的利益摆在首位，力求让员工轻松快乐地工作。

谷歌的办公室可以说是世界上最自由、惬意、舒适的办公室，在这里你有时根本无法区分到底哪里是办公区哪里是休闲区，走进谷歌就像走进一个奇异的世界（见图9-3）。因为谷歌所有员工的办公室都由员工自己设计，员工们可以自由发挥将办公区域装修成自己想要的任何样子，而且装修费用由公司承担。

谷歌是一个需要时时创新的企业，这就要求它的员工能在工作时大脑高速运转。为了让员工能够劳逸结合，谷歌在办公楼的每一层都设立了一个厨房，为员工们提供营养丰富、味道鲜美的食物，比如蔬菜、水果、零食、点心等。公司还有专门的咖啡馆、游戏厅、健身房、按摩房、游泳池等娱乐休闲设施，方便员工们在休闲娱乐，以便让高速运转的大脑得到充足的休息，然后再开始新的工作。

图9-3 体现谷歌以人为本企业文化的办公休闲区

谷歌的创始人谢尔盖·布林曾说:"我们公司的创造力就是我们的员工。我们以后如果遇到瓶颈,那一定是我们没能以足够快的速度雇到最聪明、最能干的员工。所以,我们必须要对员工负责,让他们长期留在公司,为公司服务。"为了让员工将心留在企业,谷歌做出了许多努力。

在谷歌没有明确的上下班时间,没有对服装的要求,员工们可以自由设定自己的工作时间,不拘一格地装扮自己。谷歌对员工唯一的要求就是,员工的业绩要永远超出公司的期望,所以即使没有硬性的规定,谷歌的员工们也会每天以最好的状态为公司创造超期望的业绩。

为了培养员工的团队精神,促进员工的人际交往,谷歌公司在每周五的晚上会来一场"感谢上帝终于到星期五了"的狂欢派对,这是让大家非常期待和快乐的日子。在那天,不管是高层领导还是普通员工,都会放下手头的工作,愉快地用餐、快乐地歌唱,既促进了管理者与员工的沟通,也增加了员工的互动了解,为团队合作起到了良好的推进作用。

谷歌以人为本、从心出发的企业文化,让员工们把谷歌当成了自己的家,为了企业不断创新、不断发展的使命,整个团队共同努力奋斗,推动着谷歌在诸多引擎领域始终跑在前面。

【深度解读】

企业文化是管理者激活团队能量场的最佳途径和方式。

企业的发展离不开团队的力量,一个团队就是一个巨大的能量场,要想团队拥有超强的战斗力,就需要企业操盘手激活团队的能量场,聚集强大的正能量来打造一支精诚合作、内聚力强的团队,帮助企业在竞争激烈的市场中发展并胜出。

能量场是什么?其实,我们每个人都拥有能量场,这个能量场与我们的生活息息相关,无论是爱情还是事业,家庭还是健康,快乐还是忧伤,统统都受到能量场的牵引与控制。能量场有强有弱,越强大的能量场拥有的能量越多,产生的作用力也就越大;相反,越微弱的能量场拥有的能量越少,随之产生的作用力也越小。简单来说,能量场是合则强,分则弱。

心是能量场的发源地,每一个人的能量场都受自己的心支配。心里如果都是积极向上的因子,能量场就会很强大;心里如果多是悲观消极的因子,能量场就会很弱小。可以说,人心就是一个能量场,只有管好人心才能让能量场的能量变大变强(见图9-4)。

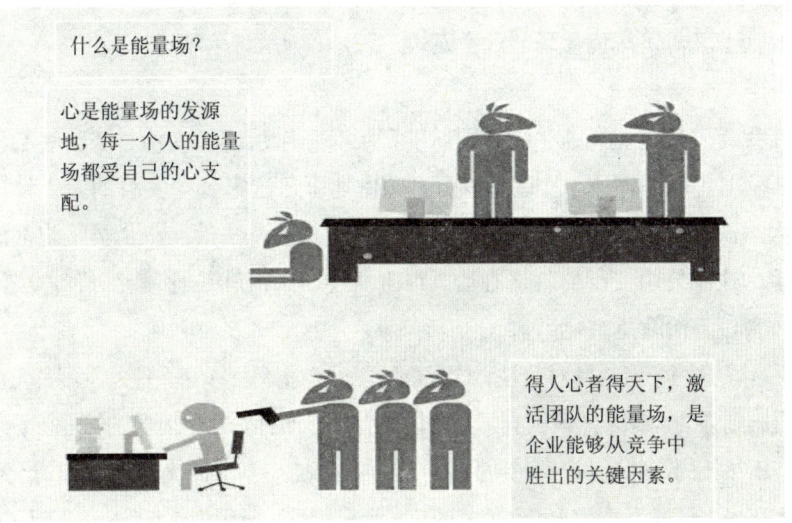

图9-4　企业文化就是管理者激活团队能量场

第9章　基因重塑,打造有温度的企业文化

作为一个企业操盘手要明白，管理企业就是管理人心。如果一个企业的文化脱离了人这一核心，就很难激发员工的能量，企业的发展也无从谈起。谷歌的企业文化是以人为本、从员工的心出发，有效地激活了每一个员工和团队的能量，让团队中的员工在企业文化的感染和激励下，发挥最大的能量，为企业发展而积极工作、努力创新，为企业创造更高的价值和更多的财富。

对于企业操盘手来说，对员工的管理最终就是对员工的"心"的管理，而管理最大的难点就是管理人心。将团队的人心管理得好，才能激活团队的能量场，才会"得人心者得天下"，让企业更有竞争力。一旦人心管理得不好，就无法激活团队的能量场，就会"失人心者失天下"，让企业犹如一盘散沙，毫无竞争力可言。其实，员工的心就是企业的根，经营好员工的心才能为企业聚集更大的能量场。

建设企业文化是管理者激活团队能量场的最佳途径和方式。企业文化虽然看起来如无形之水，却真实地发挥作用，影响企业的生存和发展。优秀的企业文化对于企业来说是最大的竞争力，它能够增强员工的凝聚力，激活团队的能量场，是企业从竞争中胜出的关键因素。因此，企业操盘手要学会用企业文化去管理团队，去激活团队的能量场。

【实操参考】

企业操盘手激活团队能量场的三个层次：人治、法治和心治。

在我看来，企业操盘手激活团队能量场有三个层次：人治、法治和心治（见图9-5）。一个员工因为怕管理者而不敢做坏事，这家公司实行的是人治；一个员工因为没有机会而不能做坏事，这家公司实行的是法治；一个员工想都没想过做坏事，这家公司实行的就是心治。综上所述，人治就是管理者厉害，法治就是机制厉害，心治就是文化厉害。

其实，这三个层次针对的是不同发展阶段的企业。每一家企业的发展都是从小到大，由弱到强的，每个阶段都有每个阶段的特性。而针对每个阶段的特性，管理的方式也应不尽相同，这是亘古不变的真理。举例来说，一家刚刚起步的小公司，企业操盘手用梦想去管理企业，这是不现实的，多少会让员工觉得虚无缥缈；一家上市公司，如果操盘手每天事必躬亲、锱铢必较，这也绝不是将企业做大做强者的视野和格局。

图 9-5 激活团队能量场的三个层次

所以说，企业操盘手激活团队能量场的三个层次只有与企业的发展阶段相符，才能保证企业持续发展。

9.3 只要精神不倒，灵魂不死，企业就能重生

【策略看点】
苹果公司的精神领袖——乔布斯，带领苹果获得了重生。

1996 年，乔布斯阔别一手创办的苹果公司 11 年后，以行政总裁的身份回归苹果。当时的苹果已经危机重重，所有的苹果人都在等待一个能拯救苹果走出困境的人出现。当得知乔布斯将重新回归苹果后，苹果的员工都忍不住兴奋地欢呼起来，他们知道有乔布斯这个天才在，苹果有救了！

乔布斯回归后，为了重振苹果公司，并完成自己心中的"大事业"梦想，从企业文化下手，对苹果公司进行了一系列改革。

⊃ 首先，新的思想。

创新一直是乔布斯信奉的理念，他认为创新能改变世界。在他看来，当时的

苹果公司之所以陷入困境，最大的原因就是缺乏新的思想。所以他回到苹果后，只对苹果员工提出了一句口号——"新的思想"。他告诉员工，苹果的产品对于顾客来说没有任何吸引力，因为只是在重复过去的脚步，丝毫没有创新力，而一个缺乏创新的产品是不具备竞争力的。因此，他要求员工在产品的研发上要有"新的思想"，只有"新的思想"才能让苹果获得重生。

1998年，苹果"新的思想"——iMac电脑终于完美现身，象征着未来理念的iMac一经面世就受到消费者的疯狂追捧，被评为1998年"最佳电脑"。

◯ 其次，世界最强。

乔布斯始终认为苹果是世界上最强的公司，并将自己的这个想法渗透到企业文化中，让员工相信他们是在为世界上最强的公司工作。

乔布斯告诉员工，苹果要做世界上最强的公司，不仅要在竞争中超越所有公司，还要将这些公司彻底打垮。他不断强调，苹果公司就是世界上最强的公司。这种自信而又坚定的企业文化，征服了苹果的员工和消费者。这种强大的自信文化激发了员工的荣誉感和工作动力，他们相信自己正在为世界上最强的公司打造世界上最强的产品，这将带给消费者最新奇、最美好的感受。而受这种企业文化的影响，消费者也以使用世界上最强的产品为荣，享受着苹果产品带给自己的不同体验，帮助苹果进一步提升了竞争力。

◯ 然后，引领世界。

乔布斯认为，苹果不应该只是为了满足消费者的需求而创造产品，而应该去引领消费者的需求，告诉消费者他们需要什么。别的企业信奉的真理"服务世界"在苹果变成了"引领世界"。乔布斯告诉员工，不要想着消费者需要什么，你只需做出最好的产品去卖给消费者，让苹果来引领世界。于是，苹果相继有了iPod、iPhone、iPad的诞生，几乎每一款产品的诞生都引发了全世界消费者的热捧。

◯ 最后，用户至上。

乔布斯认为，苹果的所有产品都属于个人工具，消费者都是个人用户。为了让苹果的产品带给用户最好的享受，他提出用户体验至上的理念，以此来要求员工不断优化产品，将苹果的每一样产品都做到几近完美，让用户享受最美好的体验。

苹果的企业文化经过乔布斯的改变，不仅给苹果员工也给整个世界带来了全新的体验和改变，经过短短一年的时间，原本亏损10亿美元的苹果实现了3亿多美元的盈利。如今，苹果公司早已获得重生，成为世界上最伟大的公司之一。

【深度解读】
将企业的文化精神作为重生的核心竞争力。

许多企业发展到一定阶段就会遇到瓶颈并因此陷入困境，在生死线上苦苦挣扎。此时，企业要想获得新生，就需要依靠企业文化和企业家的精神来重新凝聚人力，帮助企业起死回生。IBM前总裁沃森有一句名言："你可以接收我的工厂，烧掉我的厂房，然而只要留下我的人，我就可以重建IBM。"IBM就是凭借这种精神得到重生的。

在现在的市场竞争中，企业面临的不再是单纯的产品竞争，更重要的是人力资源的竞争。所以，企业要想获得重生不能再依靠产品，而应该将企业的文化精神作为核心竞争力。

乔布斯将独特的理念和创新精神融入了苹果的企业文化中，为苹果树立了独树一帜的企业文化，并将这种企业文化变成苹果公司的精神所在，带领苹果获得了重生。

实际上，许多企业操盘手认为企业文化只是企业成功后用来做宣传的手段，对于处在困境中的企业毫无意义，企业文化既不能当资金用，又不能当产品使，根本无法给企业带来帮助。其实，企业越是处于困境，越需要重视和运用企业文化，企业文化可以凝聚员工的能量，激发员工的使命感，从而形成帮助企业重获新生的战斗力。

企业的发展与企业文化密不可分，企业文化就是企业的精神和灵魂。只要精神不倒、灵魂不死，不管遇到多大的困难企业都不会灭亡，都可以靠着企业文化获得重生，甚至创造更好的未来。

【实操参考】
踏踏实实地行动加上强大的精神号召力，是最有说服力的精神领导，能让整个企业迸发出无穷的能量。

大儒王阳明曾说："心外无物，心外无理。"不管在什么地方，不管在什么行业，不管在哪个历史阶段，精神领袖都发挥着举足轻重的作用。没有精神领袖的振臂一呼，哪有追随者的揭竿而起？没有精神领袖的核心领导，哪来执行团队的向心力？精神领导是最有威信的领导，古往今来，精神领袖都被看作是组织精神穹宇的缔造、诠释和演绎者。

在企业文化的塑造中，精神方面的统帅起着重要作用。在企业中，精神领袖就是操盘手的精神领导力，甚至是操盘手的人格魅力。这种精神领袖不与经济、事业直接相关，而是一个更高层面的吸引力，这种吸引力能让大家从内心更愿意尊重你、信任你、跟随你。

身教胜过言传，榜样的力量是无穷的。在企业中，扮演榜样的最佳角色就是企业操盘手。当操盘手在房间里睡觉的时候，很多员工必定就到外面打盹。一个操盘手不能与员工同甘共苦，却要求员工肯吃苦，这现实吗？一个总裁不能身先士卒，却要求下属迎头赶上，这可能吗？一个操盘手整天萎靡不振，却要求员工在工作时热情饱满，这能实现吗？

"其身正，不令而行；其身不正，虽令不从。"不管是哪行哪业的企业操盘手，只有踏踏实实地行动加上强大的精神号召力，才能成为最有说服力的精神领导，才能让整个企业迸发出无穷的能量。

9.4 走出企业文化塑造的误区

【策略看点】

东方航空修改企业文化以后，东航航班正点率以85.05%排名全行业第一。

中国东方航空公司是我国三大航空公司之一，无论是经营规模还是年营业利润都在航空业处于领先位置。

东方航空历经3次体制改革。2004年以"管理再造、文化创新"为主题的改革，第一次将企业文化作为一种管理方式引入东方航空。东方航空的企业文化包括10个方面的内容,在企业的使命、目标、精神、观念等方面都做了较系统的阐释,并突出了"精诚共进"的核心价值观,倡导员工为顾客提供最优异的服务。东方航空的操盘手希望企业文化能够得到员工的认同,起到凝聚员工力量、激励员工斗志的作用,让企业文化真正体现在员工的一言一行之中。

但是,这一次的改革并没有产生预想的效果,这让操盘手意识到,企业文化不是给员工发一本企业文化手册、喊几句口号那么简单。他们似乎走入了企业文化管理的误区,致使企业陷入了严重亏损、几乎资不抵债的境地,东方航空的资产负债率高达115%,亏损138亿元。

直到2008年,东方航空新的操盘手刘绍勇上台后,开始大力推广企业文化。为在企业内营造一个积极向上、生机勃勃的文化氛围,刘绍勇提出了"东航时间"的服务新理念,就是要求每一个东航员工都要将手表上的指针向前拨10分钟,这样就有更充足的时间去了解航班信息、旅客信息,以便为旅客提供更好的服务。刘绍勇将"东航时间"融入到企业的每一个环节,上到管理层的决策下到员工的服务,随处可见"东航时间",而这种争分夺秒的服务理念也为企业和员工带来了很大的改变,让东航人一改以前散漫、拖沓的坏习惯,高效地运转起来。

图9-6　东方航空集团董事长刘绍勇

第9章　基因重塑,打造有温度的企业文化

东航人的改变最大的受益者是旅客。过去有航班晚点的情况，航空公司根本不会提前告知旅客，常常让旅客在机场焦急等待，从而也对航空公司特别不满意。而现在，遇到天气或其他原因致使航班晚点，东航会提前发布信息，提醒旅客做好准备，遇到航班晚点时间过长或取消的情况，东航还会为旅客就近安排住处和提供免费餐饮。此外，东航还在飞机上提供了意见反馈表，让旅客将对服务不满意的地方提出来，以便东航人据此改正。这对于旅客来说，无疑会提高满意度。

东航的企业文化不再是喊一句空口号或做做表面文章，积极向上的企业文化让员工对企业的目标、价值观、服务理念等有了深入的了解，也产生了真正的认同。这极大地激发了员工的上进心和工作积极性，每个人的心态和行为都发生了积极的改变。

2016年，在全体东航人的努力下，东航航班正点率以85.05%排名全行业第一，实现年利润总额96.12亿元，刷新了东方航空公司自成立以来的最高纪录。

【深度解读】
企业文化不是喊口号和做表面文章。

企业文化作为新型管理手段，受到越来越多企业的重视，也让越来越多的企业从中受益。可以说，优秀的企业文化能有效提升企业的竞争力，是企业顶层设计的关键因素。

事实上我们可以看到，已经有越来越多的企业引进和实施了企业文化管理机制，然而却并非所有企业都能从中受益。原因就是许多企业只是将企业文化管理看成是获取经济效益的手段，却忽视了企业文化建设对于企业发展起到的重要作用，致使企业文化管理走进误区，无法发挥真正的作用。

没有企业文化，企业就失去了发展的原动力，但是有了企业文化却不能正确实施和运用，同样无法带给企业收益。东方航空在2004年就提出了企业文化管理的概念，却因为没有更好地理解企业文化的意义，走进了企业文化管理的误区，将企业文化看成是喊口号和做表面文章，给企业造成了巨大的损失。直到刘绍勇上任后，正确地实施和运用企业文化管理后，才让东航人真正见识到了企业文化的威力和影响，帮助东航成功扭亏为盈，让企业文化管理真正发挥了积极作用。

企业文化管理对于企业的发展起着重要作用，越来越多的企业在着手进行企业文化的塑造，但是，许多企业操盘手由于对企业文化缺乏深刻的认识和理解，常常陷入企业文化管理的误区而不自知。

【实操参考】
企业操盘手避免走入6个企业文化误区。

为了让企业文化真正发挥作用，企业操盘手应加深对企业文化的认识，避免走入以下误区（见图9-7）。

图9-7 企业文化的六大误区

◆ 误区一：为企业文化添加政治色彩

许多企业操盘手一提到文化就难免联想到政治，于是在企业文化中添加了许多政治色彩，甚至把企业文化看成是给员工做政治思想工作，从本质上歪曲了企业文化的意义和作用。企业操盘手要清楚，企业文化的出发点是以人为本。企操盘手既要为员工营造关心、尊重、团结、友爱的文化氛围，又要通过沟通交流，帮助员工了解和认同企业的价值观、使命、目标，从而与企业保持目标一致，形成统一的整体。而政治思想工作在某种程度上具有强制作用，这与企业文化以人为本的核心观念有着本质区别。

⊃ 误区二：将企业文化当成表面文章

有的企业操盘手认为企业文化无非就是写几句标语、喊几句口号，做做面子工程罢了，所以在企业内到处张贴标语，将企业内部的环境装点得文化味十足，有时还会组织员工一起旅游或搞点文娱活动。在他们看来，企业文化做到这种程度已经很丰富了，却不知这是将企业文化表面化、肤浅化了，既不具有企业文化内涵，也无法让员工产生共鸣，根本起不到企业文化管理的真正作用。

⊃ 误区三：企业文化缺少自己的特色

有的企业操盘手看到成功企业都在提倡企业文化，就将之照搬过来，也不管符不符合自己企业的情况，就在企业内推行。这种盲目模仿别人的行为，使企业文化失去了自身的特色，根本无法引起员工的共鸣，企业文化也成了"纸上谈兵"，丝毫没有实际意义。

⊃ 误区四：将老板看成企业文化的主导

还有一些企业操盘手认为企业是老板的，企业文化自然也应该由老板做主，所以错误地用老板文化代替了企业文化，让老板提出自己的观念、设想，再由具体的人按老板给的大纲制定具体内容，而员工只需要被动接受。这种做法违背了企业文化的理念，将企业文化变成了老板的精神体现。其实，企业文化实施的主体是员工，只有让员工参与到企业文化的建设中来，才能让员工从内心对企业文化产生共鸣。

⊃ 误区五：不重视对企业文化的宣传

一些企业操盘手塑造了企业文化后，要么制定一本企业文化手册发给员工，要么偶尔在会议上提一下企业文化，证明企业确实有企业文化这回事儿，却没有真正让企业文化走进员工的心里，这都是企业操盘手不重视企业文化宣传的结果。其实，任何新措施的出台，都需要操盘手大力宣传，毕竟对于新事物人们需要一个接受和适应的过程，如果操盘手想让员工主动了解企业文化，那就等于告诉员工企业文化根本不重要。所以，操盘手要对企业文化进行长期有力的宣传，让企业文化真正扎根到员工心里。

⊃ 误区六：不能跟随市场的变化而变化

有的企业操盘手塑造企业文化后就将其当成一百年不变的政策了，不管市场发生了什么变化，都不对企业文化进行创新，以至于企业文化不是推动企业发展的动力之源，反而成了阻碍企业发展的挡板。其实，企业文化只是阶段性的文化，要根据市场的变化适当完善和创新，不能一成不变，否则就无法成为企业发展的有效助力。

9.5 分股合心，股权激励这样做

【策略看点】
万科的股权争夺战。

万科的王石是很多人眼中的创业偶像。但是2016年4月10日，王石在参加基石资本年会时发表演讲称："万科今年也面临着更名换姓的结果。"出现这样的情况，王石估计也是始料未及的。

万科为什么会出现这种局面，这还要从万科和宝能的股权争夺战说起。从2015年1月起，宝能旗下的前海人寿及一致行动人钜盛华开始买入万科股份，至2015年12月31日，宝能系共持有万科约26.81亿股，占比24.26%，成为万科第一大股东。但是王石在一份声明中明确表示并不欢迎宝能系，因为他认为宝能系信用不好，会把万科拖下水，而且他怀疑宝能系的收购资金来源有问题，主要来自于短期债务，风险很大。于是王石宣布万科停牌进行资产重组，企图夺回宝能系持有万科的股份。

为了抵抗宝能的收购，万科停牌寻找自己的"白衣骑士"。这位骑士就是深圳地铁。这个时候，万科的二股东华润出现了。这位好久不出现，一直被万科当做壁虎的二股东，突然责难管理层，表示与深圳地铁的合作公告并没有经过董事会的讨论及决议通过，是万科管理层自己做的决定。万科与华润的关系也变得非常紧张（见图9-8）。

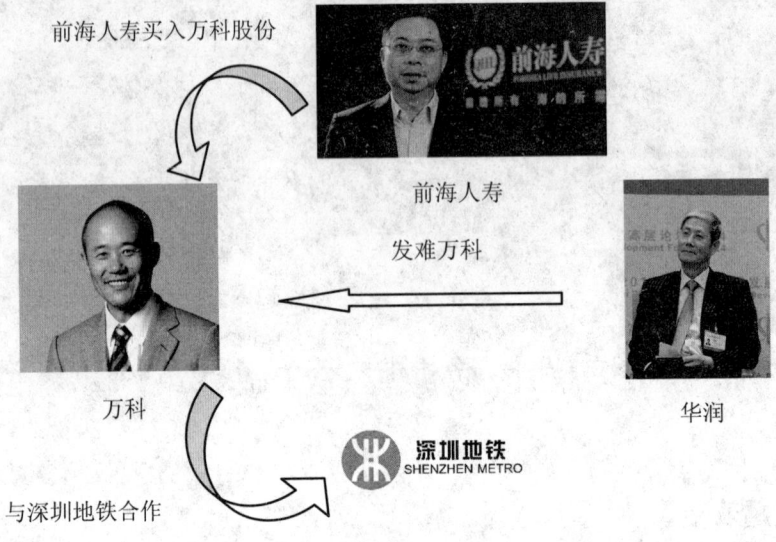

图9-8 万科的股权争夺战

我们再来回顾一下万科的历史。万科上市前，王石拥有公司40%的股权。1989年万科上市时，王石放弃了万科的原始股份，从而放弃了成为万科老板的机会，成为一个职业操盘手。当时，王石对自己职业操盘手的身份非常满意，他曾经说："我觉得这是我自信心的表示，我选择了做一名职业操盘手，不用通过股权控制这个公司，我仍然有能力管理好它。"当然，王石有着个人更高层次的追求而非股权，但我想，当他把自己打下的江山拱手相让时，内心一定很纠结吧。

【深度解读】

股权激励不是单纯地把公司股票拿出来分给员工。

王石的经历告诉我们，企业操盘手不是那么好当的。看似风光、独立、有能力，能在不同企业之间处布切换，拿着千万年薪，但是没有股权的支撑，这一切都是泡沫。我们再来看看今天的主题，股权激励怎么做？有哪些误区需要我们认清楚？操盘手又要规避哪些风险呢？万科的案例给了我们哪些启发？万科与一般上市公司的股权激励有什么差别吗？接下来我们就仔细分析一下。

○ **首先，股权激励不是单纯地把公司股票拿出来分给大家**

在房地产行业，大家往往认为钱才是最重要的，没有钱，资金流不活，就做不成房地产。假如资金这么重要，那还有必要做股权激励吗？我的答案是有必要。

我们先要搞清楚什么是股权激励。股权激励实际上是以人为核心要素的组织，把人当作是生产要素的主体，以此作为剩余价值分配的依据。对于万科这么大的房地产企业，把人当做主要生产力，提出事业合伙人的想法，是非常大的进步。对于很多智力型企业，比方说互联网公司，人的因素就更重要了。

因此，股权激励跟老板的胸怀没关系，股权激励不是单纯地把公司股票拿出来分给大家，而是企业工作者在薪资之外，获得的本该属于自己创造价值的部分。

○ **其次，万科的股权激励体现了"责任共担"和"事业共创"**

说起股权激励，大多数员工首先想到的是额外的福利补贴。员工的想法和要求主要有两点：第一，我想空手套白狼，能不出钱就不出钱；第二，就算出钱，我也不想承担风险，假如失败了，我希望我的本钱能拿回来。

但是万科不是，万科首先拿着大家的奖金去二级市场购买股票，这些都是真金白银，同时万科还引入杠杆，进一步扩大了投资的风险。此时，持股的员工会比其他股东更关心股票的涨跌。这就不仅是股权激励了，而是让员工和真正的股东一样在享受股东权益的同时，还要和公司一起承担风险。

○ **最后，股权激励的原则——员工跟投机制**

万科的跟投机制体现了一个股权激励的原则，就是让拿股份的员工的损益尽可能和自己的贡献挂钩。

一个员工，拥有公司几万分之几甚至十几万分之几的股份，即使他们要和公司股东一样承担风险，实际上对员工的影响并没有多大。可以说，一个员工的工作是否做到位，并不一定直接影响到万科的盈利情况。那还有什么办法呢？就是跟投机制。万科现在每一个新的投资项目都要求项目经理必须跟投，其他人员选择跟投。假如项目经理自己都不看好这个项目，不敢投资，那这个项目就没有继续下去的必要了。跟投机制，把员工的价值贡献和收益直接关联起来，这才是最有效的股权激励。

谋局者：打造从战略到成果的执行企业操盘手

【操盘参考】
企业操盘手进行股权激励的注意事项。

说完了万科的案例，我们来看看在股权激励中，企业操盘手会遇到哪些问题。一般来说，企业操盘手在进行股权激励时会遇到以下四个问题（见图9-9）。

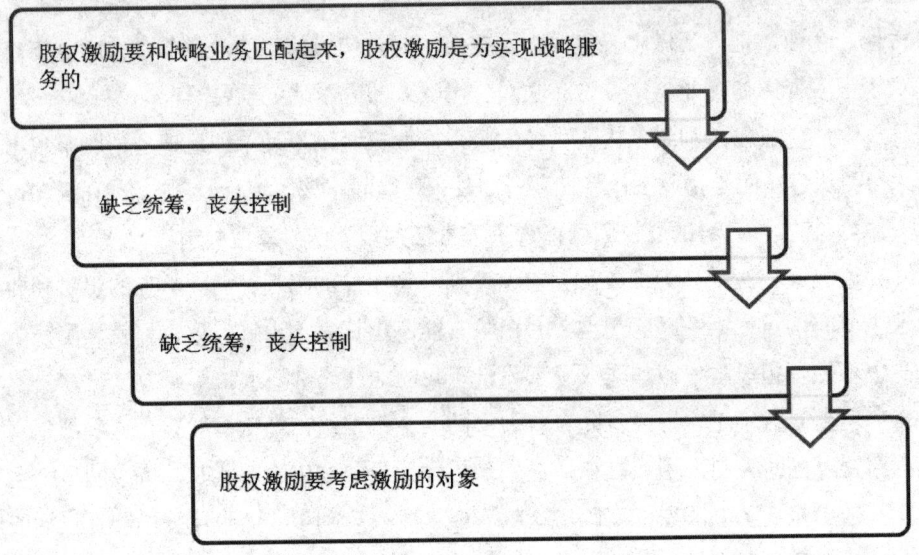

图9-9 股权激励的四个误区

⊃ **股权激励要和战略业务匹配起来，股权激励是为实现战略服务的**

我认识的一个操盘手，他操盘一家信息企业，这家企业的主营业务是做电信运营商的增值业务。当时，这类增值业务非常火，收益也很可观，但是智能机走上竞争的舞台后，对这类增值业务造成了很大的冲击，这家公司也不例外。怎么才能扭转这个局面呢？他想做一次股权激励，看能不能鼓励大家在现在的局面下做出利润来。但真实情况是，根本没有人想得到这个股权，因为在员工眼里，公司已经苟延残喘了，这次的股权激励以失败告终。

后来，这位操盘手决定做业务转型，他参与投资了手游和在线教育。这次的业务转型非常成功，公司在短时间内就有了非常大的起色，同时有不少投资找上门来。在这种情况下,他对企业进行股权激励,这次的效果非常好,员工受到了鼓舞,特别是核心管理层。有一年,他们公司的董事长因个人原因没有参与企业经营,但是管理层一个人都没走,公司运转非常顺利,还做了几个业内有名的并购案。

所以,股权激励要和战略业务匹配起来,股权激励是为实现战略服务的。但是,如果一家企业在战略目标和业务领域都不清晰的情况下就做股权激励,那就是自寻死路。股权激励不是万能的,一家企业想单纯靠股权激励起死回生,是不现实的,还是要把战略和业务放在首位。同时,激励哪些人、激励的力度也要和战略匹配起来。

● 缺乏统筹,丧失控制

很多企业操盘手和老板都会担心:如果我把股份分出去了,会不会大权旁落?这个公司还是我的吗?我说话还有分量吗?

我们说的合伙人,是那种真正和企业一起成长,为企业的发展发挥了重要价值的人。在团队很成熟,发展很稳定的前提下,我建议在合伙人层面进行控制权的安排和设计。也就是说,当企业发展到这个阶段,光听老板一个人的,也是一种风险,特别是关系到公司命脉的决定时。阿里巴巴也不是马云一个人说了算,曾鸣、蔡崇信也是有话语权的。

但是,对于其他激励对象而言,我建议投票权还是要集中。对于那些持股量很小的股东来说,他们的话语权并没有多大的作用。

集中的方法有很多种,现在采用比较多的就是平台持股的方式,成立一个合伙企业作为持股平台,创始人或老板做GP,投票权集中于创始人或老板。另外一种方式就是签署一致行动人协议,把投票权转给老板。或者本身股权激励的标的就是虚拟股份,不是实股,也不涉及投票权旁落的问题。现在华为所采用的就是这种虚拟股份,只参与分红不参与投票。

● 股权激励要考虑激励的对象

我在做企业操盘手时,总考虑这几个问题:是全员持股还是骨干持股?股权应该给谁?我认为,股权应该给那些对公司的发展起着至关重要作用的人。如果一个人的去留对企业来说没有多大影响,那他就不是企业股权激励的对象。

企业操盘手要搞清楚,股权激励不是员工福利。股权激励要体现激励性,要注意以下两点：

第一，永远关注最重要的人。普通员工能不能给？能给，但是要和合伙人有非常大的差异。这个差异不是一千两千，而是1000倍、2000倍甚至更大。

第二，股权激励必须要和考核挂钩。股权激励要刺激员工为企业做出更多贡献，而不是吃老本。贡献越多，才能拿到更多的股份。公司的蛋糕还没做大，分股份的人就越来越多，这种情况下的股权激励是没有意义的。

○ 股权激励要激励有价值、给企业创造利润的人，同时也要兼顾创业元老

企业操盘手可以学习一下联想的股权激励方式。

联想在做股权激励时，要考虑84年、85年和联想一起创业的功臣，为什么呢？

首先因为这些人为联想创造了价值，虽然不能确保这些人一定会和联想一路走下去，但是对于历史的创造者，是一定要给予奖励的。同时，拿到奖励的人可以把重要的位置让出来，把机会给那些有想法有干劲儿的新一代。一家公司对待元老的态度，体现了这家公司对历史的尊重和人文情怀。不考虑元老，很容易让现在的人产生兔死狐悲，人人自危的感觉。

其次是奖励，奖励给那些当下给公司创造利润的人，鼓励他们继续努力，争取更大的成功。最后是留存，留下来给未来的人。未来的企业需要更多的人才，同时现在的骨干如果取得了更大的成绩，也有继续激励的必要。

股权和钱不一样，钱没有可以再挣，但是股权是稀缺资源，所以未来是必须要考虑的。

第 10 章
搭框架——打造组织结构的铁营盘

【导读】

很多人说，中国从来就不缺战术型企业，缺的是具有战略眼光与思维的企业操盘手。可是，光有战略就足够了吗？再伟大的战略，也不会自动自发实现。如果没有匹配战略的组织结构去实现，战略再美好，终归为零。

钻石之所以比石墨坚硬，比石墨值钱，关键是其结构不同。

如今，我们已经迈进了以移动互联网为代表的信息化时代，企业组织正在发生什么样的变化？它将会往哪些方向发展？组织的创新又将面临什么新的课题？这一切，都还有待人们去发现、研究和实践。对于传统行业来说，企业组织已经变得越来越官僚、涣散和僵化，原来由工业文明时代引领的组织形式也正在失去魅力。但不管世界如何变化，组织的一些本质始终是不变的。

军队历来就有"铁打的营盘，流水的兵"之说，意即军队的营房是稳定的，而每年的兵总要变换，老兵要走，新兵要来，始终在流动。后来也引申为"以不变应万变"，确保有些东西不能变。

这句话应用到企业，铁打的营盘指的是组织结构，流水的兵则是员工。新老员工有进有出，团队也会不断地解散、组合，组织结构会不会也因此而频繁变动？如果企业没有一个好的组织设计，企业的管理将处于"流水兵"的混乱状态。

组织结构是什么？它存在的理由是什么？它又是为谁服务的？在第一章里，我将带领大家深入领会战略和组织的相互关系与内在逻辑，以及我们将如何迎接互联网时代的组织挑战。

站在顶层的组织结构到底如何设计更科学？需要遵循什么思路和方法才更规范？如何让它更加符合企业自身实际情况并且适应企业长远发展的需要？很多企业操盘手是迷茫的，问题千头万绪，不知如何下手。带着这些困惑，在本章中，你将会找到你想要的答案。

10.1 "互联网+"的扁平化组织结构

【策略看点】
通用电气和IBM从"集权式"组织结构到"扁平化"组织结构。

杰克·韦尔奇是通用电气的首席执行官,他曾经说过这样一句话:"一个人穿了6件毛衣后,就感受不到外界气温的变化了。"当时通用电气的内部组织非常复杂,这一点让杰克·韦尔奇非常恼火。他觉得,企业的层级太多,就像给企业穿上了好几层厚厚的衣服,令企业高层无法准确感知外部市场环境的变化,导致企业发展受到限制。

在杰克·韦尔奇的努力下,通用电气的层级减少了75%。原来从基层员工到董事长一共有24个层级,现在只有6个。原来公司一共有60个部门,现在只有12个。公司的管理人员从2100人缩减到1000人,公司的副总在扁平化风暴中同样位置不保。

无独有偶,IBM公司前CEO郭士纳在接掌IBM后也将IBM由"中央集权"式的金字塔结构变更为"扁平化"组织结构,在IBM,销售人员与总部CEO的层级不过四五层。业务人员在销售过程中遇到问题可直接要求上司出面协助谈判,或直接召集和调动组织内更多资源解决问题。凡被业务人员召集的员工都要做出响应,集中公司一切可能的力量和办法解决一线问题。

【深度解读】

市场变化快，随机应变的事情太多，现代企业必须缩短决策半径，实现扁平化组织结构迫在眉睫。

不管是通用电气还是IBM，他们早就开始了扁平化的组织结构。所谓扁平化，就是通过减少企业内部管理层级来优化管理，减少企业内部摩擦和管理成本，达到提高工作效率的目的。扁平化组织的特征是管理重心全面下移，一线岗位被赋予更多的权力与责任。然而，管理者的管辖范围变得更宽，对管理人员的能力素质提出更高的要求。

为什么组织要扁平化？在传统企业里，中层的主要作用是上传下达，也就是向上级反馈来自基层的信息，向下级员工传达上级的指令。传统企业的组织有点儿像朝鲜军队，兵种很清晰，层级非常分明，基础的作战单元以团、旅为主。而现代企业的组织更像美国军队，美军的信息技术非常发达，基础作战单元扁平化，以特种部队为例，纵观美军最近几年的行动，无论是抓萨达姆，还是刺杀本·拉登，都是由五角大楼直接指挥特种部队完成的（见图10-1）。

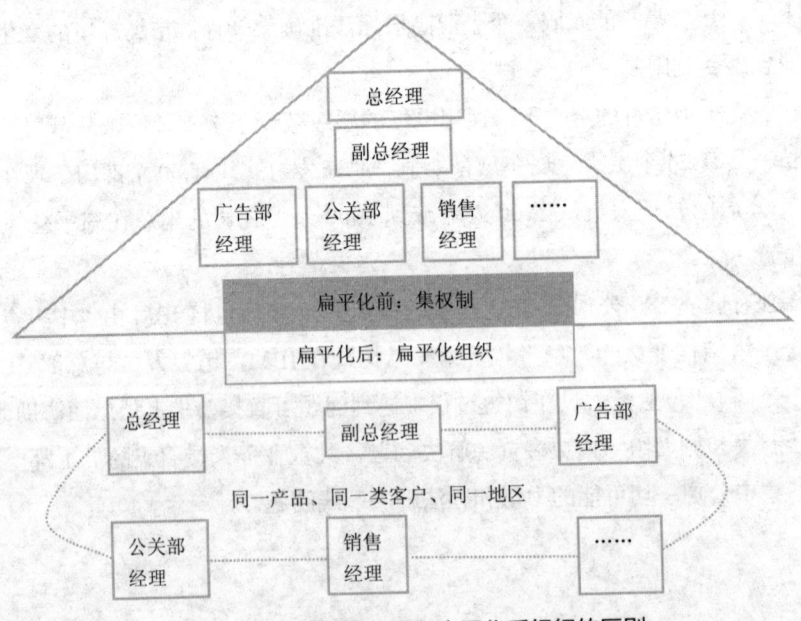

图 10-1 企业扁平化前和扁平化后组织的区别

因此，传统组织的功能将渐渐退出企业组织结构的舞台，取而代之的是信息技术的发展和现代管理工具的广泛运用。也就是说，现代企业的老板必须充当美军里"五角大楼"的角色，而企业的中层管理人员应该变成特种部队的队长。传统企业由于模式非常成熟，操盘手每个月所做的重大决策非常少，但是现代企业就不一样了，由于市场变化快，需要随机应变的事情太多，因此必须缩短决策半径，现代企业实现扁平化组织结构迫在眉睫。

具体来说，扁平化组织有三大特点（见图10-2）。

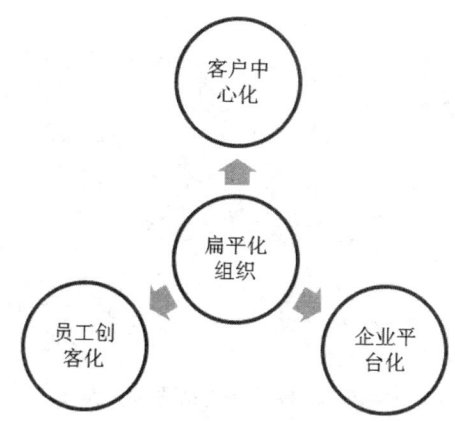

图10-2 扁平化组织的三大特点

○ 客户中心化

现代企业面临的市场环境十分复杂，就像是小孩子的脸，说变就变。这就要求企业操盘手必须不断根据市场的变化调整对策。因此，在扁平化的组织结构中，除了常规的组织结构外，还增加了以客户为中心的横向业务单元。这一组织主要针对同一产品、同一类客户、同一地区的业务进行整合。

扁平化组织的决策权由集中到分散，不是聚集在一个点上，而是去中心化，也就是说，由那些直接接触到客户的基层员工提供最直观的信息，以客户为中心，根据客户的情况做出决策。扁平化组织包括决策层、管理层和执行层。企业管理决策将由群组中的团队成员提供意见，由集体做出决策，每个人都要负起自己的责任。

◐ 企业平台化

企业组织扁平化让传统企业的部门之间变成协同关系，用户也可以参与到决策中来。这种变化把组织变成了并联平台的生态圈，组织是活的，可以随时变化，人员也是活的，可以随时调动。企业平台化让企业各部门之间实现了资源共享，提高了工作效率。

比如扁平化的蜂窝组织结构，每个小蜂窝都代表一个独立的计划，他们之间相互协作又相互独立，一个个蜂窝组合起来就形成了一个巨大的扁平化平台（见图10-3）。

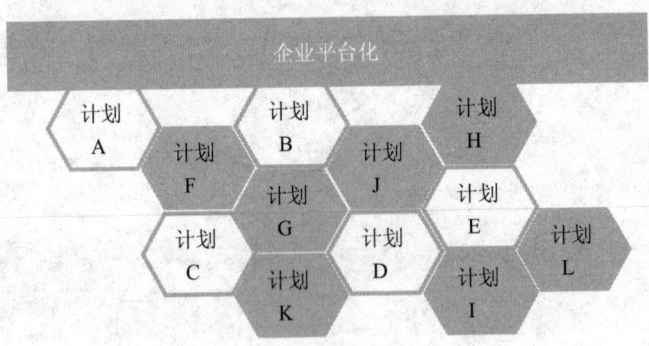

图10-3 扁平化的蜂窝组织结构

不管企业有多少员工，都可以朝着扁平化的方向发展。当平台能支撑的团队及团队成员是十几家独立公司时，成员就会达到200人及至2000人的蜂窝数量级。

因此，那些上万人的企业，比如华为、海尔，当他们成为扁平化的企业组织时，他们内部就会充满了蜂窝组织，每个蜂窝组织都按照既定的游戏规则运行，从而得以百花齐放、百家争鸣。

◐ 员工创客化

在扁平化组织中，以前处于金字塔塔底的团队成员，将成为企业团队中至关重要的部分，他们直接面对产品、客户及至用户，亲身感受用户体验，了解用户感受，第一时间根据用户的反馈提出任务、讨论任务，并推动任务实施和完成。

扁平化的企业管理团队中，领导和团队实现了真正的平等对话。每个人都有机会展示自己的创造力和想象力，每个人都是自由盛开的花，都拥有独立的空间。他们是能够感知市场并及时把握住机会、做出信息反馈的创造者，每个人都有机会去实现自己的梦想，都可以建立以自己为中心的一家公司，借助企业生态圈进行资源整合，完成自己的创业（见图10-4）。

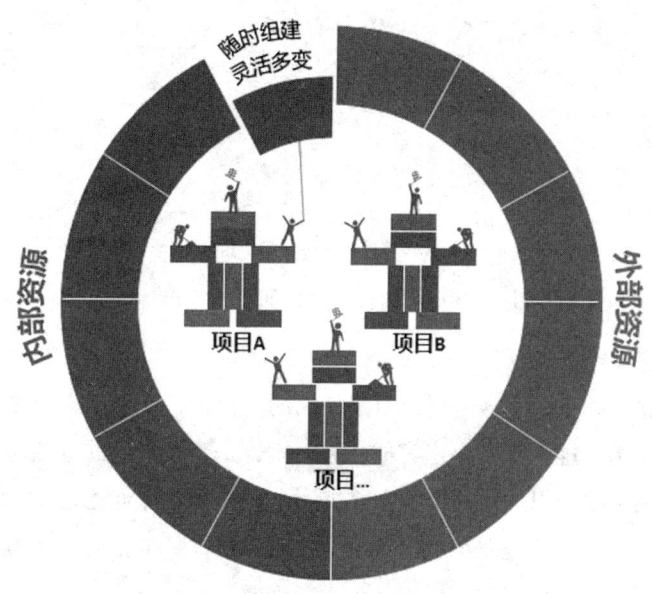

图10-4　扁平化组织的灵活多变性

比如，孙长胜是海尔电商天猫旗舰店的店长，他还有一个身份是海尔电商天猫小微公司的操盘手。什么是小微公司呢？小微公司其实是一种创业公司机制，拥有自主决策权、用人权、分配权，员工自主经营，他们既是海尔的员工，也是小微公司的创业者。作为第一个试点小微机制的团队，天猫小微公司的业绩2015年同比增长400%，除正常工资外，还创造了可供团队分享的一百多万元盈利，这在海尔的传统组织体系中是无法实现的。

【操盘参考】

企业操盘手打造扁平化组织结构的三大关键点。

企业操盘手要如何打造扁平化组织呢？掌握了以下三点就容易多了（见图10-5）。

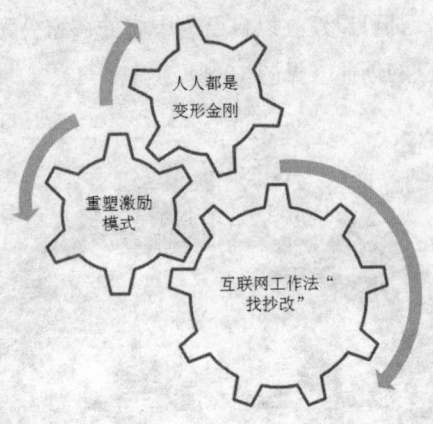

图 10-5　扁平化组织结构的三大关键点

○ 人人都是变形金刚

在扁平化组织中，人才是可以重复使用的，就像是变形金刚，可以随时组建团队，或者是组建虚拟任务小组完成任务。不管是企业内部的基础建设，还是面向市场的营销，都可以运用这样的方式组队，完成看似不可能完成的任务。

需求明确后，企业就要组织内部资源实现需求，除了常规的人力资源可以由固定的岗位提供，其他岗位都可以从各部门临时调配，或者直接运用企业外部资源，比方说外包、供应商等。变形金刚，随时变形状，企业也可以随时进行人力变动，支持工作任务有效完成。

这种"变形金刚"式的组织结构，成员可以来自于公司内部，也可以是请来的外援。它的精神实质是开放的，是在一个开放的体系下诞生的。这在企业平台化的基础上，大大扩充了边界，形成了对接外部的"无组织的组织"，乃至"无边界的组织"。

○ 互联网工作法："找抄改"

互联网的理念是开放和共享，在这种理念下，"找抄改"成为互联网企业快速成长的又一神器。什么是"找抄改"？"找"就是在互联网上寻找专业技术人才和宝贵的资源；"抄"就是借鉴前人的宝贵经验，说白了就是"拿来主义"；"改"就是根据市场环境和发展规律，为产品和平台注入新鲜的血液。

当个人都被互联网连接起来时，每个人都有机会成为关键的节点，每个人都能传递自己的创意和能力，每个人都可以依靠互联网来承接和完成任务。

比方说那些做网站开发或者APP软件开发的公司，基本上客户提出来的任何需求，在互联网上都能找到现成的程序。程序员们可以根据具体的要求对现成的程序进行修改和完善。在这种模式下，产品开发速度快、质量好，在薪酬方面，计算模式也是弹性的，可以按天算、按件算，也可以按任务结果算，并且成本低，基本没什么风险。这种"找改抄"模式我们从2000年开始尝试，目前几乎所有技术产品都是这么开发出来的，这已经成为很多互联网企业使用的比较成熟的模式。

○ 重塑激励模式

操盘手想要打造扁平化组织，激励模式也要改变。传统企业的激励模式一般是按小时付费，或者是绩效奖金。如今有了更科学、更有效的激励方式，一是按效果付费，另外一种是把员工变成合伙人。

2015年6月，猪八戒网获得了26亿人民币的投资，这充分表明在互联网+时代，我们的生活正被众包和外包平台改变。网上有一篇"Uber将提供程序员服务"的文章令人脑洞大开，在这篇文章里，作者设想在未来我们所用的程序员、开发人员乃至一切工种都有可能从更开放的互联网组织中来，就像专车司机替代了很多企业的专职司机一样。

在未来，新兴企业不会像传统企业一样采用人海战术，招聘大量员工。特别是轻资产的互联网企业，员工太多会造成人力成本过高，同时人才的范围也被制约了。不管企业有多大，员工的人数是有限的。同时，按照时间付费的模式并不会对员工产生激励的作用，员工会觉得，只要自己干满8小时，公司就会给我发工资。

扁平化的互联网企业，改变了企业和员工之间的关系。扁平化企业习惯采用的方式是外包、众包、资源整合等方式，从企业外部获取和连接人才资源，这种合作模式改变的是支付报酬的模式，从原来的按时间付费，变成了按结果付费，按任务量付费，按成效付费。

这种模式确实会颠覆企业的雇工方式。把企业需要完成的工作都当作一项可以由更大的组织、更广泛的人员共同完成的任务，由原来的全日制付薪方式，转变成按小时付费，或者按工作效果付费的方式（见图10-6）。

第10章 搭框架——打造组织结构的铁营盘

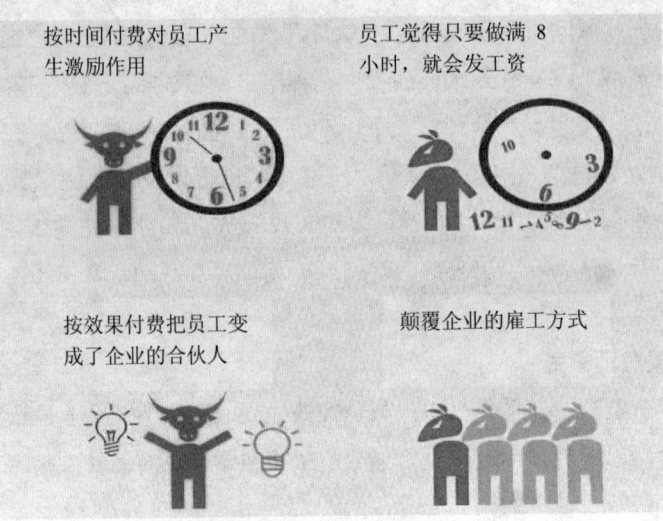

图 10-6　从按时间付费到按效果付费

改变分配制度，变员工为合伙人。如果企业是创业企业，计划分给元老的股份或者期权可以以对方的能力为参考，比如是资本入股、技术入股还是其他，这些资源的估值决定了合伙人的占股比例。

对于那些以真金白银为资本入股的人来说，员工是为自己的未来做项目投资，他们会和企业共担风险，共同努力，他们会珍惜这样的机会，自发地具备"主人翁"精神。但是对于那些以技术入股的人来说，由于不涉及自己切身的经济利益，所以大多数人不会共担风险，所以股权设计需要约定对方的服务期限及完成任务等，如果不能按约定履行义务，则股份需相应减少或转移。

10.2　云管理，未来企业的组织管理模式

【策略看点】

上方传媒公司云管理的神奇。

北京上方传媒科技有限公司在2005年左右开始尝试在家办公,最开始只接受媒体部、编辑部、技术部这些可以网上办公的部门在家办公,销售部、财务部等需要面对面沟通的部门还是在办公室办公。

从2007年开始,上方传媒建立了云管理体系,把财务、招聘、人事管理、报销单据、报税、发工资等全部落实到了云端,包括销售部、市场部等部门也建立了一套云上管理系统和工作方法,这些部门的员工也陆续实现了云办公,以便可以到更适合生活、房价便宜、没有雾霾的城市继续自己喜欢的工作和事业(见图10-7)。

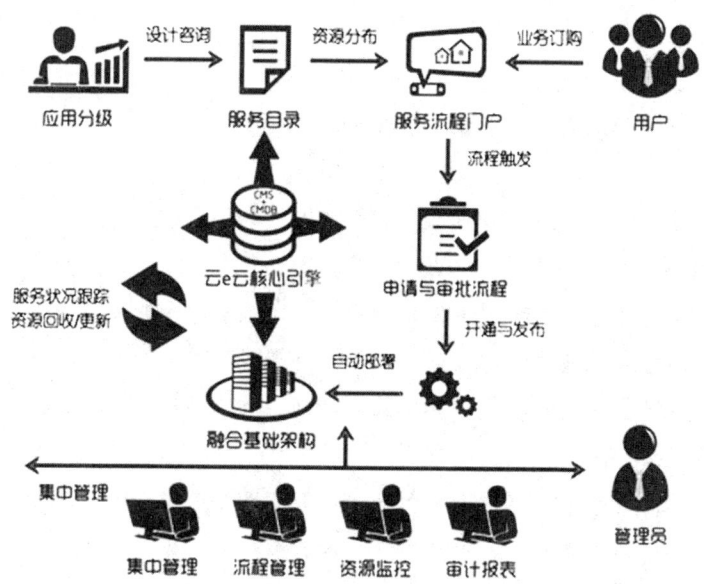

图10-7 上方传媒的云管理组织模式

上方传媒的云管理发展到今天已经有8年多的时间了,公司的办公室规模并没有扩大,员工也非常稳定,CEO、总裁、CFO、副总裁都不在公司办公,有的老员工八九年都没见过领导,甚至大部分员工在现实中都互相不认识,但是公司的工作效率却非常高,完成了很多看似不可能完成的任务。

上方传媒有一半的员工实行云办公,其中有一小部分人在北京家中工作,还有大部分员工分布在全国各地,比如天津、广州、济南、成都、南京、沈阳、武

谋局者：打造从战略到成果的执行企业操盘手

汉、郴州、烟台，甚至远到澳大利亚等国家和地区。这些员工有一部分是入职之后回到家乡，在照顾家庭的同时继续与同事并肩作战；也有一部分是以前在北京、上海等大城市工作过，由于父母年迈、生病，或迫于在大城市买房和孩子上学等压力，而决定回家乡发展，机缘巧合之下进入上方传媒工作，从此开始云办公的生活。他们既可以拿一份高于当地生活水平的薪水，可以和家人一起享受天伦之乐。

上方传媒有两位入职 9 年的员工，安心和蕾蕾，在这 9 年里，没有人在公司见过她们，大家都是通过线上沟通，工作的事情从没耽误过，这就是云管理的神奇所在。

【深度解读】

"云管理"是互联网时代企业组织管理里程碑式的变革。

不可否认的是，互联网正在改变我们的生活，包括我们的生活方式和工作方式，再加上智能手机的普及，企业的组织管理形态也在发生着翻天覆地的变化。企业操盘手在进行企业结构重塑时，要思考很多因素，比如权力、关系、连接、规则和对话方式。互联网改变了关系结构，摧毁了固有身份，如用户、伙伴、股东、服务者等身份在一定条件下可以自由切换。互联网改写了地理边界，也摧毁了原有的游戏规则。

毫无疑问，我们已经不知不觉加入到了互联网变革中，因此，企业内部的管理创新已经迫在眉睫，"云管理"成为一种发展趋势。当其他的互联网企业乃至传统企业在转型期间就已经开始云管理、支持云办公时，你准备好了吗？

当其他公司一群年轻的 90 后、95 后已经实践着游戏化云管理的时候，你是否还要求员工每天准时去公司报到？是否还以 KPI 考核指标来吸引人才？当你的竞争对手说，我们可以在家办公，员工可以享受舒服、自由、信任度更高的家庭办公环境时，你能保证你的员工不会被对方吸引吗？当美甲美睫、保洁、按摩等服务都已经开始上门服务，其他公司的员工可以一边在家办公一边享受这些服务时，你还要你的员工天天在路上花费几个小时心急如焚地赶赴公司办公，这样工作会高效吗？

云管理的管理体系允许并支持组织中的每个人用笔记本或手机办公；可以在家里、咖啡馆、车上甚至在银行排队时办公；可以躺着，可以卧着，可以去任何一个城市办公；可以定期线下开会，其他时间各自回家；也可以把招聘、面试、入职等流程通过网络进行。虽然团队成员中有一些重注人际关系、喜欢和大家在一起的人可以到公司集中办公，但大家依然遵循着云管理的管理规则。

"云管理"可以帮助企业大大降低管理成本，提高工作效率，是互联网时代企业管理里程碑式的变革。它充分利用网络的便利，让企业的组织管理走上云端，通过这种创新的管理模式，把企业打造成一个集高效和活力于一体的智慧体。说到这儿，我再给大家普及一下什么叫"云办公"，就像前面案例里说到的，云办公是指在家办公、远程办公的工作形式。在云管理的形成过程中，企业将突破地域和时空的限制，云办公和集中式办公没有多大的差别，它们只是企业形成云管理之后的结果和表象。

"云管理"把看得见的企业管理变成无形的、高效的、低成本的、自主化的管理模式，彻底把企业从工业时代带入了信息时代。先把企业从无到有建起来，再把企业整体平台化，做成无形的系统化的企业生态系统，做成支持创意、创新、创业的森林，让平台化的系统生态企业去孵化出更多的创新型组织、创客型团队。"云管理"让每个人都有机会成为创业者，让创业不再是空中楼阁（见图10-8）。

图10-8　实现云管理组织模式的作用

在"云管理"的模式下,每家企业都有机会获得阳光和雨露的滋润,也会因为缺乏创造性而衰亡,甚至有机会再涅槃重生,再创辉煌。

【操盘参考】

企业操盘手构建云管理组织模式的两个要点。

既然云管理的组织管理模式如此重要,那么企业操盘手应该如何构建云管理的组织模式呢?以下两点可以为企业操盘手所用(见图10-9)。

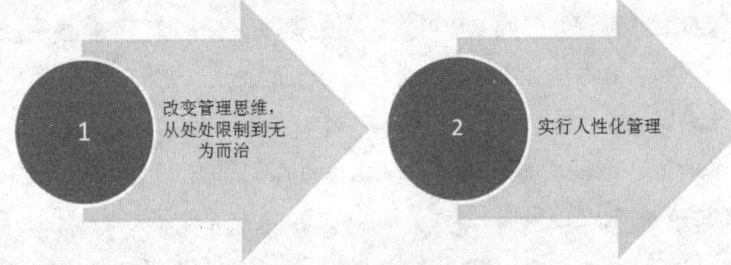

图10-9 构建云管理组织模式的两个要点

◐ **改变管理思维,从处处限制到无为而治**

如果我们改变不了世界,至少不要被世界改变。我们能做的是壮大自己,让我们不那么容易受到伤害。如果你觉得别人复制了你的程序、复制了你的产品或游戏他们就成长了,你就无法生存了,那还不如早点让别人来领导你,通过更合理的分配机制达成共赢。很多企业操盘手在决定是否采用云管理的组织模式时,会担心员工不安心工作、工作效率低、商业机密泄漏等问题。

其实,这是企业操盘手本身的思维局限。对于员工,我们不能简单地把他们分成好人或者坏人,以我们有限的知识面认定为恶的东西,其实是没有对立面的善的一部分。站在对方的角度来看,他们确实遇到了非常大的困难,比如家里有老人要赡养、孩子刚出生、孩子上学需要买学区房等。基于此,我们可以根据对方的能力来设置分配机制和激励机制。

如果我们实在担心商业机密泄漏等问题,可以从以下几个方面尽量保证公司的系统和数据安全:①从法律上签订保密协议;②从管理上将产品和数字内容分级分块加密、授权管理；③隔离敏感数据库，确保数据安全性；④有条件的话在产品和数字内容上应用数字水印技术等。不过真正高效的管理，不是控制别人的时间，不是限定别人的人身自由，也不是禁止拷贝公司的程序，这些仅仅是基本规则。更高效的"管理"，是对人心的管理，是对人性的尊重。

　　◎ 实行人性化管理

　　企业操盘手建立云管理的组织模式后，就要开始尝试云办公，让团队远离办公室，远离自己能够看到或者掌控的范围，就要给团队一个自由、尊重、信任、透明和开放的环境，为企业打造一种崭新的环境和企业文化，这种文化我们称之为"有温度"的企业文化。建立云管理的组织模式，企业操盘手要不拘泥于形式，无论是QQ群、微信群，还是其他看上去一点儿都不高大上的软件，我们都可以灵活运用。这就像是武林高手过招一样，真正的高手不在于兵器，而在于剑法，不管是用剑还是树枝，都可以打败对手（见图10-10）。

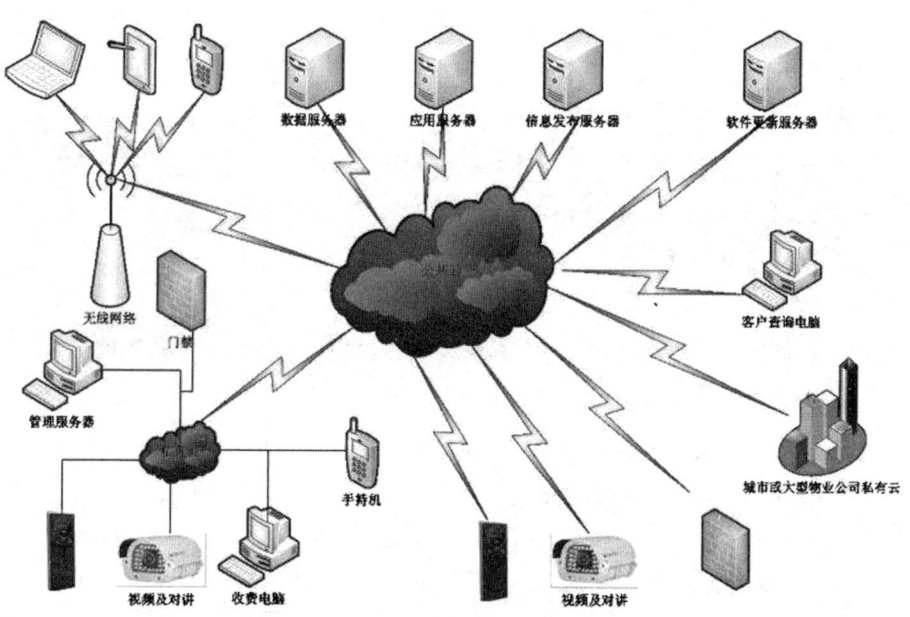

图10-10　云管理模式示意图

10.3 组织设计：基础不牢，地动山摇；基础稳固，坚如磐石

【策略看点】

CSR 公司的组织设计让企业始终保持平稳的发展。

我曾在深圳操盘过一家餐饮企业——CSR，这家餐饮企业成立于 2006 年，旗下拥有两个餐饮品牌，其中的烧烤在全国首屈一指。至 2011 年年底，CSR 的门店数量已超过 15 家，员工规模达到 800 多人，在烧烤业已奠定相当的知名度和美誉度。

我在 2011 年进入这家企业做操盘手，经过一年的详细谋划，在 2012 年为 CSR 制定了四年的战略规划，归纳为 10 个核心要点。

1. 有所不为才有所为，专注休闲餐饮细分市场；
2. 提出 "4380" 增长目标；
3. 发展连锁经营；
4. 重视目标市场的调研与分析，正确选址；
5. 门店运营管理实现制度化，规范建立中央厨房，提高工业化程度；
6. 菜品质量与服务规范化、标准化；
7. 提升员工素质和人均效率，稳定员工队伍；
8. 强化财务监管，降低成本费用；
9. 建立并完善信息化管理系统；
10. 提升市场营销技能，重视品牌建设。

随后，我们设计了基于 CSR 发展战略的组织架构，分为近期架构、中期架构和远期架构三个阶段，以推进战略规划的实现。

近期架构 (2012～2013 年)：为过渡型 "5+N" 架构，即总部 5 个部门

及多家门店。与原架构的最大区别在于从原先纯粹的职能型变革为矩阵型（见图10-11）。

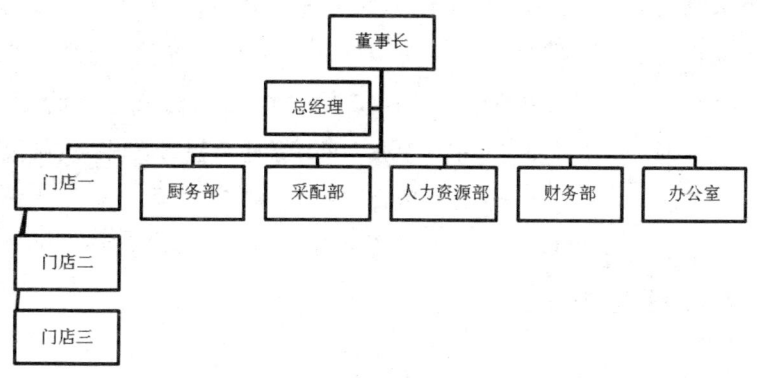

图10-11 CSR过渡型架构

中期架构（2014～2015年）：为"8+1+N"架构，即总部从5个部门扩展至8个部门，另增设1个非正式的"管理委员会"，N代表门店数量，同时门店的"区域总部"概念在这个阶段逐步显现。与先前架构的主要区别在于两个方面：一是随着开店数量的快速增加，公司企划、门店运营和寻址装修开店的重要性凸显，成立企划部、运营部和营建部已成为必然且迫切的需求；二是门店的增长，对厨务部和采配部的工作量、工作复杂程度和难度都将有更高的要求，将这三个部门从原"部门"上升至"中心"，这不仅是体现其对公司的重要性，更是要求两大中心逐步健全完善职能（见图10-12）。

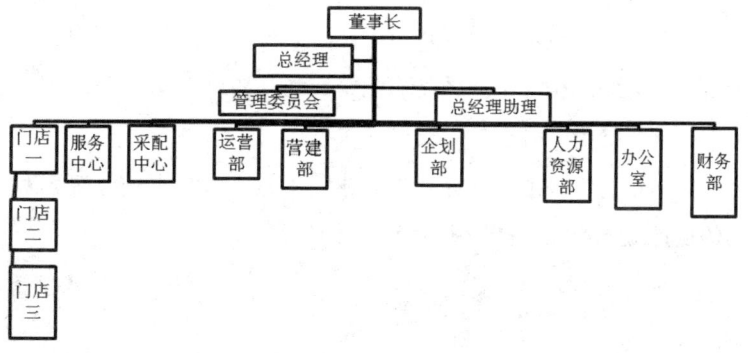

图10-12 CSR中期架构

远期架构 (2015 年后)：为 "11+1+N" 的架构设计，即总部 11 个部门、1 个管委会和多家门店。与中期架构相比，主要区别体现在四个方面：一是门店运营管理的重要性提高，从"部门"升至"中心"；二是因需要通过加盟形式快速开店布局，所以成立"加盟事业部"，专门从事前期招商和招商后加盟店的服务；三是门店连锁将成气候，单纯靠一两个 IT 人员肯定已无法满足工作要求，需成立"网络信息部"；四是届时"审计监察"的职能也将提上议程，否则很难对分散在各地的门店经营与管理行为进行监管。

经过我的组织结构设计，CSR 企业在人力、财力上一直保持平稳的发展，在 2015 年提前实现了战略目标。

【深度解读】

如果企业没有一个好的组织设计，企业的管理将处于"流水兵"的混乱状态。

组织结构作为企业管理的基础平台，对于企业的重要性就如同 Windows 操作系统对于计算机，或者是安卓系统对于智能手机的重要性一样。所以，如果组织结构这个企业管理的基础平台从源头就有问题，那么后续的管理混乱就无法避免。反过来，如果较好地解决了组织结构的问题，就可以大大减少其他管理问题的产生。

军队历来就有"铁打的营盘，流水的兵"之说，这句话应用到企业，铁打的营盘指的是组织结构，流水的兵则是员工。新老员工有进有出，团队也会不断地解散、组合，但组织结构却不能因此而频繁变动。如果企业没有一个好的组织设计，企业的管理将处于"流水兵"的混乱状态。

那么，组织结构应该怎么设计？根据我多年的组织设计研究与操盘经验看，组织结构的设计应该遵循这样的逻辑（见图 10-13）。

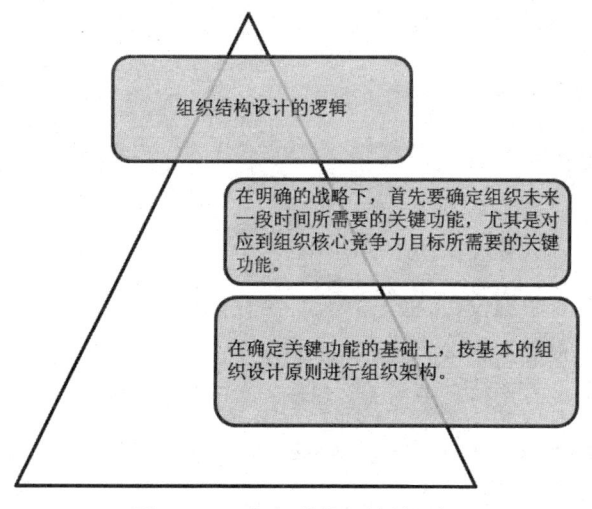

图 10-13　组织结构设计的逻辑

【实操参考】

企业操盘手进行组织设计的四个步骤。

按照上面组织结构设计的逻辑，我在为企业设计组织结构时，一般会按照下面四个步骤进行（见图 10-14）。

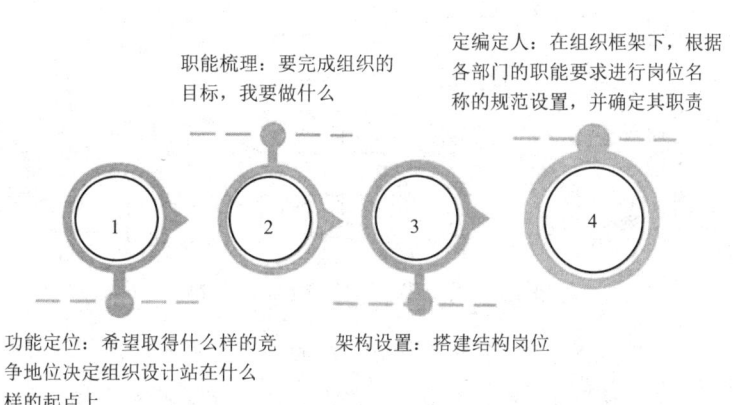

图 10-14　组织结构设计的四个步骤

◎ **功能定位**：希望取得什么样的竞争地位决定组织设计站在什么样的起点上

企业操盘手进行组织功能定位设计时，应主要从两个方面进行思考，即战略定位和核心竞争力目标。

首先，企业操盘手要根据市场地位定位，确定对组织的能力要求。企业在市场竞争中给自己什么样的定位影响企业的组织功能，也就是说，企业在行业中希望取得什么样的竞争地位，决定组织设计站在什么样的起点上，未来应该达到什么样的位置。假如企业未来的战略定位是做行业的领导者，对应的战略目标就是市场占有率最高、品牌影响力最大、整体竞争力最强，那么这对组织能力素质的要求非常高，对组织的创新与变革要求也高。

假如企业未来的战略定位只是做一个追随者，对应的市场占有率就不高，竞争力也较弱，那么对组织能力素质也就要求不太高，对组织的创新与变革要求也就一般（见图10-15）。

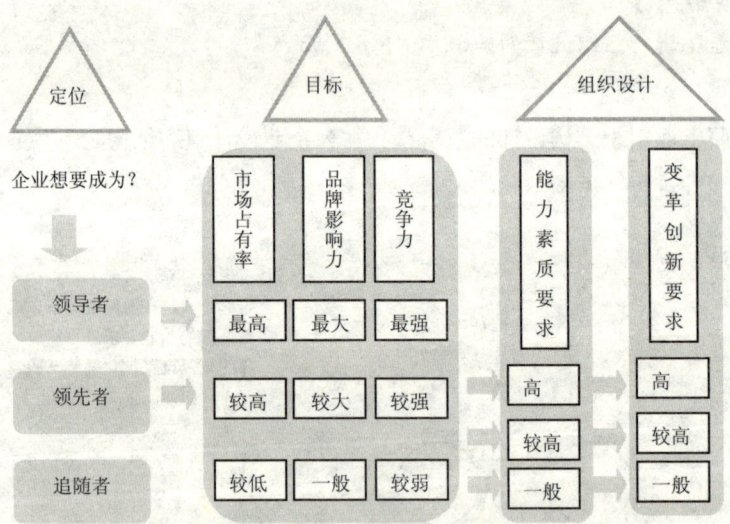

图 10-15　市场定位与组织能力要求

其次，根据核心竞争力目标，明确对组织能力的要求。核心竞争力构建是企业战略的重要组成部分，而核心竞争力的形成最终会反映在组织层面，也就是组织在运作过程中所表现出来的能力。

假如企业以研发和技术为核心竞争力目标，那么对应的组织功能定位就是要建立强有力的研发与技术组织，并且在这方面要加大激励力度，实行政策倾斜；假如企业是以营销为核心竞争力目标，那么就要建立强有力的营销体系，营销组织就要非常完善，要集合强大的营销资源去推动整体能力的形成；假如企业是以成本管理为核心竞争力目标，那么就需要建立出色的供应链管理组织体系，加强成本管理的组织运作。

◐ 职能梳理：要完成组织的目标，我要做什么

职能和职责有所不同，职能主要是指机构所需发挥的作用和功能，职责是岗位要求个人应当负有的责任，职能多对机构而言，职责则是对岗位和个人的要求，职责是职能的具体分解。

因为缺乏对组织结构设计的前瞻与系统思维，很多企业操盘手无法把握适应未来发展的关键职能并进行组织架构搭建。

组织的职能是管理中的重要一环，也是许多具体管理工作的前提，它回答的是"要完成组织的目标，我要做什么"的问题，它的重要性和作用这里不再作过多叙述。组织职能包括部门职能和岗位职责，其中岗位职责来源于职能的归属和分解。很多企业，甚至相当多的咨询公司都在做部门职能梳理、职位分析，但往往是就现状分析现状，其直接后果就是导致关键职能缺失。

其实，组织责任体系应该解决以下两个问题（见图10-16）。

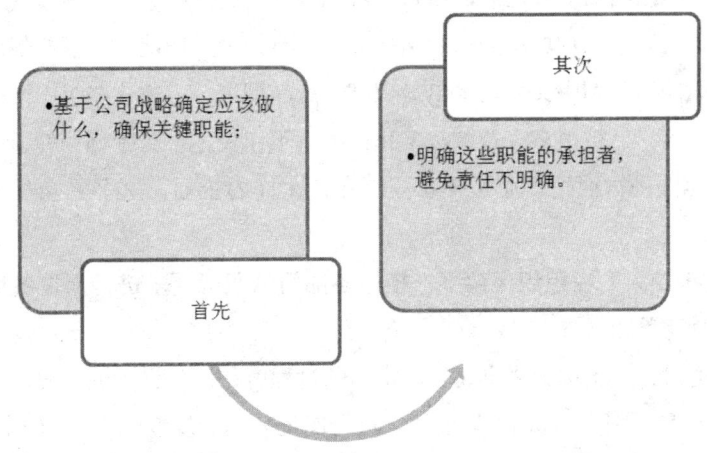

图 10-16　组织责任体系应该解决的两个问题

企业操盘手唯有明确了这两个方面，组织责任体系方能完善。

⊃ 架构设置：搭建结构岗位

企业操盘手设计架构分两部分：一是治理结构，二是组织结构图。

治理结构。实际上，组织结构的最顶端是企业治理结构，通常也称公司法人治理结构或法人治理结构，搭建组织架构包括以股东为核心的股东会构成、以董事长为核心的董事会构成、以总经理为核心的经营管理层构成，以及由公司经营管理层分管的职能部门设置。

以董事会构成为核心的公司治理结构设计，其重点是解决股东、董事会、经理层三者之间的利益冲突及相应的决策与协调机制以及责、权、利的制度安排。作为证券市场对上市公司的治理要求，这种公司治理结构已经有一套比较完善的理论体系，并且在法律上已有相应的规则要求，在此我们不再赘述。

对大多数企业尤其是成长型企业来说，治理结构并非其重点，有效的组织结构、部门关键职能、定岗定编、集分权系统才是关键。当然，随着企业规模越来越大，参照上市公司的要求建立以董事会为核心的治理机制，能够帮助企业进行科学的决策，提升决策水平。

组织结构图。组织结构图是组织结构的直观呈现，结构本身需要解决的是企业领导岗位及分管关系确立、各部门设置、各部门岗位设置，以及各岗位间的上下级或平级关系设置等问题。如何才能设计出有效的组织结构？

在进行组织结构设计之前，需要了解几种常见的组织结构类型及其优缺点。通常来说，有以下四种典型的组织结构类型：直线型、职能型、事业部制、矩阵型，其中职能型类别中又可衍生出地理型、产品型等。上述这些组织结构类型的特点、优缺点早已被很多人总结过，我这里就不作赘述。至于哪一种组织结构好或不好，无法一概而论，而是要看应用在什么样的企业，这个要操盘手自己去斟酌。

⊃ 定编定人：在组织框架下，根据各部门的职能要求进行岗位名称的规范设置，并确定其职责

岗位的设计，也称为"定岗"，定岗的过程就是岗位设计的过程，是在确定的组织框架下，根据各部门的职能要求进行岗位名称的规范设置，并确定其职责。

定编是在完成了岗位设计之后，根据岗位的工作量、空间分布等因素进行人

员数量配置的过程。在实际工作中，一个岗位可能需要配置多人来共同完成，因此，很多岗位需要配置一个以上的人员才能满足工作要求。例如，基层的保安员岗位，小公司可能需要五六个人，而大公司则可能需要上百人。

企业操盘手按照上述四个步骤进行组织结构设计，就能让企业的岗位人员配置到位，似乎也就大功告成了，但实际上，有两项非常重要的工作被遗漏了：一是确定实施新的组织方案后，必须要对员工进行完整的培训和宣导；二是关键的人事安排要与当事人进行充分沟通，并做出书面的、正式的人事任命决定。听上去这好像是情理之中必须要做的事，但很多企业操盘手就是遗漏了这"万里长征的最后一公里"。看似简单的两个动作，你做和没做，效果可能大不相同。

10.4 只有变革才能获得新生

【策略看点】

华为通过持续的组织变革实现管理体系的提升。

2014年6月，华为为其过去20多年发展历程中在管理体系建设方面做出卓越贡献的人颁发了"蓝血十杰"奖。华为操盘手郭平系统梳理了华为的管理体系变革提升的进程。

1999年，华为引入IBM管理经验，正式开始了组织变革。当时，任正非提出了"先僵化、后优化、再固化"的组织变革指导思想。所谓僵化就是让流程先运行起来，优化是在运行的过程中理解和学习流程，在理解的基础上持续优化，固化是将流程例行化、程序化。在任正非的指导思维下，华为削足适履，终于可以完全制度化的推出满足客户需求、有市场竞争力的成功产品。

1999~2005年，华为进行了集成服务链的变革。当时的华为常常因供货和发货问题遭到投诉，所以华为决定进行集成服务链的组织变革。在这方面，华为采取了SCOR模型，坚持软件包驱动业务变革的策略，用一个统一的"ERP+APS"取代了几十个零散的IT系统，以客户为中心建立了集成的全球供应网络，使公司在供应的质量、成本、柔性和客户响应速度等方面都取得了根本性的改善，有效支撑了业务的全球大发展，实现了全球领先的核心竞争力。

2006～2012年，华为进行了财务服务组织变革。华为构建了全球化的财经管理体系，将财务融入了业务体系，使公司在加速现金流入、准确确认收入、项目损益可见和经营风险可控等方面取得了根本性的进步，支撑了公司业绩可持续、可盈利地增长。而且华为的各级CFO通过这项变革，也逐步成长为值得信赖的业务伙伴。

接着，华为开始在选、用、留、育、管的人力资源管理体系进行变革，推行基于责任与贡献的价值评价和价值分配机制，贯彻"以客户为中心，以奋斗者为本，长期坚持艰苦奋斗"的核心价值观，凝聚起15万华为人共同奋斗。

华为从1999年进行组织变革开始，至今已经有18年了，通过持续的组织变革，华为像浴火凤凰，涅槃重生，使研发、销售、供应、交付和财务等各个领域的运营能力和运营效率都实现了极大提升，使华为成为全球最大的通讯企业，中国最具国际化、最为成功的企业之一。

【深度解读】

组织变革是一次系统变革的过程，也是推动管理提升、实现管理形态转变的过程。

在市场经济中，企业的成长过程是不断适应外部环境和调整自身运营要素的过程。所谓的调整也即变革，"唯一不变的就是变"是企业竞争的基本法则。

企业的成长需要在不断的变革中进行，企业的发展史实际上是一部变革史，变革使企业获得新生，不变就意味着原地踏步、没有前进。即使你保持不变，但别人前进了，你就是在倒退。

互联网时代，企业的竞争环境正在发生根本性的变化，很多企业历经多年建立起来的传统优势在一夜之间不复存在。例如曾经的手机巨头诺基亚，仅仅几年时间就被彻底打败。即使是现如今取得如此成功的华为，仍然清醒地知道自身所存在的问题，坚持实施新一轮的管理变革。华为操盘手郭平近期就明确提出："各大流程衔接的接合部依然是华为今天管理变革要啃的硬骨头，组织变革出现了'流程功能化、变革部门化'的突出问题，使流程能力和效率的进一步提升受到制约。

华为下一步组织变革的目标是提升一线组织的作战能力,多打'粮食'。华为要围绕这一目标开展跨功能、跨流程的集成变革。通过下一步的组织变革,华为要真正实现从客户中来、到客户中去,持续提高为客户创造价值的能力,并确保公司管理体系能像蛇的骨骼一样环环相扣、灵活运转、有力支撑。"

面对如此急剧变化的竞争环境,企业操盘手必须以变革的心态去适应变化,去拥抱变化,进行自我变革。

组织变革是一次系统变革的过程,也是推动管理提升、实现管理形态转变的过程。我们可以理解为组织变革是企业为了实现更好的发展,提升组织效率的手段。

具体而言,企业操盘手通过系统谋划并实施组织变革,推动组织管理转型,例如通过组织架构的调整,使组织运作功能更加符合其战略目标要求,从而使管理上升到一个新台阶;又如,企业对公司各项关键业务流程进行重新梳理、优化,并使各项业务按更加合理的流程开展运作,从而推动管理的改变;再如,企业通过重新设计自己的绩效管理体系、薪酬体系,使之对员工更有激励作用,从而激发员工的工作热情,实现员工队伍工作状态的改变等,通过一系列的管理改变,最终推动企业的管理转型。当管理转型处于有序、可控且能正面激发员工的工作积极性、创造性,内部士气发生良性改变,并且企业更能适应外部竞争时,也就意味着企业的管理水平得到了提升。

管理水平的提升最终通过企业管理效率的提升显示出来,而管理效率从财务角度而言是投入产出比的提高,例如人均产能、人均销售额、每万元工资销售收入额的提高等。组织变革与管理效率提升关系(见图10-17)。

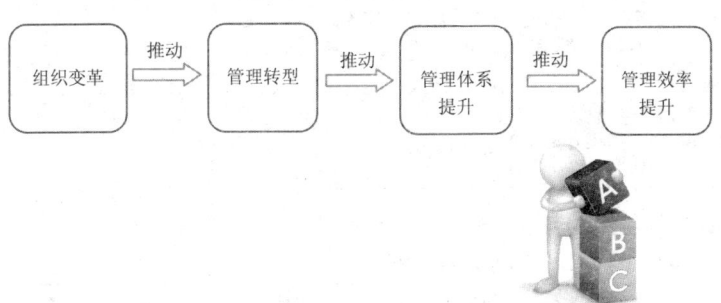

图10-17 组织变革与管理效率提升关系

【实操参考】

"破"与"立"——企业操盘手如何实施组织变革。

诚然,企业组织的"破"与"立"是存在高风险的,很多时候,原来的秩序砸碎了,新的秩序却没建起来,企业可能因此陷入更大的混乱。然而,如果组织的变革以稳健、周密的方式实施,那么变革成功的概率就大得多。

透过华为组织变革的过程,围绕着顶层设计的核心内容,我总结出企业操盘手进行组织变革的"三阶五步法",以帮助企业积极、稳妥地推进系统组织变革,从而有效实现管理转型,达到管理提升的目的。

⊃ 第一阶段:事前进行周密的谋划,制订详细的变革方案,包括对问题的辨识、组织变革团队和策划变革方案三项基本工作。

实施一场完美的变革需要系统的谋划。变革通常涉及诸多方面的工作,特别是会牵涉一些人员的既得利益,假如企业操盘手事先没有周密的策划、部署,草率行事可能引发很大的混乱,导致诸多损失。

周密的变革谋划至少应做三项工作:问题辨识、组建变革团队、策划变革方案。

一是问题辨识。企业操盘手开展变革的前提是认识到问题的存在,感觉到必须进行改变。企业操盘手怎么才能认识到问题呢?我们认为可以从四大方面进行改革信号的识别(见表10-1)。

表10-1 经营信号透露变革需求

改革信号	问题
财务信号	1)利润总额非但没有增长,反而降低了; 2)营销额增长幅度过低; 3)成本大大增加。
客户信号	1)客户数量没有增长; 2)市场没有扩大,在缩小; 3)与竞争对手差距越来越大。
产品信号	1)没有新产品; 2)产品库存越来越大; 3)客户对产品质量抱怨越来越多。
员工信号	1)管理团队合作时间越来越长,工作激情越来越低; 2)员工对公司的经营问题视而不见; 3)核心员工不断流失。

当上述现象情况日趋严重时,应该引起企业操盘手的重视,并可以视其为企业要进行变革的依据。比较危险的是,很多企业出现这些现象时企业操盘手无动于衷,坐视问题出现而不做出调整,最终发展成不可挽回的局面。

二是组织变革团队。当企业操盘手意识到应进行变革时,必须组织合适的变革团队,因为企业操盘手不可能自己把所有的变革谋划工作全部做完,即便有能力,靠一个人的力量也很难完成。因此要实施变革,组建强有力的变革团队是必要的。

变革团队成员应该是值得信任且是公司的高层管理人员,变革团队的组建视公司变革内容决定是否需要事先保密。当企业操盘手认为内部人员不足以形成有力的变革团队时,可以考虑聘请外部顾问,这样能够保证变革客观、冷静地进行。当然,变革始终是企业内部的工作,主导力量还在内部的变革领导团队。

三是策划变革方案。变革方案属于公司的商业机密,应予以高度保密,因此变革方案的讨论、拟订应在独立的环境下进行,在方案出台前保证只有变革团队成员知晓,绝对不能扩散。

参与变革方案拟订的人员范围视变革内容而定,如果只是涉及组织架构、人力资源,那么就只需人力资源部门负责人直接负责拟订即可。如果涉及财务,而财务部门的负责人不属于被裁撤的范围,那么财务负责人就应该参与其中。总之,变革方案的拟订参与的人越少越好。但是如果是不涉及公司的重大人员调整,不牵涉人员重大利益的变革,那么反倒是在变革方案拟订时扩大参与人员范围更有利于方案的实行。

◯ **第二阶段**:在公司内部激发员工的问题危机感或变革的紧迫感,开展有效的变革沟通以及实施具体的变革行动。

当变革团队完成变革方案的拟订后,接下来企业操盘手要考虑的就是如何具体实施了。变革始于个体的变化,变革管理也应始于个体;有效的变革管理能使变革很快地由个体扩展到整个组织。实施变革应获得广大员工特别是中高层干部的理解和认同。只有员工理解了才能得到有力的实施。具体来说,企业操盘手可以通过以下手段来实施(见图10-18)。

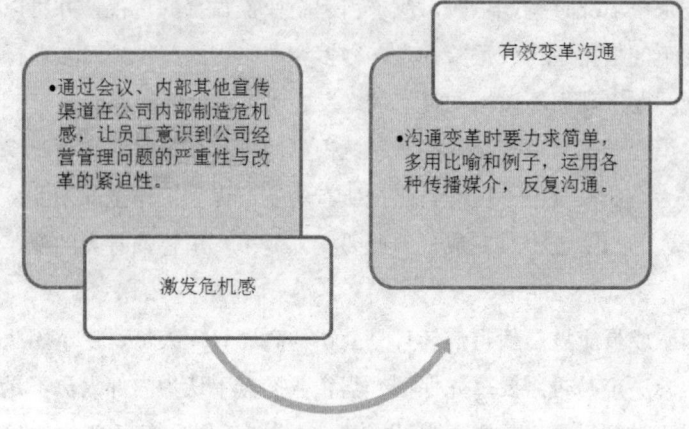

图 10-18　变革方案得到员工认同的方法

变革实施就是将方案予以公布，并按变革方案确立新目标，调整组织架构与人员，实施新的激励机制，开展相关业务流程优化等工作。在这个过程中，企业操盘手的参与是重中之重。假如变革的实施仅仅改变了流程、制度，而员工特别是关键干部的态度、行为乃至能力却没有跟上，那么变革最终只会流于形式。

➲ 第三阶段：评估变革行动的短期成果、优化下一步的行动。

任何变革都应首先追求短期成果，短期成果可以是员工对目标的清晰认识与达成共识，可以是士气的转变，可以是客户满意度的提高，也可以是立竿见影的成本降低。

变革是一个艰难的过程，对变革的进程企业操盘手必须进行有效监控，定期评估公司所发生的变化或者出现的新动态。在实施变革过程中应不断开展各利益相关者的沟通，在沟通中发现问题、解决问题。对阻力特别大的部门和人员更应加强沟通的频率和强度。